山东师范大学青年教师学术专著（人文社科类）出版资助

金融稳定的周期性演变研究
——以资产证券化为分析视角

李佳 著

中国社会科学出版社

图书在版编目(CIP)数据

金融稳定的周期性演变研究：以资产证券化为分析视角/李佳著.
—北京：中国社会科学出版社，2016.5
ISBN 978-7-5161-8339-7

Ⅰ.①金… Ⅱ.①李… Ⅲ.①金融市场—研究 Ⅳ.①F830.9

中国版本图书馆 CIP 数据核字(2016)第 123966 号

出 版 人	赵剑英
选题策划	刘 艳
责任编辑	刘 艳
责任校对	陈 晨
责任印制	戴 宽

出　　版	中国社会科学出版社
社　　址	北京鼓楼西大街甲 158 号
邮　　编	100720
网　　址	http://www.csspw.cn
发 行 部	010-84083685
门 市 部	010-84029450
经　　销	新华书店及其他书店

印　　刷	北京金瀑印刷有限责任公司
装　　订	廊坊市广阳区广增装订厂
版　　次	2016 年 5 月第 1 版
印　　次	2016 年 5 月第 1 次印刷

开　　本	710×1000　1/16
印　　张	13.75
插　　页	2
字　　数	256 千字
定　　价	52.00 元

凡购买中国社会科学出版社图书，如有质量问题请与本社营销中心联系调换
电话：010-84083683
版权所有　侵权必究

序

　　资产证券化是自20世纪70年代以来发展最为迅速的金融创新之一，并成为金融机构风险转移及流动性管理的重要工具。伴随着资产证券化创新的迅速发展，金融自由化进程也不断提速，金融危机爆发的频率不断加快，影响范围也不断扩大，尤其是2008年爆发于美国的次贷危机，不仅是本世纪前十年最重大的事件之一，更使美国经历了自大萧条以来最为严重的经济衰退。随着次贷危机迅速向全球性经济与金融危机的演化，以及2010年欧洲主权债务危机的出现，世界经济再次陷入衰退漩涡，国际金融体系也风雨飘摇，经济发展前景不容乐观。当前，对金融危机成因的各类解读中，一个较为普遍的认识即是：以资产证券化为主的金融创新，以及在此基础上出现的大量场外衍生性金融工具的过度发展，是导致本次金融危机爆发的重要原因。为此，资产证券化、系统性风险、金融稳定、宏观审慎监管等逐渐成为学术界和监管部门关注的焦点。

　　虽然资产证券化创新是引爆美国次贷危机的重要因素，但不可否认，它被公认为20世纪70年代以来全球最为领先、最为重要的金融创新技术之一。资产证券化的出现，通过金融制度、金融结构及金融市场的革新，促使金融要素重新整合，并打破了传统间接信用中介与直接融资市场的界限，丰富了金融体系"促进储蓄向投资转化"的服务渠道，成为拉动经济增长的重要力量。与此同时，资产证券化的创新，不仅使美国拥有了世界上最具深度和广度的金融体系，也使美国经济在"互联网泡沫"破灭以及"911事件"之后，经历了长达近6年的稳定增长。由此可见，美国金融体系经历了一个典型的由稳定向不稳定演变的动态循环。从这一点来看，本书作者以资产证券化创新为分析视角，从资产证券化创新产品的特征、交易特点、基本功能等入手，深入分析其在金融稳定向金融"脆弱性"，再向金融不稳定，乃至金融危机动态演变中的驱动力，以深化关于资产证券化对金融稳定周期性演变影响的认识，旨在实现金融体系稳定性为最终目标，可见本书的选题具有一定的理论及重要的现实意义。

资产证券化自诞生之后，就是一项饱受争议的金融创新技术。当然，仁者见仁，智者见智，若站在科学和理性的角度出发，我们不应过度褒扬或过度妖魔化资产证券化这项金融创新技术。与其他金融创新工具一样，资产证券化也具有"双刃剑"之特征。从"利"的一方来看，资产证券化所拥有的流动性管理、风险转移、监管资本套利等金融功能，是改善商业银行经营环境、提升商业银行风险管理能力的重要途径。同时从资产证券化诞生的时代背景来看，其正是迎合了美国储蓄贷款机构的"流动性困境"而出现的，并且作为一种有效的风险转移工具，其在对冲风险、风险分散、提高金融风险分担效率等方面也发挥了应有的作用。资产证券化之所以能够实现以惊人的速度扩张，与其在微观层面上各种有效金融功能的发挥是密不可分的。从"弊"的一方来看，尽管不能否认资产证券化在微观领域的积极作用，但如果从更加宏观的层面来剖析资产证券化的运作流程，无疑具有潜在的系统性风险隐患。当前，关于"资产证券化是本次系统性金融风险的重要原因之一"的观点已没有太大的争议，但需要强调的是，虽然资产证券化创新确实导致了资产价格泡沫、风险过度转移、内生流动性扩张及金融体系"杠杆化"等金融"脆弱性"因素出现，但不能将金融危机的根源归咎于资产证券化市场的发展，金融危机的深层次原因还是在于全球经济与金融体系的失衡，是本次经济长周期波动中历经"下行期"的必经之路。正因为如此，作者基于"从微观向宏观过渡"的逻辑思路，对资产证券化引导金融稳定周期性演变的路径进行深入剖析，并指出正是监管当局对资产证券化"宏观效应"的忽视，才导致系统性风险及金融不稳定的出现，应该说这种分析范式及结论还是较为客观的。

从研究内容上看，与一般的分析范式相同，本书作者的研究逻辑也是从资产证券化的产品交易特性、金融功能等微观范畴入手，但不同的是，本书不拘泥于资产证券化的微观特性，而是从金融稳定向金融"脆弱性"，再向金融不稳定，乃至金融危机演变的宏观路径为出发点，深入剖析资产证券化、系统性风险、金融稳定及宏观审慎监管之间的密切关系，对资产证券化引导金融稳定周期性演变的动态路径进行全面、系统的研究。与此同时，作者还采用大量的篇幅，在新常态背景下，以"金融功能观"为视角探讨了我国资产证券化创新的内在需求,并基于维护金融稳定的考虑,构建了后危机时代针对资产证券化的监管框架,最后从参与主体、基本模式、基础资产、品种设计等方面,对我国资产证券化的创新思路提出了具体对策。这也是本书重要的实际价值所在。

当然,本书在相关内容方面也存在进一步充实或完善的地方。比如,在资产证券化风险预警机制构建的方面,在我国相关数据还不完善的情况下,如何对资产证券化导致的系统性风险进行评价?在促进我国资产证券化创新发展过程中,如何有效的、有针对性的借鉴发达国家资产证券化的创新经验与教训,从而在引导其发挥作用的同时有效的防范风险?但从整体来看,毕竟瑕不掩瑜,本书仍具有相当的理论价值和对策意义。

当前,我国金融业的发展还处于初级阶段,与发达国家相比,各类金融创新也较为滞后。自 2012 年 5 月重启信贷资产证券化试点后,政府部门对资产证券创新的支持力度不断加大,国务院在 2015 年 5 月的常务会议上还明确提出"进一步推进信贷资产证券化,以改革创新盘活存量资金"。同时,"供给侧改革"的推出,为商业银行实践金融支持实体经济提出了新要求,而资产证券化创新被认为是盘活资金存量、提高资源利用效率的有效途径,将为银行支持实体经济发展、降低社会融资成本提供动能。当前,国内经济正逐步进入"速度换挡、结构优化、动力转变"为主要特征的新常态阶段,经济下行压力凸显,在此背景下,我国商业银行发展资产支持证券的势头不可逆转。作为一项以信用风险转移为主要功能的金融创新工具,资产证券化对金融稳定的影响不容低估。因此,一方面,我们决不能因为资产证券化宏观效应的高风险性,而否定它的存在价值;另一方面,我们也要吸取资产证券化导致金融不稳定的经验教训。显然,充分借鉴发达国家资产证券化创新的历史经验,构建完善的监管框架,有效控制资产证券化的创新边界,我们才能充分发挥资产证券化创新的积极作用,这也是我们推进资产证券化创新应有的理念及态度,才能进一步把握好运用资产证券化创新来实现金融体系的稳定。

二零一六年三月二十日

目 录

第一章 导论 ……………………………………………………… （1）
　第一节　研究背景及意义 ……………………………………… （1）
　第二节　研究思路及方法 ……………………………………… （4）
　　一　研究思路 ……………………………………………… （4）
　　二　研究方法 ……………………………………………… （7）
　　三　创新之处 ……………………………………………… （8）
　第三节　结构安排 ……………………………………………… （9）

第二章 相关理论基础及文献综述 …………………………… （14）
　第一节　金融稳定的基本理论 ………………………………… （14）
　　一　关于金融稳定内涵的讨论 …………………………… （14）
　　二　金融稳定的相关理论 ………………………………… （16）
　第二节　资产证券化的相关理论 ……………………………… （23）
　　一　资产证券化的概念及内涵 …………………………… （23）
　　二　资产证券化的主要参与者及运作流程 ……………… （26）
　　三　资产证券化的功能 …………………………………… （31）
　　四　资产证券化的主要品种 ……………………………… （33）
　第三节　资产证券化与金融稳定关系的相关文献 …………… （47）
　　一　资产证券化对资产均衡价格波动的影响 …………… （47）
　　二　资产证券化对流动性的影响 ………………………… （50）
　　三　资产证券化的风险转移和扩散机制 ………………… （52）
　　四　关于资产证券化对金融稳定影响的其他观点 ……… （53）

第三章 金融稳定性的维护：基于资产证券化创新及发展的视角 … （54）
　第一节　资产证券化运作机制对金融稳定的维护 …………… （54）

一　资产证券化运作机制的本质:一种新型"信用中介" ……… (55)
　　二　资产证券化发挥"信用中介"功能的具体形式:期限转换
　　　　和流动性转换 ………………………………………………… (57)
　第二节　资产证券化基本功能对金融稳定的维护 ………………… (58)
　　一　资产证券化增加流动性功能对金融稳定的维护 ………… (59)
　　二　资产证券化风险转移功能对金融稳定的维护 …………… (60)
　第三节　从美国市场看资产证券化对金融稳定的维护 …………… (61)
　　一　美国资产证券化发展历程——以住房抵押贷款证券化
　　　　为例 ………………………………………………………… (62)
　　二　次贷危机前美国金融市场发展概况 ……………………… (68)

第四章　资产证券化的产品交易特性:金融稳定出现"脆弱性"
　　　　　因素的主要原因 ……………………………………………… (72)
　第一节　资产证券化的产品交易特性 ……………………………… (72)
　　一　资产证券化的产品特性 …………………………………… (72)
　　二　资产证券化的产品交易特性 ……………………………… (74)
　第二节　资产证券化产品交易中存在的"脆弱性" ………………… (77)
　　一　资产证券化基础资产存在的问题 ………………………… (77)
　　二　资产证券化存在一系列委托—代理问题 ………………… (77)
　　三　资产证券化信用评级存在的问题 ………………………… (78)
　　四　资产证券化监管存在的问题 ……………………………… (80)
　第三节　资产证券化基本功能导致的"脆弱性" …………………… (81)
　　一　资产证券化"增加流动性"功能导致的"金融脆弱性" …… (82)
　　二　资产证券化"风险转移"功能导致的"金融脆弱性" ……… (86)

第五章　资产证券化导致金融脆弱性转化为金融不稳定的主要
　　　　　途径 …………………………………………………………… (94)
　第一节　资产证券化导致金融不稳定的总体概览 ………………… (94)
　　一　资产证券化导致了风险的转移和扩散 …………………… (94)
　　二　资产证券化导致流动性的过度扩张 ……………………… (96)
　　三　资产证券化导致了流动性危机的扩散 …………………… (97)
　　四　资产证券化导致了投资者对高风险的偏好 ……………… (97)

五　资产证券化导致金融不稳定的具体案例——基于美国
　　　　金融危机的分析 ………………………………………… (98)
第二节　资产证券化影响金融稳定的简化模型 ……………………… (106)
　　一　证券化市场与房地产价格反馈的模型 …………………… (106)
　　二　房地产与证券化市场的价格反馈机制 …………………… (112)
　　三　房地产与证券化市场的价格反馈机制的实证分析 ……… (114)
第三节　资产证券化导致金融不稳定的实证分析 …………………… (116)
　　一　资产证券化对金融机构杠杆率影响的实证分析 ………… (116)
　　二　资产证券化对金融市场流动性影响的实证分析 ………… (122)

第六章　金融稳定背景下资产证券化监管框架的构建 ……………… (135)
第一节　资产证券化监管方式转变的必要性：基于金融
　　　　稳定的考虑 …………………………………………………… (135)
　　一　资产证券化的风险特征极其复杂且难以计量 …………… (135)
　　二　资产证券化使传统融资中介和资本市场的联系更加
　　　　紧密 ………………………………………………………… (136)
　　三　资产证券化基本功能存在很大的风险隐患 ……………… (136)
　　四　资产证券化投资者的高杠杆性对金融稳定带来了严重
　　　　影响 ………………………………………………………… (137)
第二节　关于资产证券化监管缺陷的讨论 …………………………… (137)
　　一　关于资产证券化监管缺陷的第一个维度：微观审慎
　　　　监管的偏差 ………………………………………………… (138)
　　二　关于资产证券化监管缺陷的第二个维度：宏观审慎
　　　　监管的缺位 ………………………………………………… (138)
第三节　资产证券化监管的改进：强化宏观审慎监管 ……………… (139)
　　一　资产证券化宏观审慎监管的主要目标 …………………… (140)
　　二　资产证券化宏观审慎监管的基本框架 …………………… (140)
第四节　资产证券化监管框架的构建 ………………………………… (143)
　　一　资产证券化监管主体的确定 ……………………………… (143)
　　二　资产证券化监管框架的构建——微观审慎与宏观
　　　　审慎的有机结合 …………………………………………… (144)

第七章 金融稳定背景下我国资产证券化创新的内在需求 ……（146）

第一节 资产证券化的发展有利于银行体系转移风险 ……（146）
一　住房价格过度上涨给消费者、投资者和开发商带来的风险 ……（146）
二　住房价格上涨给商业银行带来的风险 ……（148）
三　我国住房价格上涨导致风险上升的实证分析 ……（150）

第二节 资产证券化创新有利于商业银行提高流动性 ……（154）

第三节 资产证券化创新是完善资本市场的需要 ……（155）
一　资产证券化创新有利于完善资本市场结构 ……（155）
二　资产证券化创新有利于完善债券市场的结构 ……（156）
三　资产证券化创新有利于拓宽资本市场中的投资渠道 ……（156）
四　资产证券化创新可以解决我国金融市场的功能错位及割裂状况 ……（157）

第四节 资产证券化创新有助于货币政策高效传导 ……（157）
一　多层次金融市场逐渐形成 ……（158）
二　金融中介机构的迅速发展 ……（158）
三　金融市场的法律环境初步完善 ……（159）

第五节 美国资产证券化发展经验对我国的启示 ……（159）
一　必须要有政府部门的大力支持 ……（159）
二　资产证券化市场的发展离不开良好的市场环境 ……（159）
三　资产证券化的模式选择要以市场客观条件为基础 ……（160）
四　资产证券化的发展必须要坚持市场化的原则 ……（160）
五　其他若干启示 ……（160）

第八章 金融稳定背景下我国资产证券化创新的模式选择 ……（163）

第一节 资产证券化基本模式的选择 ……（163）
一　我国资产证券化基本模式之争 ……（163）
二　我国资产证券化模式的现实选择 ……（166）

第二节 资产证券化市场参与主体的设计 ……（169）
一　特设目的机构（SPV）的模式选择 ……（169）
二　资产证券化相关服务机构的模式选择 ……（170）
三　我国资产证券化发行主体及投资者的选择 ……（172）

第三节 基础资产构建的理论基础——投资组合理论 …………（173）
  一 基础资产构建的理论基础——投资组合理论 …………（173）
  二 基础资产池的构建标准 …………………………………（177）
第四节 资产证券化信用评级和信用增级体系的创建 …………（179）
  一 我国发展信用评级体系的必要性分析 …………………（179）
  二 关于信用评级对资产证券化的作用 ……………………（180）
  三 我国资产证券化信用评级体系的设计 …………………（181）
  四 我国资产证券化信用增级体系的构建 …………………（191）
第五节 资产证券化的品种设计 …………………………………（193）
  一 我国资产证券化发展初期的品种选择 …………………（193）
  二 我国资产证券化品种的长期选择 ………………………（194）
第六节 构建资产证券化的风险预警机制 ………………………（195）

参考文献 ……………………………………………………………（198）

后记 ………………………………………………………………（209）

第一章

导　论

第一节　研究背景及意义

金融稳定是指一种具体的金融状态,在这种状态下,金融体系可以有效地实现资源配置、管理和评估金融风险,并吸收外部冲击。而所谓的金融不稳定,即金融机构挤兑或资产价格波动损害了金融体系的正常运行,并通常以流动性紧缩和风险积累与扩散等形式表现出来。目前,在"金融是现代经济核心"的背景下,维护金融体系的稳定性显得极其重要。自 20 世纪 70 年代后期以来,频繁爆发的金融危机使金融稳定逐渐成为各国政府,乃至国际金融领域的重要议题之一,全球性经济组织和各国中央银行也纷纷组建相应的金融稳定部门,比如:国际清算银行（the Bank of International Settlements, BIS）成立了金融稳定研究所（Financial Stability Institute, FSI）和金融稳定论坛（Financial Stability Forum, FSF）,力图帮助全球金融监管机构强化金融系统,通过金融监管的深层次合作促进金融体系稳定的实现;国际货币基金组织（International Monetary Fund, IMF）自 2002 年开始平均每半年公布一次全球金融稳定报告,试图对全球金融市场的动态变化及系统性风险进行评估,这对维护全球金融稳定和推动成员国的经济持续增长发挥了积极作用。但 2007 年爆发的美国次贷风波,并由此引起的全球性金融危机再次将金融稳定问题推上风口浪尖。2009 年,在伦敦召开的二十国集团峰会上成立了新的金融稳定委员会,力求取代国际清算银行的金融稳定论坛,并配合国际货币基金组织识别和报告各国的宏观经济运行及系统性风险,同时提供相应的对策建议。由此可见,随着经济全球化和金融自由化的不断发展,即使不出现大范围的金融危机,小范围的、区域性的金融不稳定也会频繁出现（比如 2009 年的欧洲主权债务危机），因此金融稳定和系统性风险将逐渐成为学术界和实务界关注的重要议题，从金融改革实践来看，以防范系统性风险和维护金融稳定为目标的宏观审慎监管也成为各国监管改革的主要取向。对于我国而言，在经济新常态背景下，宏观经济逐步进入中低速增长区间，并且在利率市场化改革不断推进、互联网金融和资本市场迅速发展的态势下，传统的、以银行为主导的金融体系将面临"金融脱媒"的严峻挑战，整个金融体系的融资结构将发生巨大变化。同时，在"三期叠加"①的影响下，传统融资中介——商业银行的业务模式、经营模式、盈利模式和风险管理理念都将受到一定冲击，为此，防范金融体系可能的系统性风险，维护金融稳定将是未来决策当局关注的重要方向。

自20世纪70年代以来，全球资本市场开始了一场以自由化、机构化和全球化为主旋律的深刻变革，这场变革掀起了资本世界的三大浪潮，即金融机构的合并浪潮、金融业务的融合浪潮、资产融资证券化浪潮。其中，资产证券化被誉为全球最为领先、最为成功的金融创新技术之一，并代表着全球金融业的发展方向。资产证券化的出现，不仅可以降低借款者的融资成本、优化金融资源的配置、转移金融风险以及增强金融体系中的流动性，还打破了传统金融中介和金融市场的界限，导致对冲基金、养老基金、私人股权公司等新型金融机构出现，是国际资本市场中发展最快、规模最大的金融创新之一，并出现了多种证券化产品，以及在证券化中再次证券化的衍生产品。以美国金融市场为例，在次贷危机爆发之前，美国资产支持证券（Asset – Backed Security，ABS）的规模从1996年的1000多亿美元扩张至2007年的7000多亿美元。当前，资产支持证券（Asset Backed Securitization，ABS）和抵押贷款支持证券（Mortgage – Backed Securitization，MBS）的市场余额已经超过国债②，成为美国资本市场最为重要的投资工具之一。资产证券化的出现，通过金融体系结构和金融制度的变革，促进金融要素的重新配置和优化，帮助美国拥有了世界上最具深度和广度的金融市场，并使美国经济在"互联网经济泡沫"破灭及"9·11事件"之后经

---

① 三期叠加：1. 增长速度换挡期，是由经济发展的客观规律所决定的。2. 结构调整阵痛期，是加快经济发展方式转变的主动选择。3. 前期刺激政策消化期，是化解多年来积累的深层次矛盾的必经阶段。

② 美联储网站数据显示，截至2014年底，仅政府国民抵押协会、联邦国民抵押协会及联邦住房抵押贷款公司三大机构发行的MBS产品规模已接近2万亿美元。

历了长达近 6 年的稳定增长。但自 2007 年美国次贷危机的爆发，使资产证券化这一全球最为成功的金融创新工具饱受争议。由此可见，美国金融体系经历着一个典型的由稳定向不稳定演变的动态循环。在此周期中，金融结构不断变迁，流动性周期不断更迭，而驱动这种变革的根本力量就是以资产证券化为主的金融创新（李佳，2013）。

总之，从历史的逻辑来看，资产证券化创新主导了金融体系由银行主导阶段向市场主导阶段，进而再向证券化阶段的演变（张超英，2013）。若以美国金融市场的变化趋势为例，以资产证券化为主的金融创新是导致金融体系由稳定向脆弱性，再向金融不稳定，乃至金融危机演变的重要驱动力。从后危机时代学术界的研究情况来看，关于资产证券化的研究逐渐向宏观角度转变，大多数学者均认为正是由于资产证券化的过度创新，以及基本功能的滥用导致系统性风险和金融不稳定产生，同时关于资产证券化对系统性风险和金融稳定的影响也逐渐成为学术界关注的焦点之一。但从相关研究文献来看，关于在金融稳定周期性演变的动态路径中资产证券化的运作机制到底起了何种作用，学术界还未形成一个完整思路。从理论上讲，金融体系由稳定向脆弱性，再向金融不稳定性，乃至金融危机的动态演变中，系统性风险肯定也经历着形成、潜在积累、爆发及传导的周期性过程，同时在两者的周期性动态变化中，流动性也必定秉承一定的周期性波动。在这三种周期性叠加过程中，作为金融创新的驱动力——资产证券化的参与主体、基础资产、基本功能、信用评级等到底扮演什么样的角色，学术界还没有形成系统的逻辑体系，实证研究更是落后。因此，从理论上讲，以资产证券化创新为分析视角，探讨金融体系由稳定向金融脆弱性，再向金融不稳定，乃至金融危机周期性演变的动态路径是本书研究的出发点，也是本书研究的理论意义。

与西方国家相比，我国资产证券化创新较为滞后，但长期以来一直是学术界关注的焦点（宣昌能、王信，2009）。2012 年，我国重启了停滞近四年的信贷资产证券化试点。自此之后，多家商业银行相继推出信贷资产证券化产品，基础资产也不断多元化，从传统的对公贷款到小额消费贷款，再到个人住房抵押贷款，这意味着我国资产证券化正逐步迈向快速发展通道[①]。2015 年

[①] 2013 年 7 月，国务院明确指出要"逐步推进信贷资产证券化常规化发展"，同年 8 月，国务院常务会议决定进一步扩大信贷资产证券化试点，这为资产证券化的发展奠定了政策基础。

4月3日，中国人民银行发布公告称，已经取得监管部门相关业务资格、发行过信贷资产支持证券且能够按规定披露信息的受托机构和发起机构可以向中国人民银行申请注册，并在注册有效期内自主分期发行信贷资产支持证券，这标志着我国资产证券化银行间和交易所两大市场彻底告别审批制。可见，我国资产证券化市场将迎来"黄金时代"。从美国金融市场的发展经验来看，健康发展的资产证券化对于提高资源配置效率和完善一国金融体系具有重要意义，同时资产证券化的过度创新也会引起系统性风险和金融不稳定。因此，我们需要对美国这种最具广度和深度的资产证券化市场进行研究，从宏观角度深入把握资产证券化的基本功能以及未来的监管改革方向，为我国资产证券化的常规化发展提供经验借鉴。此外，对于我国当前经济新常态的特征，推动资产证券化创新，能使金融体系更有效地面对利率市场化、金融脱媒、资产价格泡沫以及债务杠杆率过高等问题，同时也要防止资产证券化创新过程中对金融稳定的不利影响，以及潜在的系统性风险，并构建与之相匹配的监管框架，这些问题将是本书研究的现实意义。

第二节 研究思路及方法

一 研究思路

在相关理论及文献综述的基础上，通过整理发达国家（尤其是美国）资产证券化的发展历程及其在次贷危机和金融危机中的作用，本书探讨了资产证券化引导金融稳定向金融脆弱性，再向金融不稳定的演变路径，在此基础上，探讨后危机时代，在基于金融稳定的目标下，资产证券化监管框架的构建思路。最后，针对我国的现实情况，对在维护金融稳定背景下，我国资产证券化创新的基本模式进行研究。从研究思路来看，本书的逻辑体系分为如下几个方面：

第一，本书的研究对象为两个，即资产证券化与金融稳定，本书试图考察它们之间的相互关系及作用，主要是资产证券化引导金融稳定周期性变化的主要作用及途径，在此过程中也包括系统性风险的情况（见图1.1）。

第二，本书的研究对象以资产证券化引导金融稳定或系统性风险的周期性演变为基准，针对次贷危机中资产证券化监管存在的一系列缺陷，结合微观审慎监管和宏观审慎监管，构建基于金融稳定的资产证券化监管框

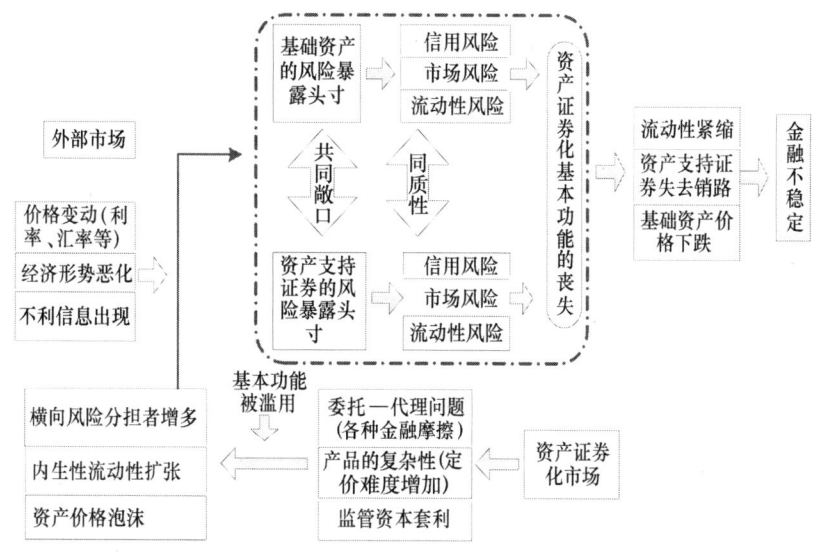

图 1.1 资产证券化引导金融稳定或系统性风险演变的简单路径

注：图中下半部分从右至左显示了系统性风险的形成及积累，上半部分从左至右显示了系统性风险的爆发及传导。

架；此后，针对我国逐步进入"新常态"的宏观经济背景，结合资产证券化的基本功能，探讨我国资产证券化创新的基本模式。

在一定理论讨论的基础上，本书重点讨论了资产证券化引导金融稳定周期性变动的主要路径，并着重探析金融稳定目标下资产证券化监管框架的构建思路，以此对我国资产证券化的创新路径提供对策。

本书基于如下思路（见图1.2）展开研究：

提出问题：在我国经济新常态背景下，金融转型和经济发展需要资产证券化创新给予支持，这也迎合了我国资产证券化加速试点的情形（**理论与现实依据**）：梳理资产证券化与金融稳定的相关理论，并对发达国家资产证券化创新的经验进行分析（**分析问题**）：探索资产证券化引导金融稳定向金融脆弱性因素转变、金融脆弱性因素向金融不稳定转变的主要路径（**解决问题**）：提出在后危机时代，基于金融稳定目标下，结合微观审慎监管和宏观审慎监管构建资产证券化的监管框架，并结合我国的基本情况，探讨我国资产证券化创新的基本模式（**最终目的**）：构建适应经济新常态的资产证券化体系，使之更有效地服务于实体经济。

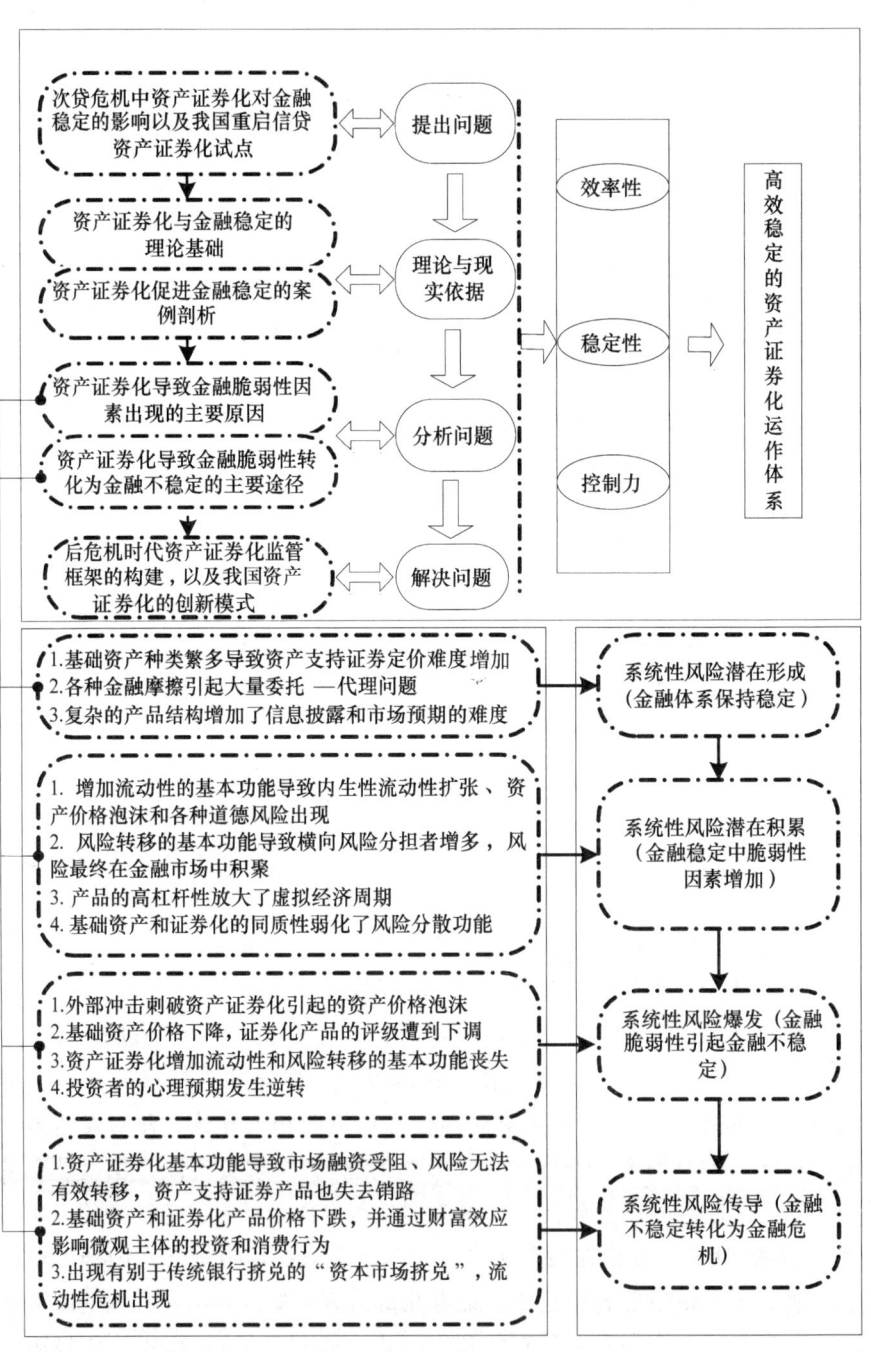

图 1.2 本书研究的基本思路及逻辑框架

二 研究方法

根据研究需要，本书综合运用西方经济理论、现代金融理论、投资学及计量经济学等相关学科知识，将理论分析与实证分析、定性分析与定量分析、历史分析与比较分析有机结合起来，从不同角度对相关问题进行深入分析。

（一）比较分析法

比较分析法是本书中重点运用的一种方法。本书的宗旨就是借鉴美国金融危机的经验教训，构建资产证券化引导金融稳定周期性变动的理论框架，由此探讨我国资产证券化的监管模式及创新模式，这本身就是一种比较方法。在第七章中，本书还对国内学者关于资产证券化的三种基本模式进行比较分析。

（二）历史分析法

历史分析法是本书第三章中重点采用的一种方法，当然在后续的章节中也经常用到这种方法。在第三章中，本书以美国住房抵押贷款证券化为分析对象，对美国资产证券化市场的发展状况进行了系统分析，并分析了美国资产证券化市场的特点。同时，在后续的章节中，本书也对我国资产证券化的发展历史进行分析和探讨。

（三）理论分析法

理论分析法在本书中多次用到。比如在第四章中，运用金融不稳定的基本理论，详细探讨了资产证券化的产品特性引导金融脆弱性因素出现的主要原因，并将金融危机的产生分为理性投资和非理性投资两个阶段进行分析。在第五章中，我们构建了一个简化的"三部门"模型，详细探讨了资产证券化与其基础资产的价格反馈机制，由此建立资产证券化引起资产价格泡沫的理论框架。在第七章中，我们运用现代金融理论中的投资组合理论，分析我国资产证券化基础资产的构建原则。

（四）实证分析法

实证分析法主要在本书的第三章和第五章中出现。在第三章中，我们基于金融危机前的相关数据，证实资产证券化确实有利于构建稳定的金融体系，并促进金融资源配置效率的提升；在第五章中，我们运用一个简单的数量化例子证明了资产证券化对金融机构杠杆率"顺周期性"的影响，并运用VAR模型和GARCH模型证明了资产证券化对市场流动性存在负向冲击作用，同时这种负向冲击能够导致市场流动性的大幅波动。

（五）系统分析法

系统分析法在本书中也是多次涉及。在第四章中，本书系统讨论了发达国家资产证券化存在的各种问题，比如结构设计问题、委托—代理问题、系统性风险问题、信用评级问题及监管问题，并系统总结了发达国家资产证券化发展给我国带来的经验启示。同时，本书结合我国资产证券化的发展历程，系统提出了我国资产证券化市场的模式选择。

三　创新之处

笔者不敢奢谈创新，只是力求在某些方面取得突破，主要体现在：

第一，文献梳理方面的突破。在文献综述方面，本书对资产证券化在金融危机中的作用进行了梳理。具体来讲，本书从资产证券化对资产均衡价格波动的影响、资产证券化对市场流动性的影响，以及资产证券化的风险转移及扩散机制三个方面进行了整理，这三个方面其实也体现了资产证券化等金融创新对金融稳定的影响。

第二，关于理论模型的突破。在本书中，我们采用一个简化的"三部门"理论模型分析了资产证券化与其基础资产之间的价格反馈机制，从理论模型的角度论证了证券化资产价格和基础资产价格之间的相互作用，从理论上证明了资产证券化迅速发展能够导致价格泡沫。在后续的讨论中，本书运用实证分析方法对上述理论模型进行了证明。

第三，关于实证分析方法的突破。在实证分析法中，本书运用一个简化的数量化例子证明了资产证券化对金融机构杠杆率"顺周期性"的影响，并运用 VAR 模型和 GARCH 模型证明了资产证券化对市场流动性存在负向冲击作用，同时这种负向冲击作用能够导致市场流动性的大幅度波动。

第四，关于资产证券化监管建议的突破。在本书中，我们借鉴金融危机的经验，基于维护金融稳定的考虑，并从微观审慎监管的偏差和宏观审慎监管的缺位两个方面挖掘资产证券化监管的缺陷。最后，结合微观审慎监管与宏观审慎监管，本书尝试构建了资产证券化的监管框架。

第三节 结构安排

本书由八章组成，主要内容如下：

第一章是导论。本章主要阐述了本书选题的背景及意义，提出了全书的整体框架、研究思路、研究方法及创新之处等，并对本书的基本结构安排进行了说明。本章内容是全书研究的基础。

第二章是相关理论基础及文献综述。本章首先梳理了金融稳定的内涵，从金融体系稳定、金融稳定条件、金融职能与金融不稳定等视角界定了金融稳定的内涵，并从宏观经济与微观经济两个方面探讨了金融稳定的相关理论，主要包括金融稳定的传统经济周期观点、金融不稳定假说观点、货币学派的金融稳定理论、信息经济学的金融不稳定理论、银行挤兑对金融不稳定的解释、资产价格泡沫对金融稳定的影响机制，以及马克思的金融稳定理论等理论基础；其次阐述了资产证券化的相关理论基础，主要包括资产证券化的概念及内涵、资产证券化的主要参与者及运作流程、资产证券化的功能（包括转移和管理风险、增加流动性、降低融资成本、减少信息不对称、增加资本充足率、提高盈利能力等）；最后梳理了资产证券化与金融稳定关系的相关研究文献，主要从资产证券化对资产均衡价格波动的影响、资产证券化对市场流动性的影响，以及资产证券化风险转移与扩散机制三个方面来展开梳理。

第三章从资产证券化创新及发展的视角探讨了其对金融稳定的维护，是资产证券化影响金融稳定周期波动的第一章。本章首先讨论了资产证券化的运作机制对金融稳定的维护，从一种"新型信用中介"的视角探讨了资产证券化运作机制的本质。作为影子银行的一种形式，资产证券化可以发挥与商业银行相类似的"信用中介"职能，从而促进储蓄向投资转化，并且我们可以从典型的"负债项"和"资产项"来探讨资产证券化"信用中介"的本质，同时这种"中介"与商业银行一样，通过期限转换和流动性转换等方面实现"信用中介"功能的发挥。其次从资产证券化基本功能的视角探讨了其对金融稳定的维护。通过第二章的讨论可知，资产证券化的功能较为多元化，但最基本的功能即风险转移和增加流动性，本部分内容就基于这两项基本功能探讨了资产证券化对金融稳定的维护。最后以美国金融市场为例，探讨了次贷危机前资产证券化对金融稳定维护的具体情况，本部分内容一方面基于住房抵押贷款证券市场分析了美国资产证券化市场的发展历程，另一方面基于美国金融市场的发展概况分析了资产证券化对金融稳定的维护。

第四章首先从资产证券化的产品交易特性分析了金融稳定出现脆弱性因素的主要原因，本章是资产证券化影响金融稳定周期的第二章，金融脆弱性因素的出现并不代表金融不稳定，只是在金融稳定的状态下出现了"不稳定"的潜在因素，可以视为系统性风险积累的具体形式。本章首先探讨了资产证券化的产品交易特性，主要包括资产信用融资方式、收入导向型的融资方式、表外融资方式、风险隔离机制、资产重组、信用增级机制、低成本的融资方式等产品特性，以及虚拟交易工具、交易需要受到信用评级、交易的目的是基于金融功能的需求、交易存在杠杆性、交易具有特殊性等产品交易特性。其次分析了资产证券化产品交易过程中的"脆弱性"因素，主要从资产证券化基础资产存在的问题、资产证券化存在的一系列委托—代理问题、资产证券化信用评级存在的问题、资产证券化监管存在的问题等方面分析。最后探讨了资产证券化基本功能导致的"脆弱性"，一方面探讨了资产证券化"增加流动性"功能导致的"金融脆弱性"，主要分析了资产证券化流动性扩张的微观效应和宏观效应，并从资产证券化流动性扩张机制的缺陷分析了该功能导致的"金融脆弱性"；另一方面探讨了资产证券化"风险转移"功能导致的"金融脆弱性"，主要分析了资产证券化"风险转移"功能向"风险分担"功能的过渡，以及资产证券化风险分担机制的微观效应和宏观效应。资产证券化的风险分担机制不仅为市场提供了一种横向的金融风险分担机制，丰富了金融市场中的风险管理手段，但相应宏观效应的出现，导致了系统性风险积累、资产价格泡沫及内生流动性扩张等负面影响，由此引起"金融脆弱性"因素的出现。

第五章分析资产证券化导致金融脆弱性转化为金融不稳定的主要途径，是探讨资产证券化影响金融稳定周期的最后一章，本章其实也从侧面讨论了资产证券化在系统性风险从爆发到传导的主要作用，也为后续监管框架等政策建议章节的讨论奠定了基础。首先，分析了资产证券化导致金融不稳定的总体概览，主要从资产证券化导致风险的转移及扩散、资产证券化导致流动性过度扩张（包括资产证券化使金融机构采取高杠杆的经营策略、资产证券化导致"衍生型流动性"的扩张等方面）、资产证券化导致流动性危机的扩散、资产证券化导致投资者对高风险的偏好等方面分析。其次，构建了一个资产证券化影响金融稳定的简化模型，该简化模型即是用来分析资产证券化的基础资产价格与证券化资产市场价格之间的反馈机制。因为从美国的情况来看，住房抵押贷款市场的持续繁荣与增长，不仅通过财富效应和托宾的 Q 值效应导致美国居民家庭收入和消费的持续增长，更导致住房抵押贷款证券化及其衍生品市场规模的持续扩大。同时，抵押贷款证券化市场的发展又推高了美国的房地产市场价格。本章就是用一个简化的"三部门"模型证明了证券化资产市场价格与基础资产价格之间的价格反馈机制，并论证了证券化市场的发展导致基础资产的市场价格泡沫，从而导致金融不稳定。此外，本部分内容还对美国房地产市场价格与证券化市场的价格反馈机制进行了实证分析，从而对上述理论模型进行了证明。最后，对资产证券化导致金融不稳定的途径进行了实证分析。一方面，用一个简化的资产负债表模型实证分析了资产证券化对金融机构杠杆率的影响，证明了资产证券化确实导致了金融机构的杠杆化和去杠杆化；另一方面，用 VAR 模型和 GARCH 模型证明了资产证券化对市场流动性存在负向冲击作用（其中用到的实证分析方法包括脉冲响应、方差分解、EGARCH 和 TGARCH 等），同时这种负向冲击作用确实导致了市场流动性的大幅度波动。

第六章基于金融稳定的背景，探讨了资产证券化监管框架的构建。从资产证券化对金融稳定周期的影响可知，资产证券化的监管存在一定的缺陷，主要表现在微观审慎监管的偏差及宏观审慎监管的缺位。为此，关于资产证券化监管框架的构建必须考虑对金融稳定的维护，并从宏观审慎监管的强化来改进资产证券化的监管。本章首先考虑了资产证券化监管方式转变的必要性，主要是基于金融稳定的考虑。从次贷危机的经验来看，注重微观审慎监管的传统监管理论忽视了系统性风险的存在，次贷危机的演进也表明单一工具或机构的稳健并不意味着金融体系的稳定，即可以说，资产证券化的稳健运行也有可能导致金融不稳定，主要体现在资产证券化的风险特征及其复杂且难以计量、资产证券化使传统融资中介和资本市场的联系更加紧密、资产证券化的基本功能存在很大的风险隐患、资产证券化投资者的高杠杆性给金融稳定带来了严重影响等方面。其次分析了资产证券化监管的缺陷，一方面是资产证券化的微观审慎监管存在偏差，即微观审慎监管不利于金融稳定的维护、微观审慎监管并没有对资产证券化创新进行有效约束、微观审慎监管对资产证券化的信息披露没有给予足够的重视;另一方面是资产证券化的宏观审慎监管存在缺位,主要表现在资产证券化的监管较为滞后、资产证券化导致的"监管资本套利"缺乏必要的监管措施、资产证券化导致杠杆率的"顺周期性"没有引起足够的重视。资产证券化监管的缺陷显示了监管改革的必要。最后从强化宏观审慎监管方面讨论了资产证券化监管的改进,主要讨论了资产证券化宏观审慎监管的主要目标(该目标主要就是对金融稳定的维护)、资产证券化宏观审慎监管的基本框架(主要包括资产证券化宏观审慎监管框架构建的基础、核心环节、政策安排等方面),以及资产证券化监管框架的构建(该框架的构建综合考虑了微观审慎监管和宏观审慎监管,也就是说,资产证券化监管框架的构建不仅要对微观审慎监管的偏差进行修正,也要注重宏观审慎监管体系的构建,要实现两者的有机结合,并注重两者之间的信息传递和资源共享)。

第七章基于金融稳定的背景,分析了我国资产证券化创新的内在需求。从本质上讲,针对资产证券化创新内在需求的研究,其实也是探讨资产证券化创新的源动力。首先,从基本功能来看,转移风险与提高流动性是我国资产证券化创新的内在需求之一。在新常态背景下,银行体系所蕴含的一系列风险及其面临的流动性需求,是推动资产证券化创新的重要需求动力;其次,我国当前资本市场与债券市场的结构亟须完善,资本市场的投资渠道也需要进一步拓宽,金融市场的发展也存在功能错位的现象,资产证券化的创新及发展,能有效解决我国资本市场与金融市场的结构完善、功能准确定位等问题,同时也能进一步提高我国货币政策传导机制的有效性;最后,本章分析了美国资产证券化发展经验对我国的启示,主要针对市场环境、客观基础条件、基础资产的选择、监管、信用评级及基本功能等方面进行总结。

第八章在金融稳定的背景下探讨了我国资产证券化创新的模式选择。首先讨论了我国资产证券化的基本模式之争。从理论界来看,我国资产证券化存在三种代表性建议:一种是中国人民银行提出的类似美国的表外模式,即由政府主导的模式;一种是类似香港成立的住房抵押贷款公司的表外模式,即通过建立一种信贷资产收购公司,来担任资产证券化运作流程中的SPV角色;还有一种就是类似中国建设银行发起的表内信托模式。在此基础上,本章从短期与中期两个角度探讨了我国资产证券化基本模式的现实选择。其次讨论了资产证券化市场参与主体的设计，主要包括资产证券化特设目的机构（SPV）的模式选择、资产证券化相关服务机构的模式选择、资产证券化发行主体及投资者的选择。再次本章基于投资组合理论，探讨了资产证券化基础资产构建的理论基础，并分析了资产证券化基础资产池的构建标准。最后探讨了资产证券化的品种设计，品种设计应是未来资产证券化创新及发展的重要环节。本部分内容也是基于短期和长期两个角度来探讨资产证券化产品的设计，并且在产品设计中，我们也要吸取美国金融危机的经验教训，深刻思考资产证券化基本功能的作用，防止风险的过度转移和扩散。

第二章

相关理论基础及文献综述

第一节 金融稳定的基本理论

一 关于金融稳定内涵的讨论

当前,理论界和学术界对于金融稳定的概念尚未形成统一结论,对于金融稳定的具体定义也是从不同角度进行的。

(一)基于金融体系稳定的视角界定"金融稳定"

从理论上讲,我们所谈的金融稳定,即是金融体系的稳定,这种稳定应是一种具体的状态,在这种状态下,金融体系必须保持平稳运行。荷兰央行行长、巴塞尔银行监管委员会主席魏霖克(Nout Wellink,2002)认为,稳定的金融体系应该能够有效吸收冲击,并充分发挥分散风险和分配资源的作用,同时能阻止对实体经济和金融体系造成破坏的冲击。基于对金融体系稳定的认识,托马斯(Tommaso,2003)认为金融稳定是一种金融环境,在这种环境中,任何金融市场主体,以及市场本身均处于一种能够应付各种冲击的良好状态,即使出现冲击,整个金融系统也能够正常运行,即相应的储蓄向投资转化机制及支付系统不会遭受影响或损害。中国人民银行于2005年在《中国金融稳定报告》中对金融稳定做了如下界定,即金融稳定是金融体系处于能够有效发挥关键作用的状态。在这种状态下,宏观经济能够稳健运行,财政货币政策稳健有效,金融生态环境不断得到改善,金融中介、金融市场和金融基础设施能够发挥支付结算、风险管理和资源配置等关键功能,而且在受到内外部因素冲击时,金融体系整体上仍能够平稳运行。

(二)基于金融稳定条件的视角界定"金融稳定"

米迦勒(Michael,2003)对金融稳定的条件进行了探讨,从而界定了金融稳定。他认为一个金融稳定状态需要满足如下几个条件：第一，货币币值保持稳定；第二，宏观经济就业水平接近自然就业率；第三，公众对金融机构和金融市场的运作有足够信心；第四，任何资产价格的变化不会给币值稳定和就业水平带来危害。他还认为，金融稳定的前三个条件是必需的，高通胀率和高失业率的经济阶段不可能是一种稳定的金融状态，并且如果市场参与者的融资渠道遭到破坏，对金融中介失去信心，就意味着金融体系对经济增长带来不利影响，因此这种状态也就不可能是金融稳定状态。对于第四个条件，他提出了资产价格影响实体经济的几种渠道：改变了居民财富进而改变了消费；改变了普通股票的价格走势；通过影响公司的资产负债表而影响公司支出；通过对资本流动的影响进而影响国内货币供应量。

（三）基于金融职能的视角界定"金融稳定"

国际货币基金组织专家希纳斯（Schinasi，2004）认为在界定金融稳定时，应考虑金融系统的职能。具体来讲，金融系统的职能包括三个方面：首先，在时空上提高资源的配置效率，包括财富积累效率与经济增长效率等；其次，应对金融风险进行合理的评估、定价、分配和管理；最后，通过经济的自我纠偏机制，应对各种内外部不平衡的冲击，确保金融系统的正常运行。基于以上金融职能所界定的金融稳定如下：只要金融系统能够应对内外部非预期的不均衡，继续履行提高经济运行效率的职能，金融系统就处于一种稳定状态。德意志银行也有专家认为，金融稳定即是一种稳定的状态，在这种状态下，金融系统能够有效履行支付清算、分散风险和资源配置等职能，也就是说，在实体经济遭受内外部冲击时，金融体系仍能正常稳健运行。

（四）基于金融不稳定的视角界定"金融稳定"

从金融不稳定出发，判断金融不稳定的特征，从而从反面的角度来界定金融稳定，这种方式也是学术界讨论金融稳定的一个视角。其中，最具代表性的就是国际清算银行专家克罗吉特（Crockett，1997），他认为金融稳定就是不存在金融不稳定。所谓金融不稳定，即实体经济运行时可能由于资产价格波动或金融机构无法满足相应的合同义务而受到的负面影响。米什金（Mishkin，1999）认为信息不对称是引发金融不稳定的主要因素，即如果金融系统遭受信息冲击，造成资金流向的不确定，就会产生金融不稳定。弗格森（Ferguson，2002）认为，基于金融不稳定来定义金融稳定更有意义。他从三个角度界定了金融不稳定的特征：第一，资产价格严重脱离实体基础；第二，金融市场的功能被严重扭曲；第三，实际产出能力偏离均衡水平。钱特（Chant，2003）进一步提出，金融不稳定指金融市场上通过影响金融体系运转而损害经济运行的一种状态，这种不稳定通过多重渠道损害经济运行，它可能损害诸如家庭、公司和政府等非金融部门的融资条件及渠道，也可能损害特定金融机构和金融市场的运转以至于它们不能为其他经济体提供融资。

通过上述分析可知，学者们仅是从表象上来讨论金融稳定或不稳定的状态，并未对金融稳定的内涵或本质进行界定。笔者认为，金融稳定的内涵或本质就是，在金融市场中，资金交易或有价证券供求关系的动态均衡，资产价格在动态中实现稳定，这种稳定的核心即货币自身价值的稳定，并且信用稳定是这种稳定的基础。

二 金融稳定的相关理论

学术界已从多个角度对金融稳定，或金融不稳定以及金融危机的根源问题进行探讨。从具体研究来看，学者们主要集中在从宏观经济基础的变动探讨金融不稳定的原因，以及从微观经济视角出发解释金融市场中的投资者行为以及预期问题。与此同时，马克思的经典理论对金融不稳定的本质和根源也进行了系统性阐述。

（一）基于宏观经济视角的金融稳定理论

早期西方经济学者对金融稳定的研究主要是从宏观经济理论的角度探讨金融不稳定的原因，由此形成了传统的经济周期性观点、明斯基的金融不稳定假说和货币主义观点三大类理论体系。

1. 金融稳定的传统经济周期性观点

金融稳定问题向来是经济学家关注的焦点之一，在20世纪70年代之前，对金融稳定和金融危机的研究主要停留在宏观经济层面，并且占主导地位的理论主要以经济周期理论为基础，由此形成了金融稳定的传统经济周期性观点。

古典学派的代表性人物马歇尔阐述了金融市场信用与工商业波动之间的关系，认为企业破产是导致商业危机的直接原因，但如果信贷的过度投放并没有压倒企业的经营基础，那么少数企业的破产是微不足道的。因此，他认为导致危机的真实原因并不是少数企业的破产，而是信贷投放的不稳定。马歇尔从经济周期理论出发，清晰地讨论了工商业危机和金融危机发生的过程及其周期性特征，但并没有提出有效的危机或金融不稳定解决方法。

美国经济学家费希尔（Fisher，1933）根据美国经济大萧条时期的统计资料，从经济周期的视角提出了"债务—通货紧缩理论"，从而揭示了大萧条的真正原因，并提出了抑制经济周期性过度波动的政策建议。费希尔认为金融危机的最大原因在于债务和价格水平的冲击，过度负债以及随后出现的通货紧缩是解释商业周期的两个重要变量。通常，经济周期的扩张是由于银行信贷的增加导致，低息资金的高回报率推动了过度负债的不断形成，使原本处于均衡状态的经济体系受到过度负债的猛烈冲击，如果没有相应的干预措施，金融体系将逐渐转入混乱。如果债权人和债务人的预期发生逆转，双方将对经济形势的预测趋于谨慎，那么缺乏流动性资金的债务人不得不出售大量资产以偿还部分到期的债务，进而银行存款回笼，货币流动速度下降，进一步推动物价水平下降，即货币购买力增加，由过度负债的偿还引致严重的通货紧缩。反过来，通货紧缩又将会对债务产生作用，当初始过度负债规模足够大时，尽管部分名义债务得以清偿，但由此引起的价格水平下降却会使未偿付债务的真实规模上升，个人减少其债务负担、摆脱债务陷阱的努力却使人们陷得更深，结果是债务人还的越多反而欠的越多。从整个社会来看，如果货币购买力增加的速度超过了名义债务偿还的速度，也就意味着债务清偿非但没有彻底完成，反而会使尚未偿还名义债务的真实规模扩大，经济萧条只能进一步恶化。在过度负债—通货紧缩的逻辑分析基础上，费雪提出了治愈和阻止经济萧条的办法：要么通过自由竞争的市场机制促使企业破产，只有普遍破产的局面出现时，负债才能停止扩张、趋于收缩；要么实施恰当的再通胀干预政策，维持物价水平稳定。当然，价格水平的控制并非万灵神药，即使货币价值保持在一个理想的水平上，其他问题如债务问题、技术性失业问题、过度生产问题等都需要进一步解决。

2. 金融不稳定假说

明斯基（Hyman P. Minsky）提出的"金融不稳定假说"在金融危机史上有着非常重要的地位。在凯恩斯主义的分析框架内，明斯基以复杂多变的金融工具和金融机构为研究对象，强调不确定性、投机和预期在经济周期变化中所起的作用，集中讨论了金融、资产价值及投资之间的关系，以及金融体系内在脆弱性的本质特征。

明斯基的金融不稳定理论包括三方面的内容：第一，抵补型、投机型和庞氏资产在债务总量中的比重；第二，融资总量中债务融资的比重；第三，流动性资产占债务总量的比重。

其中，抵补型资产是指在每个还款期的现金收益（AQ）都可以用来偿付债务（PC）的资产，这些资产是盈利的，只有当企业亏损时，资产的收益才会受到影响。即：

$AQ_i > PC_i (i = 1,2,3,\cdots,n)$

投机型资产，是指资产的整体收益可以用来支付债务的资产。在初期，资产的现金收益可能无法支付债务，但过了这段时期以后，现金收益就可以支付债务。即：

$AQ_i < PC_i (i = 1,2,3,\cdots,m)$

$AQ_i > PC_i (i = m+1, m+2, \cdots, n)$

庞氏资产，是指在整个债务偿还周期的现金收益均无法偿还债务的资产。这样，庞氏资产的持有人被迫不断地借入新债来偿还旧债，导致资产的债务大于收益，只有在偿还周期的最后时期，现金收益才会大于债务。一般来说，这种资产很少存在，因为如果债务不断积累，债务人到最后只能以破产的方式来退出，这叫做"庞氏骗局"。由此可以看出，庞氏经济主体不具备吸收冲击的能力。即：

$AQ_i < PC_i (i = 1,2,3,\cdots,n-1)$

$AQ_i > PC_i (i = n)$

明斯基认为，如果市场利率上升会导致资产价格下降，投资者的现金收益也就下降，投机型资产就有可能转化为庞氏资产。但如果市场利率下降，庞氏资产也有可能转化为投机型资产。在经济的运行过程中，如果流动性资产占债务融资的比重过低、债务融资占整体融资的比重以及投资型和庞氏资产占资产总量的比重过高，经济就有可能不稳定。因此，明斯基将经济周期的运行描述如下。

在商业周期的上升阶段，抵补型资产融资处于主导地位，经营主体能够持续获得现金流入，现金流能够偿还债务，市场的融资难度比较低，高流动性资产的价格和收益率也不是很高，这样，投资者就有了购买高风险资产的倾向，他们就会通过提高财务杠杆率来购买投机型资产。这时经济还处于上升周期,在这个阶段,投机需求的不断增加会推动资产价格的不断上涨,新的盈利机会便不断出现,这样更多的投资者涌入市场,他们将会从购买投机型资产转向风险性更高的庞氏资产,而当投资者越来越多时,一些风险厌恶者也会被牵涉进来,投机型经济又转化为庞氏经济,这时投机就偏离了理性,泡沫经济就开始产生了。

随着资产价格不断上涨,泡沫就会越吹越大,而经济主体也会逐渐意识到风险问题,这样投资者就开始撤出市场,资产的价格开始下滑,一些投资者就有可能发生流动性短缺。这样公众的预期就有可能转变,资产价格上涨的预期也会转变,此时投资者都想在最高点抛售资产。由于在经济繁荣时期,高流动性资产的持有量较少,因此如果人们的流动性需求增加,他们就会抛售低流动性资产。这时,具有高负债率的主体就会不断抛售资产以维持自己的流动性头寸,经济就会陷入费雪(1933)所说的"债务—通缩"循环。

总的来看,明斯基的金融不稳定假说从凯恩斯的流动性偏好理论出发界定资产价格的决定机制,并通过对资本主义经济中伴随经济周期变化而变化的融资类型的分析,得出金融体系内在脆弱性形成和最终演变为金融危机与经济危机的基本过程,更对危机过程的遏制提出政府和中央银行的干预措施。金融不稳定假说是悲观的,它认为资本主义的弊病在于产生金融危机和经济危机的推动力是内生的,尽管政府组织干预方式的演进可能削弱这种推动力的影响,但每一次对危机的成功抑制都会使得金融和经济体系变得更复杂,而这又使得系统更容易发生危机。

3. 货币学派的金融稳定理论

弗里德曼(Milton Friedman)和施瓦茨(Anna Schwartz)是以货币主义观点分析金融稳定问题的代表。他们研究了货币因素对金融体系稳定的决定性影响和作用,提出在中央银行对货币供给量和准备金控制过程中的货币供给过度紧缩问题,以及货币存量的变化在金融危机形成中的作用机制。银行体系作为一个整体,试图仅仅通过存款的乘数紧缩效应,进而通过资产的乘数效应来满足储户的货币需求。这种货币供给的恶化及准备金的压力,迫使无法从其他途径获取基础货币的银行在市场上抛售资产,导致资产价格下跌,利率上升,并进一步引起银行持有的其他资产出现贬值,这不仅威胁到银行的生存,也会造成社会公众对银行经营预期的恶化,怀疑整个银行体系的兑付能力。当公众迅速增加货币持有量时,银行存款加倍紧缩，面临的流动性压力迅速增大，挤兑行为导致银行恐慌甚至倒闭。大萧条期间的银行破产使公众的资本遭受了损失，极大降低了银行存款作为财富持有形式的吸引力，并引起存款—通货比率出现变动，进一步引致货币存量急剧下降，最终大批银行倒闭进而引发金融危机。

金融稳定的宏观经济理论解释了经济周期变化中的金融机构和金融市场的顺周期波动现象，以及经济周期波动带来的预期不确定性影响，但并没有形成全面系统的金融不稳定理论，明斯基和金德尔伯格（Kindleberger）的金融不稳定假说提出"经济人"的非理性行为是导致金融不稳定的主要原因，与经济分析的基本假设——所有"经济人"都是理性的形成矛盾；货币主义的解释则排除了货币因素以外因素的影响，非常局限且脱离实际，而且对宏观经济政策在熨平经济周期中的作用产生了疑问，这些缺陷使得金融稳定的经济理论研究进一步陷入困境。

（二）基于微观经济视角的金融稳定理论

1. 信息经济学对金融不稳定的解释

相对于其他市场来说，金融市场上信息的作用更加举足轻重，正是信息影响着金融市场各类主体的信心，并进而影响其决策和行为，从而决定了金融市场各类资产的价格。但是，信息不对称问题在金融市场上广泛存在：其一，存款人与金融机构之间的信息不对称，机构占有资金运用、资产状况的信息优势；其二，金融机构与借款人的信息不对称，借款人占有资产状况和资金运用的信息优势；其三，金融机构与金融监管者之间的信息不对称。这些信息不对称无法完全消除，导致金融市场效率下降，引发逆向选择和道德风险问题。

事实上，为了解决金融市场的信息不对称问题，监管当局对金融机构的信息披露和信用评级提出了严格要求，力图增强公众对金融部分的信息占有程度。但是，由于金融行业的专业性特征，不具备专业分析能力的社会公众很难理解公开信息所反映的金融机构运营状况，无法客观评价其稳健性。即使有专门的信用评级机构参与，其信用评级也往往存在"顺周期"等非客观性，即在宏观经济整体向好时，对金融机构的信用评级水平较高，金融活动的开展被加倍扩张，更加剧了金融体系的不稳定性。

2. 银行挤兑对金融不稳定的解释

金融体系和金融机构的正常运转是在信用制度的基础上实现的，一旦社会公众对金融机构的信心崩溃，就会诱发大规模的银行危机和金融危机。金融市场的信息不对称使金融机构的某种经营不善或支付困难可能转化为"银行挤兑",更进一步地,会引起金融体系的不稳定。从经典博弈论的角度出发,可以解释银行挤兑行为的机制以及金融体系的内在不稳定性特征。储户的充足信心是银行保持稳健经营的前提,在正常情况下,银行储户的提款行为是随机的,存款的规模在动态上是稳定的,商业银行可以保持足够的流动性来应对正常提款,并把剩余资产投资于非流动性资产以获取更高收益,只要银行经营中能够保持储户对银行清偿力的信心,那么情况就会处于均衡状态。而一旦发生某种情况使提存加速,便会出现储户们竞相提款的行为,这种行为可以理解为储户经过理性思考后的结果,因为他们很清楚,如果银行不断支付存款,就不得不提前出售其非流动资产,这样造成的损失甚至可能侵蚀银行的资本。储户的个体理性行为演变为集体非理性行为,这一点与经典博弈论的"囚徒困境"情况一致:如果他们能达成攻守同盟,获得正常收益,此时便不会发生银行挤兑事件;但在信息不对称的情况下,储户很难通过其掌握的信息判断其存款银行出现的支付困难是暂时的还是经营状况发生了恶化,而且银行是按顺序服务原则行事的,储户个人利益的实现就体现为在银行有支付能力时先取得存款。因此,不管储户出于何种原因怀疑某家银行可能倒闭,他们都会立即提取所有款项。储户提取的款项越多,银行危机的可能性越大,就有更多储户提存,这种恶性循环形成了银行挤兑。

3. 资产价格泡沫对金融稳定的影响机制

根据金德尔伯格在《新帕尔格雷夫经济学大辞典》中的界定,资产价格泡沫是一种或一系列资产在一个连续过程中陡然涨价,开始时的价格上涨会使人们产生还要涨价的预期,于是又吸引了新的买主——这些人一般只是想通过买卖谋取利润,而对这些资产本身的使用和产生盈利的能力是不感兴趣的。随后的涨价常常伴随着预期的逆转,接着就是价格暴跌,最后以金融危机告终。通常,资产价格泡沫所形成的繁荣注定要结束,不是以迅速爆发危机的方式消失,就是以经济长期停滞的方式结束。由于对金融资产的定价受到信息不对称的制约,未来现金流和市场利率变动对资产持有者来说都是不确定的,这就产生了金融资产价格不稳定的倾向,并成为导致银行系统挤兑根源,外汇市场和证券市场被公认为最容易发生不稳定的市场;而房地产价格的波动更是通过金融体系影响经济衰退的主要因素。可见,资产价格泡沫对金融稳定和实体经济都产生了负面影响,资产价格的波动不仅与金融机构运营密切相关，还会直接影响资产净值，进而影响社会投资行为和消费行为。

4. 行为金融理论关于金融不稳定的论述

行为金融理论认为微观主体不是理性的，造成这一现象的原因是人在投资活动中和人的判断能力具有信息不对称。在经济体系中，个人理性与集体理性的偏离是正常现象。正是有限理性的存在，才导致交易中的复杂契约和协议，引起金融体系不稳定。在投资活动中，当个体理性体现为集体行动时，整个社会就充斥着"非理性"。例如，当银行出现问题时，个人从银行提取现金避免损失的做法就是理性的，而当所有社会公众都发生这种行为时，银行就会加速破产，这就是社会的"非理性"。同时，在金融市场中关于资产的集体抛售也是一种非理性现象。行为金融理论认为，在多数情况下，由于人们具有不同的理性，社会中几乎不存在所谓的"经济行为人"，因此他们之间达成协调一致是很困难的，这种难以协调的冲突导致了金融体系的不稳定性。

5. 基于"资产负债表衰退"视角的金融不稳定理论

基于资产负债表对金融不稳定的研究是近年来一个新的研究视角，这一研究关注的是经济中的微观主体，即银行、企业及家庭的资产负债表状况。最早关于这一理论的研究其实可以追溯到大萧条时期的费雪（1933），他在关于"债务—通缩"循环的论述中，用大量的篇幅讨论了企业偿债现象。费雪（1933）认为负债累累的企业为了偿还债务而大量抛售资产，由此引起通货紧缩，而通货紧缩又导致实际利率的上升，从而导致负债的上升。费雪虽然没有考虑到资产负债表的问题，但他的这一研究已经涵盖了这一问题。

伯南克和格特勒（Bernanke and Gertler, 1987）从企业资产负债表的角度对金融不稳定进行研究，并提出了金融加速器的理论。他们认为，金融加速器在经济衰退时的作用要大于高涨时期。在衰退时期，金融加速器会引起企业的资产价格大幅度下跌，引起企业资金短缺、资产负债表恶化、融资成本上升，同时致使银行体系惜贷，进而加剧货币紧缩和经济困境。

里查德（Richard, 2003）和辜朝明（2008）[①]分析了大萧条和日本经济

---

① [美]辜朝明：《大衰退——如何在金融危机中幸存和发展》，喻海翔译，东方出版社2008年版。

衰退的情况，并且系统地提出了资产负债表衰退的概念。他们认为，当一国的资产价格泡沫破灭时，该国企业的负债就会超过资产，从技术上讲这些企业已经破产。但企业为了继续生存，高级管理人员就会隐瞒其资产负债表状况，企业的经营目标也就从"利润最大化"转变为"负债最小化"，这时企业已经基本上停止经营，忙于还债。当所有企业都发生这种行为时，整个经济就陷入了所谓的"资产负债表衰退"，此时，无论以后采取何种扩张的货币政策并注入流动性，其政策都无法见效。"资产负债表衰退"理论的假设前提就是微观经济主体转换经营目标，将利润最大化目标转变为负债最小化。

（三）马克思的金融稳定理论

马克思以劳动价值论和商品与货币关系为基础，研究货币危机和金融危机的本质及其根源，从而揭示资本主义经济的内在不稳定性特征。通过对马克思的货币理论和金融危机理论的梳理，可以得出一个关于金融不稳定的形成、本质以及根源的经济学理论体系。"货币形式——债权人和债务人的关系具有货币关系的形式——所反映的不过是更深刻经济生活条件的对抗。"这种对抗关系不断积累并发展到极端的形式，就会爆发货币危机或金融危机。马克思认为，金融体系加速了私人资本转变为社会资本的进程，但由于金融资本家夺取了产业资本家和商业资本家的资本分配能力，金融体系本身也成为引致危机的最有效工具。金融体系的存在和运行是以信用为基础的，从本质上看，金融危机是信用危机，金融危机发生的根本原因，就是经济主体之间由相互遵守信用、履行道义，进而转变为背信弃义、失信毁约。

第二节 资产证券化的相关理论

一 资产证券化的概念及内涵

美国投资银行家拉涅利·刘易斯（Lewis Ranieri）在 1977 年同《华尔街日报》记者讨论抵押贷款转手证券时首次使用了"资产证券化"（Asset Securitization）。随后"资产证券化"就在金融界流行起来了，并不断地创新和衍化。但对于资产证券化的概念，学术界却有狭义和广义之分。

美国证券交易委员会给出了资产证券化的狭义定义。他们认为，资产支持证券是由能够产生现金流的特定应收账款资产池或其他金融资产池来支持的证券,并通过条款确保资产在一个限定时间内转换成现金流或其他权利,这些资产的期限可以是固定的,也可以是循环周转的。根据上述条款,该证券也可以通过一些服务条款或合适的分配程序按期向证券持有人分配收益。罗森塔尔和奥坎波(Rosenthal and Ocampo, 1988)也给出了资产证券化的狭义定义,即资产证券化是将应收账款和贷款等资产通过包装以证券形式进行销售的过程。肯德尔·莱昂(Leon Kendall, 1996)认为,资产证券化是一个通过对贷款或其他债务工具进行打包,然后将打包的资产转化成多种证券,同时提高这些证券的信用等级并在市场上出售的过程。法博齐(Fabozzi, 1996)也将资产证券化定义为一个过程,这个过程将具有共同特征的贷款、应收账款及其他不流动的资产包装成具有投资特征的带息证券。国际经合组织(OECD, 1999)认为,资产证券化就是把具有未来现金流收入和缺乏流动性的资产进行打包和重组,将其转变成可以在金融市场上流通的证券,并把这些证券销售给投资者的过程。施瓦茨(Schwarez, 2002)认为,在资产证券化中,公司把流动性差的资产从公司的整体风险中隔离出来,并以该资产的信用为支撑在资本市场上融资,这种融资方式的成本低于公司直接股权或债务融资的成本。施瓦茨在对资产证券化的定义中明确指出了"风险隔离"的特征。科塔(Kothari, 2003)认为,资产证券化是一种结构性的融资安排,它将未来一段时间内所收到的现金流转售给投资者,并对其提供担保支持,从而达到融资的目的。以上关于资产证券化的狭义定义有一个共同点,就是认为证券化的收益均以基础资产的现金流为支撑,该基础资产已被原始权益人从自己的资产负债表中剔除,由此实现了破产隔离,同时也提到了资产证券化的信用增级、风险隔离及现金流重组等特点。还有学者在对资产证券化的定义中强调了流动性,比如本威尼斯特和伯杰(Benvenise and Berger, 1987)、法博齐、国际经合组织和施瓦茨等。

此外,也有学者给出了资产证券化的广义定义。盖德纳(Gardener, 1991)认为资产证券化包括两个层次的含义:第一个层次即增量资产的证券化,这里的资金需求者直接在金融市场上发行直接金融工具来获取资金,这又被称为"一级证券化";第二个层次是将缺乏流动性但可以在未来产生现金流的资产集中起来进行打包,然后转换成在金融市场上可以流通的证券,这种证券是在基础资产信用的基础上衍生出来的,是一种存量资产的证券化,这又被称为"二级证券化"。对于盖德纳的定义,许多学者提出了质疑:第一,盖德纳的定义似乎认为"两级的证券化"存在高低之分。如果从时间的发展顺序来看,"一级证券化"早于"二级证券化",但是两者之间其实是没有任何优劣之分的,显然也没有等级之分。事实上,两种证券化具有不同的优势和条件。第二,盖德纳的定义也容易被理解成"二级证券化"是在"一级证券化"的基础上再次证券化。虽然目前也存在对证券化的再次证券化,但是资产证券化所要表达的意思是对已存在的信用关系或者未来的现金流进行证券化,它不仅包括对已有证券化的再次证券化,也包括"第一次的证券化"。罗森塔尔和奥坎波认为,广义的证券化即是以证券作为媒介的一般化现象,只要不是通过银行等金融中介的市场融资行为均可作为资产证券化的范畴。

国内的学者对资产证券化的定义也有狭义和广义之分。对于狭义的定义,比如:于凤坤(2002)认为,资产证券化即金融机构将可以产生预期稳定现金流的资产按照某种特质汇集成一个组合,并通过一定的技术把这个组合转换为可在资本市场上流通的,并有固定收入的证券;巴曙松等(2004)认为资产证券化即金融机构把缺乏流动性但有未来稳定现金流的资产汇集起来进行打包,通过结构性重组将其转变为可在金融市场上流通的债券。广义的定义是何小锋等(2002)提出的,他们把资产证券化的定义扩展到非常广泛的范围,认为资产证券化就是指将资产采取证券这一价值形态的过程和技术,具体包括实体资产证券化、信贷资产证券化、证券资产证券化和现金资产证券化四种。何小锋等关于资产证券化的定义恐怕是国内外最广泛的定义了。

由此可见,广义的定义认为所有通过金融市场的融资均可视为资产证券化,这一界定模糊了创始于20世纪70年代的资产证券化与传统证券化之间的区别,而狭义的定义对资产证券化的界定是非常明确的,认为资产证券化主要包括抵押贷款支持证券(MBS)和资产支持证券(ABS)。本书所采取的是狭义的定义,认为资产证券化就是指资产的原始持有人为了提高流动性或转移信用风险,将缺乏流动性但具有未来现金流收入的信贷资产经过一定的重组形成基础资产池,同时辅之信用增级等技术,将这些原始资产转变为可在资本市场上流通和销售的证券的过程。一般来说,可以进行证券化的基础资产具有以下几个特征:(1)基础资产能在未来产生稳定的、可预测的现金流,同时该基础资产形成的资产池具有标准化和高质量的特征;(2)基础资产本息的偿还存在于该资产的整个存续期,同时具有低违约率及损失率的历史记录;(3)基础资产的持有者已经持有该资产一段时期,同时该资产已经达到了较高的信用标准;(4)基础资产的债务人众多,同时这些债务人分布于广泛的区域。

二 资产证券化的主要参与者及运作流程

(一)资产证券化的主要参与者

1. 基础资产的借款人

以商业银行为例,借款人就是申请贷款的主体,即商业银行信贷资产的原始债务人。借款人作为债务人,必须按照贷款合同要求定期偿还本金和利息,其所偿还的本息也是资产证券化的主要现金流来源。同时,借款人的还款行为以及违约行为也会对资产支持证券的定价和风险问题产生影响,因此对借款人行为的分析是资产证券化运作中的一个重要因素。

2. 资产证券化的发起人

资产证券化的发起人也叫做原始权益人或原始资产持有人。发起人一般是具有稳定现金流收入的银行或其他抵押贷款发放金融机构,它们发放信贷资产等资产证券化基础资产的同时,根据自己的融资需要选择合适的基础资产池,然后以"真实出售"的方式将这些基础资产转移给特设目的机构(SPV)。当借款人无力还款的时候,发起人有权对抵押品进行处理。在美国,资产证券化的发起人通常是储蓄贷款协会、抵押贷款银行、商业银行及房地产信托投资公司等,而在中国,这一创始机构主要是指各类商业银行。

3. 资产证券化的发行人(特设目的机构)

资产证券化的发行人又称为特设目的机构(Special Purpose Vehicle,SPV),是购买资产证券化原始发起人所构建的基础资产池的机构、公司或信托,同时 SPV 以基础资产池为担保发行资产支持证券。SPV 是资产证券化运作中最重要的参与者,其运作的成功与否或结构设计的合理与否是资产证券化运作成功的关键。

SPV 可以由发起人、投资银行或独立的第三方来设立,其实质就是降低发起人的破产对资产证券化的影响,实现发起人和基础资产池之间的"破产隔离",这也是 SPV 最重要的基本特征。SPV 的主要功能是:按照"真实出售"的标准从资产证券化发起人那里购买基础资产池,通过各种信用增级手段来增加基础资产的信用级别,并聘请一定的信用评级机构来对信用增级后的资产进行信用评级,同时选择受托人、服务商、债券承销商等服务机构来发行资产支持证券。最后委托服务商从基础资产借款人那里按期收取他们偿付的本金和利息,同时委托受托人向投资者支付债券的本金和利息。

4. 住房抵押贷款证券化的中介服务机构

资产证券化的中介服务机构主要包括服务商、受托机构、信用增级机构、信用评级机构及债券承销机构。

(1) 服务商。

资产证券化的服务商主要负责收取贷款利息和本金,以及对逾期款项进行追收,并把这些款项全部存入 SPV 事先确定的账户中。同时服务商还负责对每个借款人抵押贷款合同的履行情况进行监督,定期向 SPV、受托人和投资者披露和提供有关基础资产的信息,并对这些信息进行核准。资产证券化的服务商可以由发起人承担,也可以由发起人的附属公司或者第三方来承担。

(2) 受托机构。

受托机构又称为资金保管机构,该机构直接面向投资者,同时担负着资金的保管、管理和偿付的职责。受托机构从服务商那里收取基础资产的本息,然后再按照协议规定将其偿付给资产支持证券的投资者。它的主要职责有:开立交易账户、代表债券持有人的利益而持有基础资产的抵押品、执行 SPV 的资金流向命令、定期检查基础资产等相关合同的执行状况、向投资者定期支付本息、将闲余的资金进行投资管理、监督投资管理中的资金账户、向投资者提供投资管理报告、定期向投资者提供资金保管和管理报告。

(3) 信用增级机构。

信用增级机构是资产证券化运作中的一个重要参与者,因为要使资产支持证券顺利发行和流通,需要具有较高信用级别的政府机构、商业银行、保险公司或者其他担保机构对这些债券进行信用增级,从而提高债券的信用质量和流通性,降低债券的发行成本。一般来说,资产支持证券的发行人为了使债券达到一定的信用等级，通常采用内部和外部增级来提高债券的信用等级。

（4）信用评级机构。

信用评级机构主要是为发行的债券提供一个客观的信用评价，从而帮助投资者有效地识别债券的风险。不管是何种类别的债券，比如政府债券、公司债券及资产支持证券都要经过一定的信用评级，同时在这些债券的存续期内，信用评级机构也要根据债券发行人的风险变动状况、财务变动状况等因素对债券的信用级别进行修正。只有能够获得较高信用级别的债券才能够在市场上获得较好的前景。

（5）债券承销机构。

债券承销机构的主要职责是向投资者代销或包销资产支持证券。承销机构除了包销或代销资产支持证券外，还可以和特设目的机构一起策划和组织整个证券化过程，从而保证整个资产证券化运作流程的顺畅。

5. 资产证券化的投资者

投资者是购买资产支持证券的主体，主要分为私人投资者和机构投资者两大类。不同的投资者具有不同的风险—收益偏好，他们根据自己的偏好来选择能给自己带来预期效用最大化的债券品种，因此如何为不同的投资者设计不同的债券品种是资产证券化运作中的一个重大难题。在投资者中，机构投资者主要包括商业银行、共同基金、养老基金及社保基金等。

（二）资产证券化的运作流程

1. 构建资产支持证券基础资产池

在这一过程中，发起人要根据自己的融资需求来选择合适的基础资产池。一般而言，作为资产证券化的基础资产池具有以下几个基本特征：

（1）基础资产必须具有良好的历史记录，它们的违约率和损失率都是非常低的。同时，原始持有人必须持有它们有一定的时间。

（2）基础资产必须能够产生稳定的和可预测的现金流收入，同时这些基础资产的数据也比较容易获得。

（3）基础资产作为抵押物必须容易变现，且具有非常高的变现价值。

（4）基础资产的债务人具有广泛的地域和人口分布。

（5）基础资产具有很高的同质性，并且这些资产的现金流具有相似的特征，这使现金流较为容易预测，从而降低交易成本和费用。

2. 组建特设目的机构

特设目的机构是资产证券化运作能否取得成功的关键主体。组建特设目的机构的初衷就是最大限度地降低发行人或发起人的破产对资产证券化的影响，即实现原始资产持有人的其他资产与基础资产之间的"破产隔离"，特设目的机构是没有破产风险的实体，因为它一般不会强制性破产或资源性破产。特设目的机构可以由资产证券化的发起人承担，也可以由其附属机构或第三者来承担，它既可以是一个独立的法人实体，也可以是担保公司或信托公司。

3. 基础资产的"真实出售"

在资产证券化的基础资产被构建以后，需要"真实出售"给特设目的机构，这是资产证券化得以顺利运行的关键环节。这就是说，资产证券化的发起人在向特设目的机构出售基础资产时，必须从自己的资产负债表上给予隔离，从而使原始资产持有人与基础资产之间实现"破产隔离"，即在原始资产持有人发生破产时，其他债权人无法对基础资产实施追索权，这样原始资产持有人的信用风险就不会对已经出售的资产支持证券产生影响。

4. 资产证券化的信用增级

信用增级即证券的发行人采用各种方法和手段来保证能够按时向证券的持有者支付本息，从而提高证券的信用等级，并减少证券的整体风险。常见的信用增级主要包括内部信用增级和外部信用增级。

内部信用增级主要是利用证券化基础资产产生的部分现金流来实现，主要方式有建立优先—次级结构和超额抵押金额。优先—次级结构就是将证券分为不同的信用档次。超额抵押金额就是指在支付了所有费用和证券息票成本之后的金额，这一金额加快了证券本金的偿还速度，同时也为损失建立了一个缓冲机制。

外部信用增级主要是通过第三方来提供，主要包括专业保险公司提供的保险、企业担保、信用证担保，以及现金抵押账户。因此，在外部信用增级中，证券的信用等级主要受到第三方所提供信用担保的影响，同时担保提供者信用级别的下降也会对证券的信用等级产生影响。

5. 资产证券化的信用评级

信用评级机构主要是对发行人要发行的债券提供一个客观的信用评价，从而帮助投资者有效地识别债券的信用风险。不管是何种类别的债券，比如政府债券、公司债券，以及住房抵押贷款支持债券都要经过一定的信用评级，同时在这些债券的存续期内，信用评级机构也要根据债券发行人的风险变动状况、财务变动状况等因素对这些债券的信用级别进行修正。在信用评级以后，资产证券化及其基础资产的信息透明度会大幅提高，这也是吸引投资者的一个重要手段（见图2.1）。

6. 资产支持证券的发售

在资产证券化信用评级以后，SPV就可以根据相关的市场需求和融资需求状况来设计和构造出资产支持证券，然后选择债券承销商（债券承销商一般由具有一定声誉的专业金融机构来担当，委托发行的方式通常有包销和代销两种）以私募或公募的方式将资产支持证券出售给投资者，以公募方式发行的证券也可以通过上市来实现流通。

7. SPV向发起人支付资金

SPV通过委托债券承销商发行债券，可以获得一定数量的发行款项，在取得这些收入后，SPV要按照事先约定的价格向发起人支付购买基础资产的资金，同时也要向其聘请的各类专业服务机构支付相关的服务费和佣金。

8. 服务商对基础资产的管理

在资产证券化的运作中，发行人要聘请服务商对证券化的基础资产进行管理，主要是负责收取基础资产的本息，以及对逾期款项进行追收，并把这些款项全部存入SPV事先确定的账户中。同时，服务商还负责对每个基础资产信用合同的履行情况进行监督，定期向SPV、受托人和投资者披露和提供有关基础资产的信息，并对这些信息进行核准。

9. 资产证券化发行人对债券的清偿

在债券的存续期间内，按照发行公告书的约定，SPV要委托相关的受托人按合同的约定对投资者按期偿还本息，其中利息是按照定期的方式来支付的，而本金的偿还要视债券到期的日期及债券的等级次序来确定。如果将所有的本息偿还以后还有剩余，则SPV要将剩余的资金返还给资产证券化发起人。

资产证券化的运作流程可以用图2.1来表示。

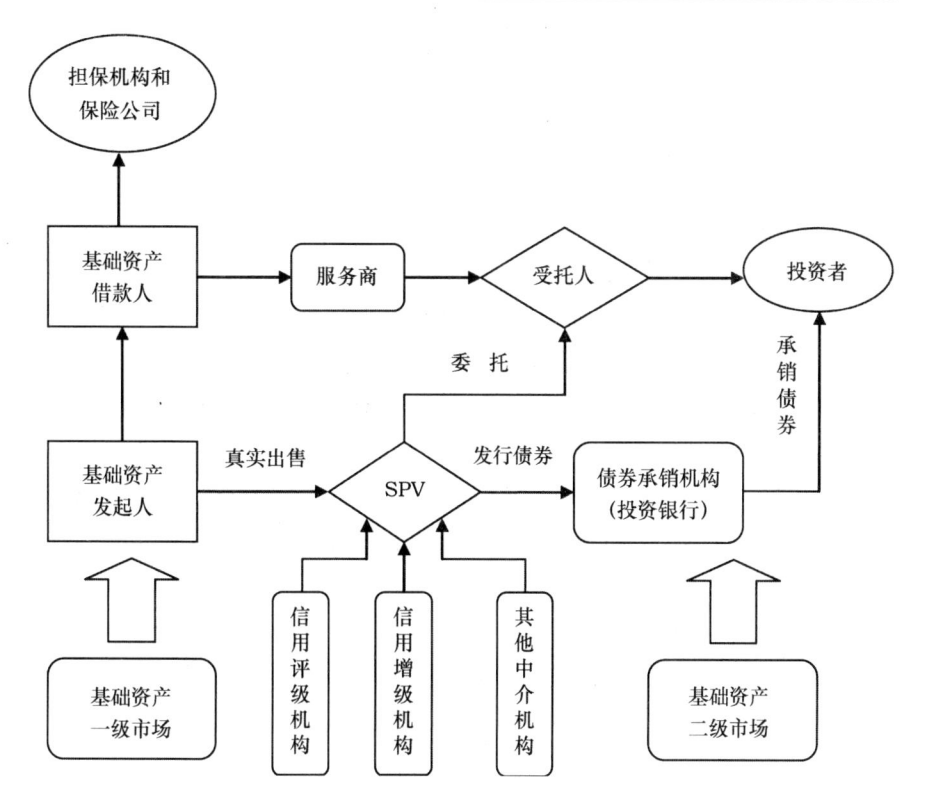

图 2.1　资产证券化的运作流程图

三　资产证券化的功能

（一）转移和管理风险

各个发放资产证券化基础资产的金融机构虽然得到了保险公司和担保机构提供的担保，但大多数基础资产毕竟是一种高风险的投资项目，持有该资产将导致持有者面临利率风险、信用风险及提前还款风险等，其中信用风险是其面临的主要风险。由于这些风险的存在，基础资产发放机构就会面临资金来源和业务上的限制，这不利于房地产市场的发展，更不利于整个国民经济的发展。

资产证券化的诞生解决了这一问题，其"风险隔离机制"将商业银行承担的风险转移给了具有不同风险偏好的投资者，降低了贷款发放者承担的信用风险和其他风险，提高了经营效率。

（二）增加流动性

资产证券化是 20 世纪后半期以来最重要的金融创新之一，其诞生的初衷就是为了解决发放住房抵押贷款金融机构的流动性风险,因此增加流动性是资产证券化最重要的功能之一。金融机构可以将一些周转较慢、规模较大、流动性较差的抵押贷款实施证券化,这有利于增加金融机构的流动性资产,同时改善金融机构的资产负债结构。

（三）降低融资成本

降低融资成本不仅是资产证券化的一个重要特点,也是一个重要功能,发放资产支持证券的金融机构可以承担相对于传统融资方式更低的融资成本。对发行人来讲,由于通过信用增级方式增加了资产证券化的信用等级,这样发行人就可以承担较低的利息支付。而对于投资者来讲,由于"真实出售"的存在,基础资产已经和原始资产持有人实现了"破产隔离",同时SPV也不存在自愿性破产和强制性破产,因此投资者也不会承担破产成本。所以,利用资产证券化进行融资会降低融资成本。

（四）减少信息不对称

在资产证券化的运作中,发起人将基础资产通过"真实出售"的方式出售给SPV,基础资产与发起人的其他资产实现了"破产隔离",因此投资者在对证券的价值进行衡量时只需考虑基础资产的信息,而不需要关注发起人过多的信息。同时,在资产证券化的运作中,由于信用增级和信用评级机制的存在,信用评级机构会将其对基础资产,以及发起人、发行人基本情况的调查状况进行信息披露,使投资者掌握更多关于资产证券化的信息,从而减少信息不对称。

（五）提高资本充足率

增加资本充足率功能也叫做监管资本套利,就是说商业银行通过证券化方式将其持有的基础资产进行处理,在风险没有降低的情况下提高其资本充足率。根据《巴塞尔协议》的规定,金融机构的核心资产充足率和总资本充足率要分别达到一定的比率。其计算公式为:

$$一级资本比率 = \frac{核心资本}{风险资本} \times 100\%$$

$$= \frac{核心资本}{\sum(资产 \times 风险权重)} \times 100\%$$

$$总风险资本比率 = \frac{总资本}{风险资本} \times 100\%$$

$$= \frac{总资本}{\sum(资产 \times 风险权重)} \times 100\%$$

为了达到《巴塞尔协议》的要求，提高资本充足率的比率，金融机构可以分别采取"分子对策"和"分母对策"。如果采取"分子对策"，就要增加分子的数量，从而增加资本充足率；如果采取"分母对策"，就要减少分母的数量，从而增加资本充足率。金融机构可以通过资产证券化将自己持有的风险资产从资产负债表中剥离出去，同时增加自己的流动性资产，从而减少分母的数量，并维持分子中资产的规模，由此来提高资本充足率。

（六）提高盈利能力

在资产证券化运作中，通过将缺乏流动性的基础资产转化为有价证券不仅提高了资产的流动性，其损益表上的盈利指标也会有所改善。同时，各种服务机构也可以通过参与资产证券化的运作来实现额外收入。另外，由于资产证券化导致资产占用的资金量减少，使计算资本成本时所用到的权重有所下降，这不仅降低了加权平均成本，还提高了金融机构的盈利能力。表2.1反映了资产证券化运作中的费用收入。

表2.1　　住房抵押贷款支持证券运作中的相关费用收入占比　　单位：%

项目	占比
发行人向投资者支付的利息率	9
支付如何将打包贷款进行证券化的咨询费	0.25
服务机构收取的佣金	0.25
证券化机构获得的剩余利息收入	0.25
担保机构或者保险公司获得的佣金	0.25

资料来源：[美]彼得·罗斯：《商业银行管理》，刘园译，机械工业出版社2001年版。

四　资产证券化的主要品种

（一）抵押贷款支持债券

抵押贷款支持债券（Mortgage – Backed Bonds，MBB）是一种债权凭证，其发行以住房抵押贷款为担保，发行人对于债券本息的偿付并不一定使用住房抵押贷款产生的现金流，其他的资金也可以用来偿还本息。在MBB的运作中，一般提供相当债券面值110%～120%数额的基础资产作为超额担保，这些担保品要交由独立的受托人进行保管，如果发生违约情况，受托人就会将这些抵押品出售以回收现金。MBB的特点主要有以下几点：

第一，发起人将住房抵押贷款组合通过"真实出售"销售给发行人，由此来实现表外融资，同时住房抵押贷款组合就出现在发行人资产负债表中的资产方,然后发行人就以表内融资的方式向投资者发行债券(MBB),这些债券则是出现在发行人资产负债表中的负债方;第二,基础资产产生的现金流不一定用于支付 MBB 的本息,发行人还可以利用其他的资金来对 MBB 进行本息支付;第三,MBB 的信用增级通常以超额担保的形式来实现,也就是说,发行人对实际基础资产的利用率是非常低的,基础资产池中有相当数量的贷款组合要被用来进行担保而不能进行证券化,这种信用增级方式限制了 MBB 的发行规模和数量;第四,发行人可以利用其他的资金对 MBB 进行本息偿付,所以住房抵押贷款组合的提前还款风险由发行人来承担,投资者只是按期获取本息;第五,MBB 通常按照固定利率来进行利息偿付,同时由于不存在提前还款风险,该债券的现金流状况和到期日都比较容易确定。此外,MBB 的设计也比较简单。MBB 的现金流动方向如图 2.2 所示,图中的虚线代表现金流的方向。

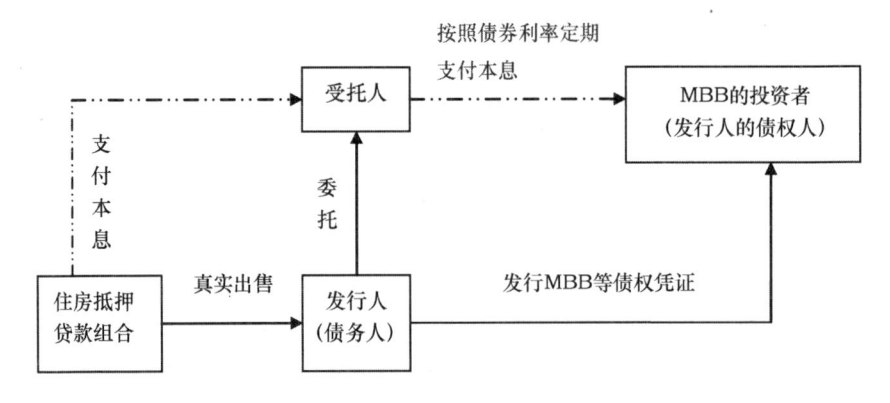

图 2.2 抵押贷款支持债券的现金流程图

(二) 抵押贷款传递债券

抵押贷款传递债券(Mortgage Pass–Through Securities,MPT)是目前资产证券化市场中的重要品种,同时也占有最高的市场份额。MPT 是指将住房抵押贷款按照年期进行重新组合,然后"真实出售"给特设目的机构(SPV),SPV 以这些资产组合产生的现金流为支撑将这些贷款组合分成若干单位转售给投资者的债券。购买 MPT 的投资者其实也就购买了住房抵押贷款的权益,同时按月收取 SPV"传递"来的本息。

MPT 的特点主要包括以下几点:第一,对发行人来讲,MPT 并不出现在其资产负债表上,发行人在 MPT 的运作流程中只是管理人的身份,从借款人处收入的本息都将按照一定的比率"传递"给债券投资者,并从中收取一定的服务费;第二,MPT 是投资于抵押贷款组合投资者的所有权凭证(这一点不同于 MBB 的债权凭证),也就是说,投资了 MPT 其实也就是获得了住房抵押贷款的所有权;第三,在 MPT 中,住房抵押贷款组合中被证券化的比率是很高的,但这要以较高的信用增级为基础;第四,由于投资者获得了住房抵押贷款的所有权,所以住房抵押贷款的提前偿还风险完全由投资者承担;第五,由于投资者完全承担了提前偿还风险,因此 MPT 的现金流量,以及实际到期日都有一定的不确定性,导致现金流的预测也比较困难;第六,对于 MPT 的投资者来说,其面临的最大风险就是提前还款风险。虽然投资者也面临违约风险,但由于贷款担保和信用增级双重保险机制的存在,MPT 的信用风险对投资者的影响是非常小的。

MPT 的现金流动方向如图 2.3 所示,图中的虚线代表现金流的方向。

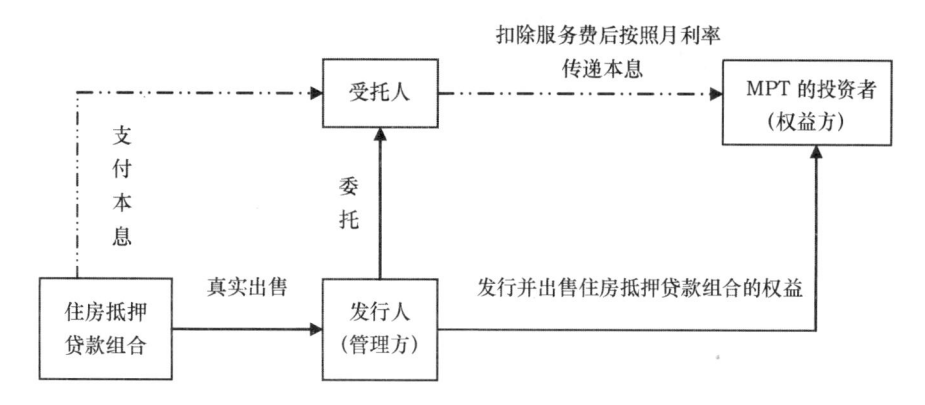

图 2.3 抵押贷款传递债券的现金流程图

(三)抵押贷款担保债券

抵押贷款担保债券(Collateral Mortgage Obligations, CMO)是传递债券的一种,该债券以特定的住房抵押贷款组合为基础,同时包含多个到期日。CMO 是发行人将特定的住房抵押贷款组合所产生的现金流在不同期限的债券之间进行分配,目的是将住房抵押贷款组合的提前还款风险在不同的债券投资者之间进行分配,该债券虽然不能消除提前还款风险,但是能够将这种风险在不同的投资者之间进行分配,从而降低单个投资者承担的风险。

CMO 同时具有 MBB 和 MPT 的特点,主要有以下特点:第一,CMO 发行人用于进行本息偿还的资金完全来自于住房抵押贷款,这一点与 MPT 相同;

第二，CMO属于发行人的负债，这一点与MBB相同，住房抵押贷款的所有权并没有转移给投资者；第三，由于和MPT相类似，因此住房抵押贷款组合的提前还款风险将由投资者承担；第四，CMO拥有不同的债券级别，每个债券级别具有不同的到期日和现金流偿付状况，这使CMO的不确定性相对于MPT大大降低。同时，CMO的设计和定价预测比MBB、MPT更加复杂，因此CMO要在MPT、MBB等债券品种运行极为成熟的基础上进行设计和运行。

CMO的现金流动状况为：在一般的CMO结构中，通常有四类债券，被称为A类、B类、C类和Z类。在这种结构中，A类、B类和C类债券可以从基本的担保品种获得按照固定利率支付的利息，一般按照每半年支付一次利息，到期支付本金的方式进行支付，而第四类债券，也就是Z债券，它的支付方式和前三种不同，是一种进行应计利息累积的债券，该债券的利息每半年按照复利的形式进行累积，在前三种债券的本息全部支付以后，发行人才开始支付Z债券的本息。一般来说，当CMO的受托人收到住房抵押贷款的本息时（包括提前偿还的和按期偿还的），首先支付A债券的本息，采取的方式是每半年支付一次利息，到期支付本金。当A债券的本息被全部偿清以后，受托人才进行B债券的支付。当B债券被全部偿清以后，受托人再进行C债券的支付。当A类、B类和C类债券的本息全被偿清以后，受托人才开始用从余下的担保品中获得的现金流量来支付Z债券的本金，以及Z债券累积的利息。CMO的现金流动方向如图2.4所示，图中的虚线代表现金流的方向。

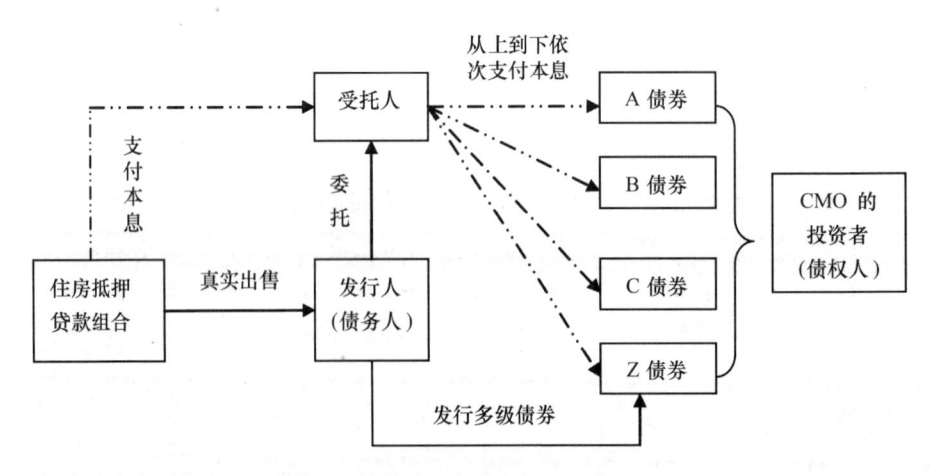

图2.4 抵押贷款担保债券的现金流程图

（四）本息拆离债券

本息拆离债券也叫剥离式抵押支持债券（Stripped Mortgage - Backed Securities，SMBS），是继 CMO 后的另一种住房抵押贷款证券化的重要衍生品，主要有以下两种剥离式抵押支持债券：一种是只获得利息的债券（Interest Only Securities，IO），在这种债券中，所有住房抵押贷款的利息均支付给这种债券，该债券不能获得本金支付；另一种是只获得本金的债券（Principal Only Securities，PO），在这种债券中，所有住房抵押贷款的本金均支付给这种债券，该债券不能获得利息支付。

本息拆离债券的特点包括以下几点：第一，本息拆离债券是住房抵押贷款证券化中的重要衍生品，其是在 CMO 的基础上衍生出来的，投资者可以根据这种债券进行资产组合投资，从而对冲风险；第二，用于偿还债券本息的现金流来源于住房抵押贷款，同时对住房抵押贷款本金进行支付的资金用于支付 PO 债券，对住房抵押贷款利息进行支付的资金用于支付 IO；第三，对本息拆离债券的设计应建立在 MBB、MPT 等债券运作成熟的基础上。本息拆离债券的现金流动方向如图 2.5 所示，图中的虚线代表现金流的方向。

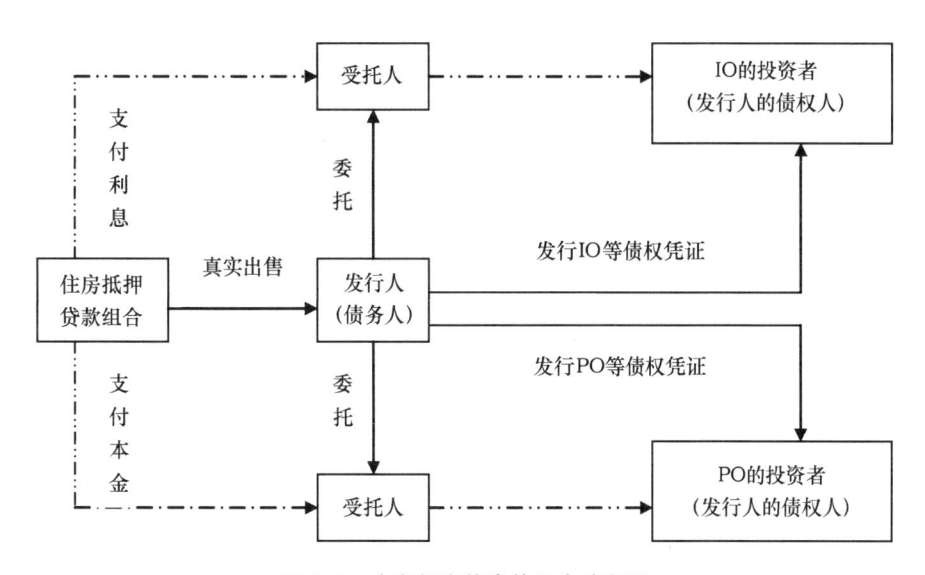

图 2.5 本息拆离债券的现金流程图

（五）资产证券化的衍生品种

我们前面讨论的资产证券化品种是最初级的证券化产品，但随着金融自由化和金融创新的不断推进，资产证券化的衍生品市场也得到了蓬勃发展，成为市场中重要的交易品种。上述最初级的资产证券化产品是资产证券化市场中的第一层次市场，第二层次市场就是资产证券化的衍生品市场，主要包括抵押贷款担保债券（CMO）和剥离式抵押支持债券（SMBS）。第三层次市场就是在上述衍生品的基础上进一步衍生的抵押债务债券（Collateralized Debt Obligations，CDO）市场。我们前面已经讨论过第一层次的资产证券化市场，本部分主要讨论第二层次和第三层次的衍生品市场。图2.6反映了美国资产证券化及其衍生品市场（以住房抵押贷款证券化为例）的结构。

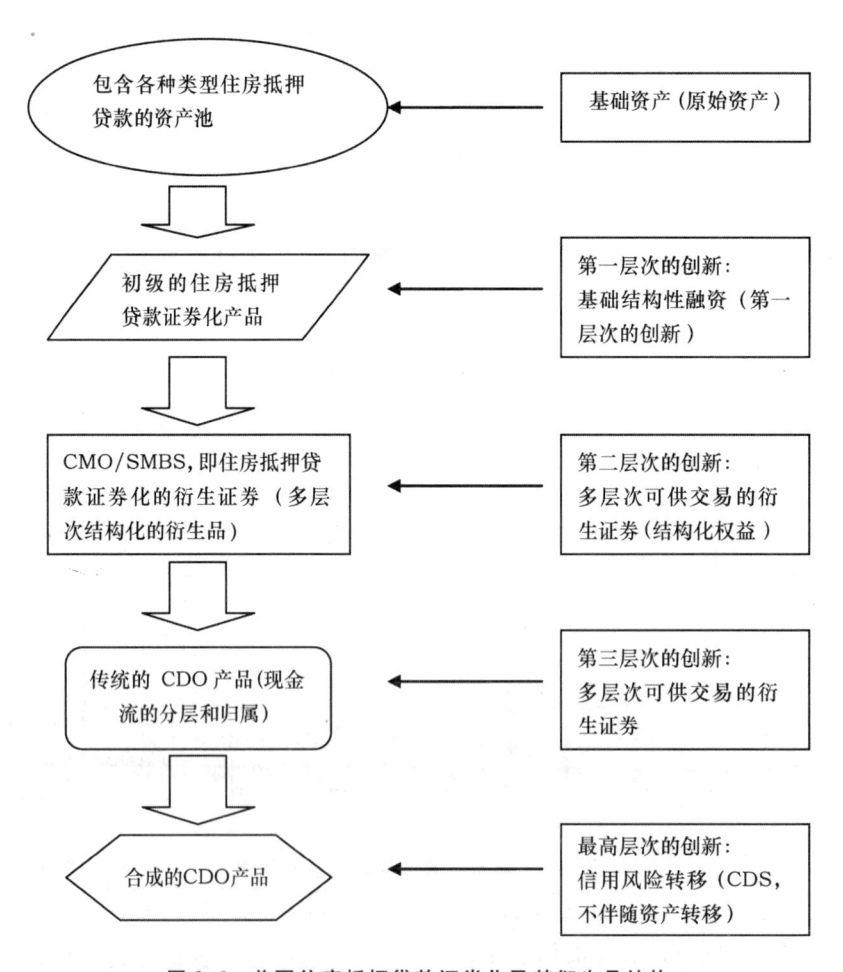

图 2.6 美国住房抵押贷款证券化及其衍生品结构

1. 资产证券化第二层次的衍生品市场

这一层次的衍生品市场主要包括抵押贷款担保债券（CMO）和剥离式抵押支持债券（SMBS）。由于初级资产证券化中的次级产品具有较高的信用风险，它无法像标准的资产证券化那样获得投资者的广泛欢迎，因此其市场交易量较小。为此，华尔街的投资银行家们用所谓的结构性金融技术进行处理。结构性金融技术就是在证券化的处理过程中将资产池产生的现金流进行结构安排，衍生出优先偿付和次级偿付的现金流，从而创新出偿付顺序不同的证券化产品，也叫优先/次级证券，这些证券也具有不同的信用风险，并在期限上也实现了多样化。持有优先档证券的投资者的偿付顺序要高于次级档，其提前偿付的风险也得到了控制。这些多样化的证券化产品必然吸引了多样化的投资群体。

在前面我们已经介绍了 CMO 和 SMBS 产品，这里只简要说明。CMO 产品利用期限分层的技术对基础资产的现金流进行重组，创造出了具有不同期限和不同风险档次的证券来供不同风险偏好投资者选择。从广义上来讲，CMO 是 CDO 中的一种，它与 CDO 的区别在于：CMO 的基础资产完全是住房抵押贷款，并且该产品按照资产的期限进行分层，这种产品被划分为 A、B、C 和 Z 四档证券，基础资产池中产生的现金流首先支付给 A 档持有者，然后依次支付给 B 档和 C 档，当前三档的证券被支付完毕后，Z 档的证券才开始接受支付，这导致不同的证券具有不同的期限，A 档证券的平均期限一般为 1~3 年，Z 档证券的平均期限一般为 20 年左右；而在 CDO 的基础资产中不仅包括住房抵押贷款，还包括其他资产，但住房抵押贷款占有很高的比重，同时 CDO 是按照资产的信用风险进行分层的。次级 CMO 是次级抵押贷款证券化中的一种重要产品。

SMBS 也是一种重要的资产证券化衍生产品，主要有以下两种剥离式抵押支持债券：一种是只获得利息的债券（IO），在这种债券中，所有基础资产的利息均支付给这种债券，该债券不能获得本金；另一种是只获得本金的债券（PO），在这种债券中，所有基础资产的本金均支付给这种债券，该债券不能获得利息支付。

2. 资产证券化第三层次的衍生品市场

(1) 抵押债务债券概述。

抵押债务债券（CDO）是一种最具代表性的结构性金融创新产品，该产品是基于资产证券化再次打包发行的证券化产品，因此也可被称为证券化的"二次方"（CDO 和住房抵押贷款证券化的区别见表 2.2）。在 CDO 的基础资产中，不仅包括资产支持证券，还包括公司债等其他资产。与资产证券化相比，CDO 具有收益更高、风险更高及抵押品多样化的特点。次级 CDO 是次级抵押贷款证券化更高级别的衍生品。自 20 世纪 90 年代以来，CDO 产品得到了迅速发展。

表 2.2　　　　　　　　　　CDO 和 MBS 的区别

项目	CDO	MBS
基础资产	MBS、银行贷款、公司债、主权债	住房抵押贷款
债务人数量	200 人以下	1000 人以上
分层依据	信用风险	传统的 MBS 不分层，CMO 按照期限分层
资产相关度	相关度比较低	相关度比较高
发行利差	较高	较低
平均期限	15 年	27.5 年
风险	较高	较低
采取固定利率的概率	概率较大	概率较低
资产管理人的作用	较大	较小，或没有
投资收益	较高	较低

资料来源：Vink, Dennis. ABS, MBS and CDO compared: an empirical analysis, http://mpra.ub.uni-muenchen.de/10381/MPRA Paper No. 10381.

图 2.7 反映了全球 CDO 的发行规模。在 1996 年以前，CDO 的发行规模变化比较平稳，但自 1996 年以后，CDO 的发行量开始增加，并在 1997 年达到了 900 亿美元，年增长率超过了 100%。进入 21 世纪以来，CDO 的发行量一直保持平稳的变动趋势，但 2005 年以后，CDO 的发行量再次明显加快，其中，2005 年的发行量达到了 2490 亿美元，2006 年达到 4890 亿美元，2007 年达到了 5030 亿美元。CDO 发行市场的迅速膨胀使其成为主流的证券化产品之一。

亿美元

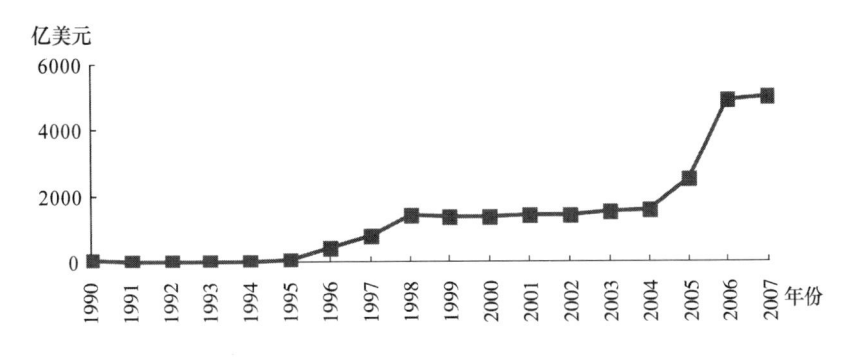

图 2.7　全球 CDO 市场发行规模

数据来源：Securities Industry and Financial Markets Association, etc.

（2）抵押债务债券的运作流程。

CDO 作为资产证券化的衍生产品，其运作流程与资产证券化大致相同，不同点在于 CDO 的基础资产是初级抵押贷款证券化，同时在初级抵押贷款证券化中，发起人并不对基础资产实施管理职能，但在 CDO 中，发起人能对基础资产实施管理。CDO 产品的运作流程如图 2.8 所示，图中表明，特设目的机构根据 CDO 的基础资产设计出不同信用等级的证券化产品，从而实现现金流的重组和分设。在 CDO 的基础资产中，可能包括传统的资产支持证券，也可能包括银行贷款、公司债、主权债等资产。

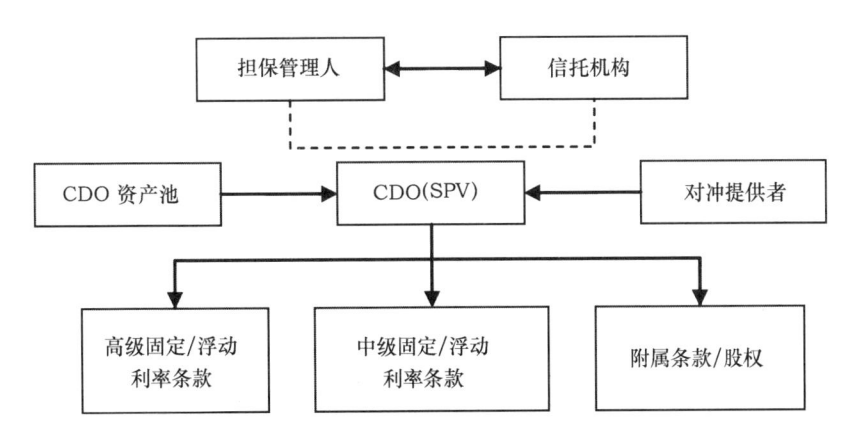

图 2.8　传统型 CDO 的结构及运作流程图

(3) 抵押债务债券的现金支付情况。

CDO 的基础资产大多数为具有高收益的债务类资产，在此过程中，SPV 对资产池中的现金流进行了拆分和组合，构建出了具有不同凸性、久期及风险收益特征的证券，以满足不同投资者的需求。现金流按照一定的主次偿付顺序进行偿付，这就是所谓的"现金流瀑布"，也就是说在所有投资者之前，首先要进行服务费、税费、管理费等费用的支付，然后偿付优先级证券的本息，在优先级证券的本息未得到偿付和偿付保证金未通过时，不能偿付低级别证券的本息，这种"瀑布式"的现金流偿付机制使得信用风险在各系列证券中能够重新分配。

结构层次化是 CDO 比较独特的一面，按照基础资产信用质量的不同，CDO 可以分为不同等级的证券，也就是说，CDO 将基础资产的信用风险分割成具有不同信用标准的分券（Tranche），因此基础资产的违约损失程度就被划分到了各个分券。一般来讲，CDO 产品可分为优先级（Senior）、中间级（Mezzanine）和低级（Junior/Subordinated，又叫权益级）三个层次，所有等级的证券对应于具有不同信用风险的基础资产。现金流的分配按照以下方式进行：首先向优先级的分券支付本息，如有剩余，再向中间级的分券支付本息，如果还有剩余，最后将剩余全部支付给权益级分券的投资者。在 CDO 的操作过程中，损失的承担顺序和现金流的分配顺序是相反的，违约损失首先由权益类的投资者承担，如果权益类投资者不能完全承担，再由中间级投资者承担，如果中间级投资者和权益级投资者都不能完全承担，最终才由优先级投资者承担。由此可以看出，权益级证券可以获得基础资产的全部剩余现金流，同时也承担了最大的风险，权益级证券为中间级和优先级证券提供了一定程度的保护，中间级证券为优先级证券提供了一定程度的保护，优先级证券获得了最高程度的风险保护，这是一种内部信用增级方式，这种方式导致基础资产的主要信用风险集中在权益类证券。一般来讲，优先级和中间级证券在发行的过程中需要进行信用评级，而权益级证券通常由发行者自己购买，因此不需要信用评级。优先级、中间级和权益级证券又可以被分割成不同种类的小层级，比如按照利率分割成固定利率证券和浮动利率证券，从而符合不同投资者的需求。图 2.9 反映了传统 CDO 的现金流支付情况，图中表明高等级的优先级证券的信用风险要低于中间级和权益级证券。

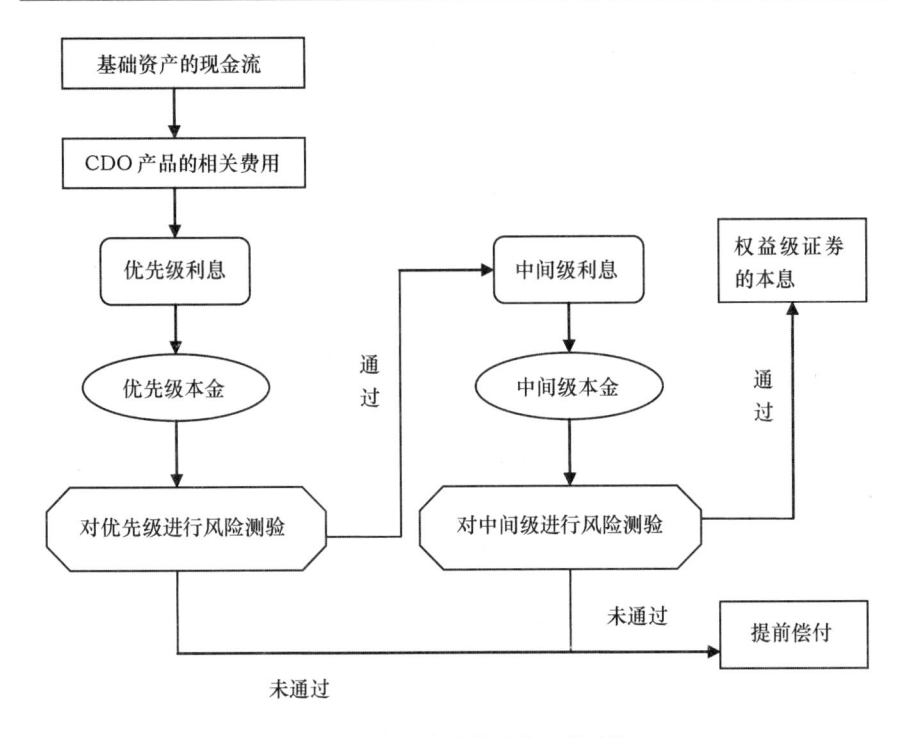

图 2.9 CDO 产品的现金支付结构

传统 CDO 现金流的支付遵循如下规律：

1）首先支付与 CDO 相关的各种费用。

2）将基础资产的现金流首先对优先级证券进行利息和本金的支付。

3）对优先级证券进行风险测验，来对优先级证券的债务能否及时偿还进行判断。如果风险测验失败，则现金流只对优先级证券进行偿付；如果风险测验通过，则对中间级证券进行偿付。

4）对中间级证券进行风险测验，来对中间级证券的债务能否及时偿还进行判断。如果风险测验失败，则现金流只对优先级和中间级证券进行偿付；如果风险测验通过，则对权益级证券进行偿付。

（4）CDO 的分类。

从上面的论述中可以看出，CDO 已经发展成住房抵押贷款证券化衍生品中的主流品种，其种类也是多种多样的。按照资产证券化的运作技术来分，CDO 产品可以划分为现金型 CDO（Cash CDO）、合成型 CDO（Synthetic CDO）和混合型 CDO（Hybrid CDO）。

1) 现金型 CDO 产品。

现金型 CDO 是最传统和最基本的 CDO 类型。在现金型 CDO 中，发起人将基础资产的所有权转移或"真实出售"给 SPV，并利用基础资产池产生的现金流为 CDO 投资者偿还本息。在现金流 CDO 的结构中，证券的风险与收益取决于基础资产的现金流，但由于"真实出售"的存在，证券的价值一般不受基础资产的影响。现金型 CDO 的运作流程如图 2.10 所示。

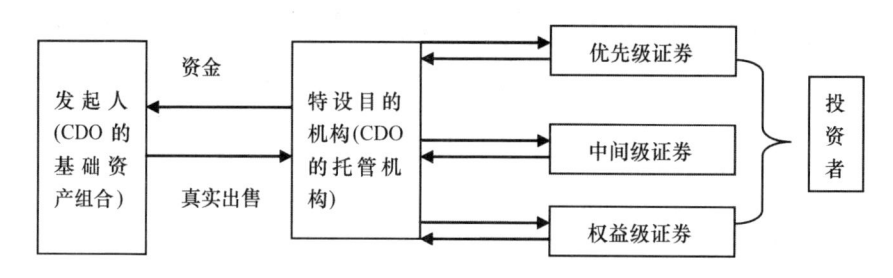

图 2.10　现金型 CDO 的运作流程图

现金型 CDO 主要由以下几步构成：①发起人将其持有的基础资产转移给 SPV，这种转移必须是"真实出售"；②SPV 在获得基础资产后，以基础资产池的现金流为基础发行各级别的 CDO 证券，其中优先级证券获得较高评级，通常为 AAA 级，中间级证券获得的评级较低，为 BBB 级，另外由于权益级证券是由发起者自己购买，因此没有信用评级；③SPV 发行 CDO 证券，一般优先级和中间级证券由商业银行、对冲基金、保险公司等机构购买，权益级证券一般由发起人自己购买，或由风险偏好较高的对冲基金购买；④SPV 以销售证券获得的资金向发起人支付购买基础资产；⑤SPV 以基础资产组合产生的现金流向 CDO 的投资者支付本息，支付遵循"优先级—中间级—权益级"的顺序。由此可见，现金型 CDO 就是最为传统和基础的 CDO 产品。

2) 合成型 CDO 产品。

合成型 CDO 产品是在信用违约互换（Credit Default Swap，CDS）的基础上发展起来的。在合成型 CDO 中，由于 CDS 的存在，资产组合本身并不从发起人转移至 SPV，转移的只是与资产组合相对应的信用风险，因此 SPV 并不真正地拥有基础资产，而是通过 CDS 转移基础资产的信用风险，同时通过发行 CDO 将基础资产转移给投资者。

①信用违约互换（CDS）。

CDS 是产生于 20 世纪 90 年代的金融创新产品，并得到了迅速发展，以美国为例，图 2.11 反映了其 CDS 的头寸规模。该金融创新产品的基本功能是提供信用风险保险，即为贷款、债券等具有违约性的资产提供保险，使投资者对冲或转移信用风险。CDS 是一种合约，它将参照实体的信用风险从合同的买方转移到合同的卖方，其中合同的买方定期向卖方支付保险费，以获得资产发生违约时的赔偿。

如果资产发生违约，合同的卖方就要向买方提供补偿，这时合同终止。由此可以看出，CDS 类似于为持有资产的债权买一项保险，是具有保险功能的金融创新。当违约发生时，CDS 的买方可以获得补偿，买方的费用就是合同期间支付的保险费。

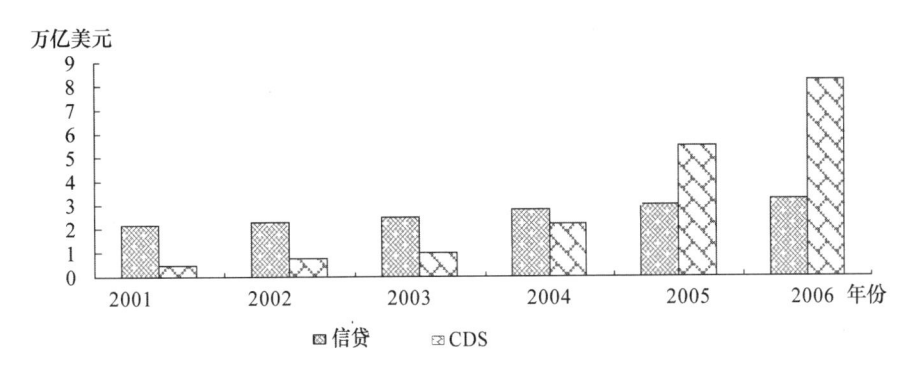

图 2.11 美国大银行信贷和 CDS 头寸规模

数据来源：Federal Reserve Bank of Chicago；转引自 Duffie（2008）。

②合成型 CDO 的运作流程。

合成型 CDO 的运作流程由以下几步构成：一是发起人针对一个参照实体（该参照实体可能由发起人拥有，也可能不为发起人拥有）向 SPV 购买一份 CDS，其中发起人作为 CDS 的买方，定期向卖方支付保险费，同时参照实体的信用风险也被转移给了 SPV。二是 SPV 以获得的保险费，即签订的 CDS 为基础发行各种 CDO 证券（各种 CDO 证券与现金型 CDO 相同）。三是 SPV 将向投资者发行 CDO 获得的收入投资于一个独立的资产池，这种资产池均为无风险资产。四是如果参照实体没有发生违约，那么 SPV 将利用保险费收入，以及独立资产池的收入向投资者支付本息；

如果发生违约，那么 SPV 将利用独立资产池的收入，或者将独立资产池出售来向发起人进行赔偿。五是当 CDO 到期时，SPV 出售独立资产池，向投资者支付本金。在合成型 CDO 中，SPV 用发行 CDO 获得的现金收入再购买高信用等级的资产，当参照实体发生违约行为时，SPV 卖掉这些高信用等级的资产并支付给发起人，此时的损失由 CDO 投资者承担，由此看来，信用风险由最初的发起人转移到投资者身上。图 2.12 反映了合成型 CDO 的运作流程。

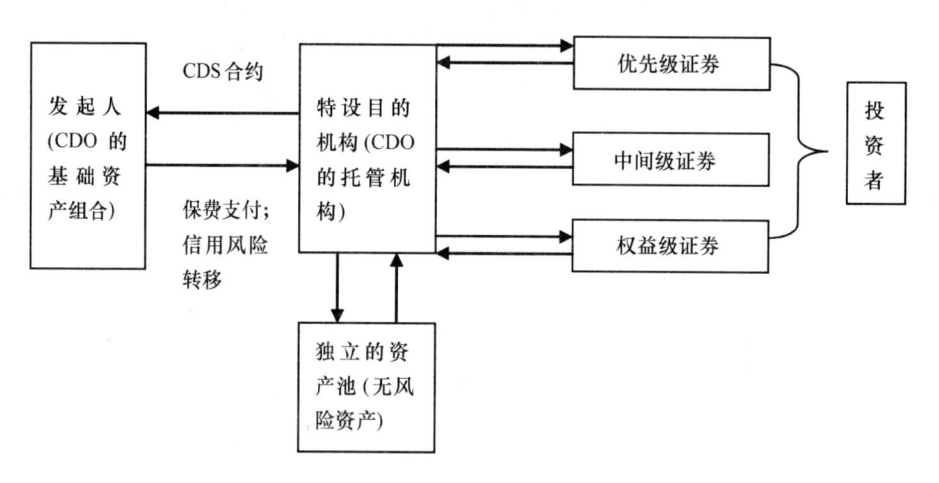

图 2.12 合成型 CDO 的运作流程图

合成型 CDO 和现金型 CDO 的最大差别在于合成型 CDO 的资产组合并不从发起人的资产负债表中转移给 SPV，有时发起人并不是资产组合的持有者，在其中发生转移的仅仅是与资产组合相对应的信用风险。与此同时，SPV 也不用通过发行 CDO 获得的现金收入购买发起人的资产组合，而是用来购买独立的资产池，用这些资产池的收入为投资者支付本息或为发起人提供违约保险。

3) 混合型 CDO 产品。

混合型 CDO 可以看作是现金型 CDO 和合成型 CDO 的混合产物。在混合型 CDO 中，现金流 CDO 部分的基础资产被 SPV 买断，实现真实出售，而合成型 CDO 部分则会在发起人和 SPV 之间签订一份 CDS 协议。混合型 CDO 的运作流程如图 2.13 所示，图的上半部分是现金型 CDO 部分，下半部分是合成型 CDO 部分。

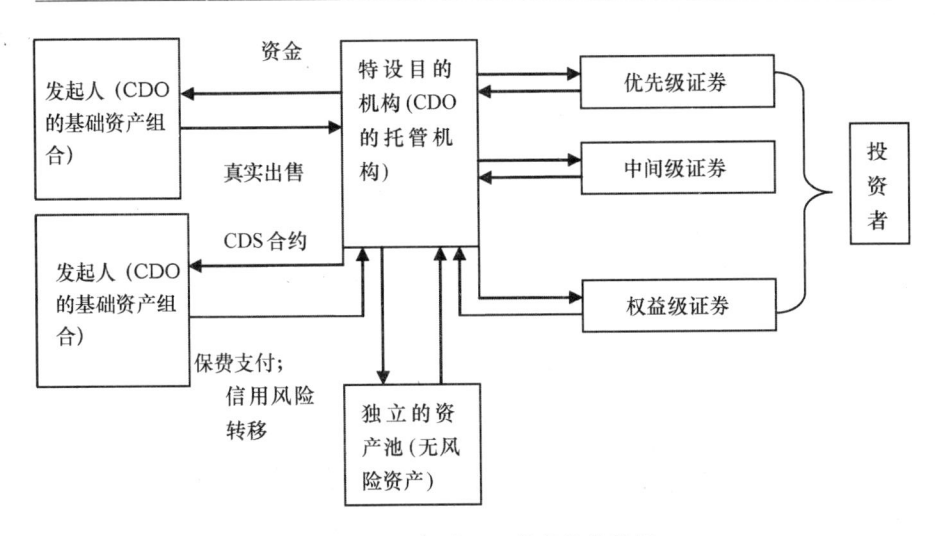

图 2.13　混合型 CDO 的运作流程图

第三节　资产证券化与金融稳定关系的相关文献

后危机时代,资产证券化与金融稳定的关系是学术界讨论的焦点之一。由 2007 年美国次贷风波所引起的全球性金融危机,是资产证券化对金融稳定影响的典型案例。因此,关于资产证券化对金融稳定影响相关文献的梳理就显得极其重要。通过比较已有研究文献,我们发现学者对金融稳定的研究主要集中在三条主线:资产均衡价格的波动、流动性及风险的传递及扩散,所以关于资产证券化对金融稳定的影响,我们也是从以下三个方面进行梳理,即资产证券化对资产均衡价格波动的影响、资产证券化对流动性的影响及资产证券化的风险转移和扩散机制。而对后两者的研究其实就是对资产证券化的两大功能(即增加流动性和转移风险)在金融危机中作用的讨论。

一　资产证券化对资产均衡价格波动的影响

在国外金融理论的研究中,资产价格的波动是一个非常重要的研究命题。国外学者认为任何资产价格的波动均归因于流动性不足和市场约束等因素,比如艾伦和盖尔(Allen and Gale,1994),同时他们认为"金融市场是完善的"。但是,资产价格的波动不仅取决于流动性不足和市场约束,还因为市场是不完善的,金融市场中的任何变化都会导致资产均衡价格的波动。综合学者们的研究成果可以发现，他们关于资产证券化对资产均衡价格波动的影响主要分为以下两个分支，即单独考虑资产证券化这一金融创新工具对资产均衡价格的影响，以及综合考虑资产证券化及其引致出现的各种新型金融机构对资产均衡价格的影响。因此，本书按照这两个角度来分析资产证券化对资产均衡价格波动的影响。

1. 单独考虑资产证券化这一金融创新工具对资产均衡价格的影响

关于资产证券化对资产均衡价格波动的影响研究颇多。斯塔纳和凯杰（Citanna and Kajii, 1998）指出，在确定性经济中，资产证券化的不断创新会导致新型金融机构介入金融市场，它们的介入使资产价格的波动更为自然，因此资产证券化可以被用作控制资产价格波动的工具，从而提高金融体系的稳定性。安纳特（Aninat, 2002）从国际的视角分析了金融创新工具与金融稳定的关系，这些金融创新工具包括可转换证券、证券化产品及信贷衍生品。他指出，复杂金融产品的应用为新兴市场国家的金融机构和企业提供了管理风险的工具。同时，他认为一些区域性金融危机的爆发恰恰是由于市场缺乏管理风险的工具。通过对资产支持证券、可转化债券，以及信贷衍生品等工具的使用，新兴市场国家可以通过各种风险转移机制来更好地管理风险，从而维护金融体系的稳定。由此可见，安纳特的研究认为资产证券化能够稳定资产均衡价格的波动。另外，梅休（Mayhew, 2000）也得出了同样的观点，他认为资产证券化等金融创新的出现可以稳定资产均衡价格的动荡。

总之，学者们并没有对"资产证券化是否会造成资产均衡价格的波动"这一观点达成共识，除了上述两种观点以外，还有学者对这一观点持中性态度。比如，奥（Oh, 1996）利用修正的资本资产定价模型研究了当纳入证券化产品等金融创新工具后，资产的价格会发生哪些变化。通过一系列的实证分析发现，这些金融创新工具的引入是否会对资产均衡价格产生影响取决于其能否促使金融市场更加完善。如果它们能够促使市场更加完善，那么资产的均衡价格将会趋于稳定；但如果不能促使金融市场更加完善，资产的均衡价格将会受到影响，因此资产证券化对资产价格的影响是不确定的。萨帕特罗（Zapatero, 1998）也认为资产证券化是否会对资产均衡价格产生影响取决于金融市场的完善性。他用利率来代替资产的价格，认为在完善的市场中，资产证券化对利率的影响是不确定的，利率有时会大幅度波动，有时会趋于稳定；但在不完善的市场中，利率一般都会大幅度波动。斯塔纳（Citanna，2000）在一个简单确定的经济环境中建立了资产的时间序列模型。他认为以证券化为主的金融创新的主要作用是完善或破坏市场，有时它们会加剧资产价格的波动，有时会削弱资产价格的波动。安纳特认为，当前新兴市场正面临着巨大的风险。但随着可转换证券、证券化产品及信贷衍生品的出现，市场中积累的风险实现了转移。但由于新型金融工具主要使用在成熟的市场，它在新兴市场中的风险转移速度比较慢，同时产生的收益效应和风险效应都是扭曲的，新兴市场在获得较少收益的同时却要承担较大的风险。因此，资产证券化等金融创新产品对新兴金融市场稳定性的影响是难以判断的。

2. 综合考虑资产证券化及其引致出现的各种新型金融机构对资产均衡价格的影响

前面已经说过，资产证券化的出现也打破了传统的金融中介与金融市场的界限，导致对冲基金、养老基金、私人股权公司等新型金融机构出现，因此也有学者综合研究了资产证券化及其引致出现的各种新型金融机构对资产均衡价格波动的影响。比如：斯塔纳和凯杰认为不管是在确定的还是在不确定的经济中，资产证券化及其引致产生的各种新型金融机构使资产均衡价格的波动更加回归随机性，市场逐渐回归有效，因此金融体系从总体上来讲是稳定的。但盖特纳（Geithner，2006）持相反的观点，他认为资产证券化导致各种对冲基金和养老基金等新型金融机构崛起虽然使美国的经济保持了强劲的增长势头，但也导致了资产价格的泡沫、经济的剧烈波动，以及风险的潜在积累。

3. 关于资产证券化对资产均衡价格影响的简单评述

国外学者关于资产证券化对资产价格影响的研究成果还是比较丰富的，他们主要从两个视角进行分析，同时认为资产证券化是否会对资产均衡价格产生影响取决于金融市场的完善性。但这部分的研究成果还有一些不完善的地方，主要表现在：

第一，学者们在研究中认为所有金融市场吸收新型金融工具的能力是相同的。但是，发达国家和新兴市场国家有着不同的金融市场体系，这些市场体系的抗风险能力是不同的，因此它们适应新型金融创新工具的能力也不尽相同，因此资产证券化等新型金融创新工具会对这些市场的资产均衡价格产生不同的影响。所以，在研究中应对不同的市场体系加以区分，从而更加深入地讨论资产证券化对资产均衡价格的影响。

第二，许多学者在研究中以"金融市场的完善性"为研究视角，认为在完善的金融市场中，资产证券化可以稳定资产均衡价格的波动。但是，他们并没有给出市场"完善性"的界定，因为按照有效市场理论，市场的完善性可分为弱式有效、半强式有效和强式有效。到底是哪种类型的"完善性市场"更有利于资产证券化稳定资产均衡价格的波动，学者们并没有给出一个完整的界定。如果资产证券化在强式有效的"完善性市场"中能够稳定资产价格的波动，在半强式有效的"完善性市场"中无法稳定资产价格的波动，但由于半强式有效的"完善性市场"也属于完善性市场的范畴，这就导致了反复的矛盾。因此，学者们在进行研究时，应该对完善性市场的类型加以区分，这样才能更加准确地得出结论。

二 资产证券化对流动性的影响

关于资产证券化对流动性的影响，学术界主要持两种观点，即资产证券化不会引起流动性危机，或资产证券化及其衍生品会导致流动性危机。

1. 资产证券化对流动性的正面影响

赞同"资产证券化创新会对流动性产生正面影响"的学者认为，在资产证券化等金融创新工具产生之前，市场中投资者的融资方式主要是银行贷款或发行股票、债券等传统金融工具，但是在这些传统的融资方式下，市场中总是存在一定的"投资约束"。但自从资产证券化等金融创新工具出现以后，市场中出现了许多新的融资方式，一些学者认为在这些新型金融产品的影响下，"投资约束"将不复存在，因此市场中也不会出现流动性短缺，所以证券化等金融创新产品不会导致流动性危机的爆发，这些学者包括基奥和莱文（Kehoe and Levin，1993）、克里希纳穆尔蒂（Krishnamurthy，2003）、洛伦佐尼（Lorenzoni，2008）。

2. 资产证券化对流动性的负面影响

持第二种观点的学者主要是将2007年美国次贷危机爆发的原因结合起来进行研究，他们认为资产证券化引致的流动性短缺导致了次贷危机的爆发。毕华士（Bervas，2008）认为，资产证券化导致风险转移工具的永久性供给，从而使内生流动性不断增加。在这一过程中，大部分金融机构认为它们能够逃离货币约束，市场中不会出现流动性短缺，金融机构可以发行证券化来满足他们的流动性需求。然而，这一融资链条的顺畅运转与市场信心是密不可分的，流动性供给也与资产价格的期望值息息相关，一旦价格发生逆转，流动性的供给也就会停止，这样由证券化及其债务工具串联而成的信用链条就会由于流动性的枯竭无法正常运转，流动性危机就会演化为信用危机。毕华士很好地解释了次贷危机爆发的原因。盖等（Gai et al.，2008）论述了资产证券化对流动性的影响。他们认为在经济的萧条时期，资产证券化等产品无法顺利销售，这导致流动性无法得到有效的补充，从而引发系统性的金融危机。他们还研究了资产证券化等金融创新产品对金融稳定影响的一般结果，认为资产证券化导致市场中积累了大量的风险和资产价格泡沫，因此一旦泡沫破灭，潜在的风险就会释放，系统性危机就会爆发。国际清算银行（BIS，2008）认为，资产证券化的流动性创造功能在金融动荡期间可能会产生信用骤停，这样经济中的流动性就会不足，金融安全就会受到威胁。

3. 关于资产证券化对流动性影响的简单评述

总观以上学者的研究文献可以发现，关于资产证券化对流动性正面影响的研究主要在次贷危机爆发之前，而对负面影响的研究则在次贷危机爆发之后，这些研究成果衍化出了一个新的现象——资本市场挤兑（次贷危机爆发的重要原因）。这一挤兑现象的特征主要表现在信贷市场的违约使资产证券化的持有者不断地抛售证券化资产，以及证券化的发行者不断地失去销路，导致证券化资产不断贬值，进而引起资金供给的减少和流动性短缺，而传统的挤兑形式主要是源于银行挤兑导致的流动性短缺。因此，这一部分的研究文献提供了一个全新的分析次贷危机原因的视角，从而丰富了金融危机理论。

资产证券化这一金融创新工具的诞生导致对冲基金、私募基金等新型市场参与者诞生，这些新型市场参与者的产生也得到了监管当局的默许。就对冲基金而言，这种新型市场参与者的重要特征就是具有极强的杠杆效应，他们一般使用流动性极差及难以定价的抵押品来申请贷款，并且在行情看好的情况下，他们又比较容易申请贷款，但在流动性危机爆发的情况下，资产的价格就会下降，这样对冲基金就会减价抛售其持有的资产，大量赎回现象也会发生，对冲基金就会倒闭。又由于对冲基金是市场中流动性的主要供给者，因此它们的倒闭就会进一步恶化流动性危机。由此可见，对冲基金通过衍生品的应用或者直接借贷来产生极高的乘数效应，它们可以迅速地在市场内外游离，由于资产证券化及其相关衍生品是对冲基金的主要操作对象，所以在本次次贷危机中，市场在危机爆发的短短几个月的时间内就出现严重的流动性不足就不足为奇了。长期以来，监管当局通过对对冲基金的救助来实现对金融系统的"注资"，但在本次次贷危机中，许多对冲基金在监管当局还没进行及时反应的时候就倒下了，因此这次事件给监管当局对流动性危机的救助带来了很大的考验。

三 资产证券化的风险转移和扩散机制

1. 关于资产证券化风险转移和扩散机制的研究

风险转移是资产证券化的基本功能之一，资产证券化诞生的主要原因就是转移发行主体的信用风险。十国集团（1986）认为，资产证券化的主要作用集中在信用风险的转移。艾伦和卡莱蒂（Allen and Carletti, 2006）分析了证券化如何使信用风险在银行和保险部门之间进行转移，以及银行如何扩散自己的风险。他们重点强调了风险在不同机构之间的传染机制，正是这种传染机制导致危机爆发的可能性存在。巴雷特和伊万（Barrett and Ewan, 2006）认为，银行通过证券化将风险转移到了私人股权公司、对冲基金等新型金融机构身上，但这些机构的风险承担能力明显不足，致使它们很难对风险进行评估，从而导致风险分布的不透明。迈克尔（Michael, 2008）认为资产证券化的出现及管制的放松导致风险在转移的过程中被放大和扩散了，由此导致次贷危机爆发。莱因哈特和罗格夫（Reinhart and Rogoff, 2008）认为，以证券化为主的金融创新使风险从房地产市场转移到房地产抵押贷款市场，再转移到信用市场和资本市场，并且风险在转移的过程中被不断地扩散和放大，由此导致了美国严重的次贷危机。国际清算银行（BIS, 2008）通过对证券化等信用风险转移工具的研究认为，证券化掩盖了信用衍生品的风险，一旦基础资产发生问题，金融创新就会产生金融冲击，从而引起危机的爆发。由此可见，资产证券化的风险转移机制已经使银行、保险，以及资本市场之间的联系更加紧密，任何一个部分遭受冲击都会传染到其他部分，由此导致整个金融体系的不稳定。

2. 关于资产证券化风险转移及扩散研究文献的简单评述

资产证券化的风险转移功能是其基本功能之一，早期学者均是从正面的角度来看待这一基本功能的，认为其可以转移和分散风险，降低微观主体的风险承担水平，从而提高他们的总效用。但后来的学者认为，风险在转移的过程中被扩散了，同时在风险的不断传递过程中，各个微观主体之间的联系更加紧密，任何部分出现问题时极有可能发生传染效应。所以从国外学者关于资产证券化的风险转移及扩散机制的研究文献可以看出，资产证券化的风险转移功能不但不能消除风险，更有可能导致系统性风险的积累，引起金融体系的不稳定，因此我们应该重新审视资产证券化的这一基本功能。

四 关于资产证券化对金融稳定影响的其他观点

阿鲁巴（Altunbas，2007）和格斯瓦米（Goswami，2009）通过实证分析发现，资产证券化创新不利于货币政策效率的提高。辛（Shin，2009）认为资产证券化扩大了金融机构的外部资金来源，并提高了金融部门的杠杆率，从而促进了信贷扩张。如果资产的扩张降低了信贷标准，那么资产证券化的发展并不会提高金融市场的稳定性。凯恩等（Keys et al.，2010）研究了资产证券化对银行贷款审查和执行情况的影响，认为资产支持证券的发行及创新降低了发起人的贷款审核标准。姚禄仕等（2012）对银行信贷资产证券化产生的效应进行实证分析表明，资产证券化能够提升银行的资本充足率、降低融资成本、提高盈利能力与效率、优化贷款组合结构，但在降低流动性风险和提升贷款组合质量方面效果并不明显。李佳（2013）构建了流动性周期的框架，并分析了资产证券化对流动性周期的作用机制，由此间接分析了资产证券化对金融稳定的影响。刘吕科和王高望（2014）通过构建模型发现，资产证券化在一定程度上降低了系统性危机发生的概率。在投资者非同质的情况下，面临较大的负面经济冲击时次级投资者将首先陷入金融混乱，进而带来整个金融体系的不稳定。

总体来看，学术界关于资产证券化对金融稳定影响的研究文献已颇为丰富，同时研究视角也趋于多元化，但整体来看，每个学者仅是针对某一视角来研究资产证券化对金融稳定的影响，但对整个金融稳定的周期性波动、金融稳定向不稳定演变的基本路径，以及金融不稳定向金融危机变化的动态机制等问题，学者们缺乏一个完整的逻辑体系，也就是说，对于金融稳定周期而言，资产证券化到底起到什么样的作用，前述研究缺乏一个清晰的逻辑思路。本书在后续的研究中，将针对金融稳定周期性波动的每一个阶段，详细探讨资产证券化的具体作用，从而力求构建一个资产证券化影响金融稳定周期性波动的逻辑框架。

第三章

金融稳定性的维护：基于资产证券化创新及发展的视角

从微观角度来看，资产证券化的运作机制体现出一种新型金融中介，这丰富了金融市场中的融资渠道，提高了储蓄向投资转化的效率，并增强了金融体系服务于实体经济的效率。与此同时，资产证券化创新及发展即是满足一定的金融功能需求，其增加流动性和转移风险等功能能够对资产证券化信用中介功能的发挥带来一定的辅助作用。为此，从资产证券化创新及发展的微观机制来看，其产生的初衷即是帮助商业银行应对一系列金融功能的需求，并提供了一种新型融资中介模式，这对于提高金融资源的配置效率，维护金融体系的稳定性无疑是有利的。

第一节 资产证券化运作机制对金融稳定的维护

自20世纪70年代起，全球资本市场开启了一场以机构化、自由化和全球化为主旋律的深刻变革，这场变革掀起了资本世界的三大浪潮，即金融机构的合并浪潮、金融业务的融合浪潮、资产融资证券化浪潮。其中，资产证券化被称为全球最领先、最成功的创新技术之一，并代表着全球金融业的发展趋势，其作用"不仅引导一场革命，而且还改变了美国和世界的金融风貌"[①]。从美国金融市场来看，资产证券化的发展，通过金融制度、金融结构和金融市场的变革，促使金融要素重新优化和配置，成为促进经济增长的重要力量。在次贷危机爆发之前，美国资产支持证券（Asset–Backed Security，ABS）的规模从1996年的1000多亿美元扩张到2007年的7000多亿美元。当

---

① Leno T. Kendall, *Securitization: A New Era In American Finance*, In Leon T. Kendall and Michael J. Fishman. Eds., A Primer on Securitization, Cambridge: MIT Press, 1997, pp. 1–16.

前,资产支持证券(ABS)和抵押贷款支持证券(MBS)的市场余额已经超过国债,成为美国资本市场中最为重要的投资工具之一。资产证券化的出现,使美国拥有了世界上最具深度和广度的金融体系,并使美国经济在"互联网经济泡沫"破灭及"9·11事件"以后经历了长达近6年的稳定增长。同时,资产证券化不仅在美国实现了迅速发展,也成为亚洲和欧洲等地区商业银行补充流动性、转移风险及监管资本套利的有效途径。资产证券化的运作机制及基本功能,能够有效满足微观金融主体的金融需求,对于提升储蓄向投资的转化效率,维护金融体系的稳定性发挥着积极作用。

一 资产证券化运作机制的本质:一种新型"信用中介"

自莫顿和博迪(Merton and Bodie,1995)提出"金融功能观"以来,学者们对商业银行功能的研究已经非常成熟。关于商业银行功能的讨论主要集中在支付服务、资源配置及风险管理等方面,商业银行也是通过这几种功能维护了自身体系的稳定性。但从"金融服务于实体经济"的角度而言,资源配置(也可以称为"信用中介")是商业银行的核心功能,即为资金需求者和资金供给者之间搭建桥梁,以促进资金融通,并且该功能也使商业银行拥有其他金融机构所不具备的能力——信用创造。经过近半个多世纪的发展,资产证券化逐渐与其主导者——商业银行相脱离,并发挥着与商业银行相类似的"信用中介"功能。正是核心功能的趋同,使资产证券化逐渐成为金融体系中的一种"新型信用中介"(或"信用中介"),这种新型"信用中介"使金融体系中的融资渠道趋于多元化。

部分学者将资产证券化纳入影子银行的范畴,其实已经涉及资产证券化的"信用中介"功能。作为影子银行的一种,资产证券化是由结构、工具和若干市场主体混合构成的实体,该实体复制了商业银行的功能,包括期限错配和流动性服务等。资产证券化的运作流程可以概括为:商业银行将其拥有的、能够在未来产生现金流收入的非流动性资产(比如信贷资产)进行打包组合,形成基础资产池,并将其隔离出自身的资产负债表(通过"风险隔离机制"),然后"真实出售"给特设目的机构(即SPV,是资产证券化创新的核心机构[①])。SPV随后将这些资产划分为不同的风险或信用

---

① SPV既有政府性质的,也有私人性质的。政府性质的如"两房"(即房地美和房利美),私人性质的以投资银行为主。

等级,并在投资银行的协助下发行资产支持证券,以出售给具有不同风险偏好的投资者。在传统业务中,商业银行以负债项(比如存款)进行融资,并通过资产项(比如贷款)实现资金配置,资产证券化也具有类似的负债项和资产项:首先,作为资产证券化运作的核心环节,SPV通过在金融市场中发行资产支持票据进行融资,以形成资产证券化的"负债项"。一般而言,为SPV提供资金支持的存款性机构为货币市场基金,这类机构通过发行与商业银行存款相竞争的基金工具获取资金,随后将资金以回购协议的方式(回购协议的标的资产即资产支持票据)投入SPV。其次,在获取资金后,SPV直接从商业银行购买批发性贷款或直接贷款给实体经济部门,以形成证券化的"原材料"或"基础资产",这其实就是资产证券化的"资产项"。最后,SPV以"基础资产"的现金流为支撑发行住房抵押贷款支持债券、信贷资产支持证券及抵押债务凭证等资产支持证券,并出售给具有不同风险偏好的投资者。以上过程就是资产证券化的"信用中介"功能。商业银行和资产证券化两种信用中介"负债项"和"资产项"的区别见表3.1。

表3.1　　两种信用中介"负债项"和"资产项"的区别

具体形式	负债项	资产项
商业银行	以各种存款为主,包括活期存款、定期存款等	以中长期信贷为主
资产证券化	通过发行资产支持票据进行融资,资产支持票据的投资者以货币市场基金为主,由此与商业银行的存款形成竞争	"资产"通过购买商业银行的信贷资产组合,或者直接为实体经济部门提供贷款来形成

从形式上看,虽然资产证券化与商业银行的"信用中介"存在区别,比如"负债项"的资产支持票据与银行存款存在本质不同,但在两者功能趋同的同时,融资结构(即负债项的来源)和资金用途(即资产项的配置)也逐渐同质化:一方面,从融资结构看,商业银行的资金来源以"短期存款"为主,而随着金融市场的发展,市场型融资工具也趋于"短期化",比如货币市场基金。短期融资市场的发展为资产证券化提供了重要的融资平台,使资产证券化的资金来源逐渐短期化,并分流商业银行的储蓄资金。另一方面,从资金用途来看,商业银行主要是向实体经济配置贷款,而资产证券化的SPV或者购买商业银行的"信贷资产",或者直接

向实体经济提供贷款,其实前者也是变相地向实体经济提供融资。可见,两者的资金用途也不断趋同。

二 资产证券化发挥"信用中介"功能的具体形式:期限转换和流动性转换

资产证券化对"信用中介"功能的发挥,体现出商业银行的核心功能不断非银行化,同时也反映金融体系的融资渠道不断多元化,这对于维护金融稳定,提高金融服务与实体经济的效率是非常有利的。从具体形式来看,资产证券化"信用中介"的具体形式可以从期限转换和流动性转换两个角度来考察。

一方面,"信用中介"最基本的形式即期限转换,商业银行的期限转换是实现"借短贷长",将短期负债转换为长期资产的主要途径。与商业银行类似,资产证券化的期限转换可以概括如下:通过 SPV 或 SIV (Structured Investment Vehide,即结构投资实体)等渠道,利用资产支持票据等向货币市场基金等市场型金融机构进行短期融资(或类似隔夜的超短期融资),然后将资金投资于商业银行发行的中长期信贷等资产,由此实现类似商业银行的"借短贷长"。当然,这种期限转换与传统银行的期限转换也存在若干区别:第一,传统银行期限转换的债权债务关系发生在居民、企业和金融机构之间,而资产证券化期限转换的债权债务关系属于金融机构之间;第二,资产证券化在期限错配方面不像商业银行存在硬性约束(比如资本充足率和准备金制度等);第三,资产证券化期限转换所创造的货币凭证属于准货币的范畴,比如资产支持票据,其流动性要弱于商业银行的存款凭证。总之,通过期限转换,资产证券化为资金供求双方提供了一种不同于商业银行的资金融通渠道。

另一方面,商业银行的流动性转换包括两个方面:一是将流动性较强的短期负债转换为流动性较弱的长期资产;二是将存款人持有的资金转换为流动性较强的存款凭证(如活期存款)。因此,从本质上来看,流动性转换和期限转换其实是同一个过程。对于资产证券化而言,既然复制了期限转换,流动性转换必然也包含其中。资产证券化的流动性转换也包括两个方面:一是利用通过资产支持票据融通的短期资金投资流动性较弱的中长期资产;二是将货币市场基金等市场型金融机构持有的资金转换为流动性较强的资产支持票据、回购协议等。这种流动性转换与商业银行流动性转换的区别是：第一，资产证券化的流动性转换不受金融安全网的保护，流动性风险要高于商业银行；第二，资产证券化流动性转换的融资门槛要高于商业银行，比如发行资产支持票据的门槛明显与商业银行吸收存款的门槛不一致；第三，资产证券化流动性转换的融资方式属于主动负债，而商业银行的吸收存款属于被动负债。

表3.2体现了商业银行与资产证券化两种信用中介在具体形式上的不同点。

表3.2 两种信用中介在具体形式上的区别

具体形式	商业银行	资产证券化
期限转换	债权债务关系：居民、企业和金融机构； 期限错配方面存在硬性约束； 存款凭证的流动性较强	债权债务关系：金融机构之间； 不存在硬性的期限错配约束； 资产支持票据的流动性较弱
流动性转换	流动性风险较低； 流动性转换的融资门槛较低； 融资方式属于被动负债	流动性风险较高； 流动性转换的融资门槛较高； 融资方式属于主动负债

从本质上看，资产证券化的运作机制就是一种"信用中介"，这种新型"信用中介"丰富了金融体系中的融资渠道，对于维护金融稳定，提高储蓄向投资的转化效率发挥着积极作用。

第二节 资产证券化基本功能对金融稳定的维护

资产证券化的功能是提高资源配置效率的主要手段，也是资产证券化维护金融稳定的主要途径。托马斯（Thomas，2001）、阿拜（Obay，2000）、卡罗米瑞斯和梅森（Calomiris and Mason，2004）、本维尼斯特和伯杰（Benveniste and Berger，1987）、利兰（Leland，2006）等分别从增加流动性、降低融资成本、监管资本套利、风险管理和优化资本结构等方面研究了资产证券化的功能。王晓和李佳（2010）还将增加流动性和风险转移视为资产证券化的两项基本功能。从资产证券化的发展历程来看，其产生的初衷即是为了弥补金融机构的流动性不足，但随着金融自由化的不断推进，风险转移又成为资产证券化另一项重要功能。本部分内容从资产证券化的两项基本功能，即增加流动性和转移风险出发，分析资产证化的功能对金融稳定维护的主要途径。

一　资产证券化增加流动性功能对金融稳定的维护

资产证券化最早产生于 20 世纪 70 年代，当时的创新主导者即以储蓄信贷协会为主的商业银行，创新的目的是应对"金融脱媒"。资产证券化的创新，使以储蓄信贷协会为主的商业银行有效应对了流动性困境，并维护了金融体系的稳定性，而在此之中发挥作用的正是资产证券化"增加流动性"的基本功能。通过资产证券化，商业银行能够将其持有的流动性欠佳但能在未来产生现金流收入的信贷资产（如住房抵押贷款）转化成具有高度流动性的资产支持证券，其路径如图 3.1 所示，图中虚线代表流动性，即资金的流动方向。

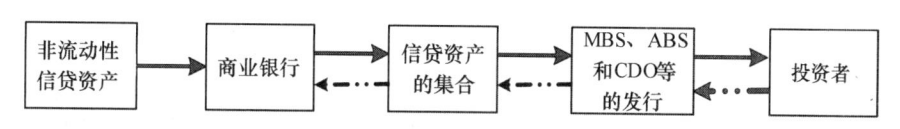

```
非流动性        商业银行        信贷资产        MBS、ABS        投资者
信贷资产                        的集合          和CDO等
                                               的发行
```

图 3.1　资产证券化引导金融机构流动性增加的路径

可见，资产证券化创立的初衷就是为了弥补商业银行的流动性，金融机构也可以依托资产证券化，通过盘活自身的流动性来提高竞争力，这种功能使商业银行有效应对了由于储蓄信贷危机导致的流动性困境，其实也是维护了金融体系的稳定性。在资产证券化这种早期运作模式中，政府机构扮演了原有金融机构持有贷款到期的角色，并通过拥有货币时间价值的贷款利息而获利，而金融机构通过获取流动资金来提高盈利能力。

对于商业银行而言，通过资产证券化可以调整其资产结构，通过将具有未来现金流收入、流动性较差和风险过高的基础资产出售，不仅可以降低风险敞口，还可以实现基础资产现金流的回笼。这样商业银行在改善自身流动性的同时，也为借款人提供更多的信贷支持创造了条件，从而促使流动性增加，这就是以金融机构为中心的资产证券化流动性扩张的基本途径。与此同时，资产证券化的 SPV 通过货币市场进行短期融资，为 SPV 提供资金支持的机构主要集中于货币市场基金等，并以回购协议为主要方式。SPV 获取资金以后，通过购买商业银行的抵押贷款作为基础资产，并以基础资产的现金流为支撑发行证券化产品或结构化理财产品。投资银行等金融创新机构在购买证券化产品后，可以以这些证券化产品为基础资产进行再次打包出售，由此形成证券化的平方、立方等，使资产证券化创新不断循环下去。在这个创新链条中，各种具有高度流动性的证券资产不断涌现，流动性扩张链条不断延长，由此实现了以金融工具为中心的市场流动性扩张。

总之，资产证券化"增加流动性"的基本功能一方面能够帮助商业银行有效应对流动性困境，另一方面还能为整个金融体系提供必要的流动性支持，这无疑有利于维护金融体系的稳定性。

二 资产证券化风险转移功能对金融稳定的维护

风险转移是资产证券化的一项重要功能。资产证券化的风险转移一般通过如下途径来实现：商业银行向借款者发放抵押贷款，借款者的信用风险由商业银行来承担。在此基础上，商业银行对能够产生未来现金流的信贷资产进行清理，并依据历史经验对整个组合现金流的平均水平进行估算，并将这些拥有可预见现金流的资产进行组合。然后商业银行将其持有的信贷资产组合"真实出售"给特设目的机构（SPV），并将该资产从其资产负债表中隔离，由此实现信用风险的隔离。由于 SPV 只是一种风险中介，本身并不具备承担风险的意愿和能力，因此在购买资产组合后，SPV 会根据信用风险暴露水平，将资产组合划分为一个优先级和几个附属等级，并根据这些风险等级进行资产支持证券等级的划分，随后在投资银行的协助下，向投资者发行资产支持证券，投资者可以根据自己的风险偏好和资金水平选择各个风险等级的资产支持证券，这样最初借款者的信用风险就转移至证券投资者。一般而言，从发达国家金融市场的运作实际来看，资产支持证券的投资者主要集中在共同基金、养老基金、投资银行、商业银行及保险基金等机构投资者。这是资产证券化风险的"一次"转移，在这个转移过程中，最初借款人的信用风险实现了由各种机构投资者共同分担，从形式上来看，每位投资者承担的风险有所降低，信用风险也得到了一定程度的分散。

在资产证券化风险的"一次"转移中，有一种机构投资者需要特别注意，就是"投资银行"，因为这类投资者是资本市场中重要的承销商和做市商，具备较强的金融创新和风险管理能力。投资银行将初始投资的资产支持证券进行重新组合，形成新的"基础资产池"，并以新的基础资产池来发行证券化产品，以形成证券化的平方、立方等，这样最初借款人的风险就得到进一步分散，我们在此称之为"二次"转移或"N次"转移。从上面的分析可以看出，不管是风险的"一次"转移，还是"二次"转移，或者"N次"转移（见图3.2），初始借款人的信用风险在不同投资者之间实现了分担，这种风险分担机制使风险在市场中得到了有效平滑，每一个投资者承担的风险均有不同程度的降低，提高了整个市场中资源和风险的配置效率，当然对于维护金融稳定也是有利的。

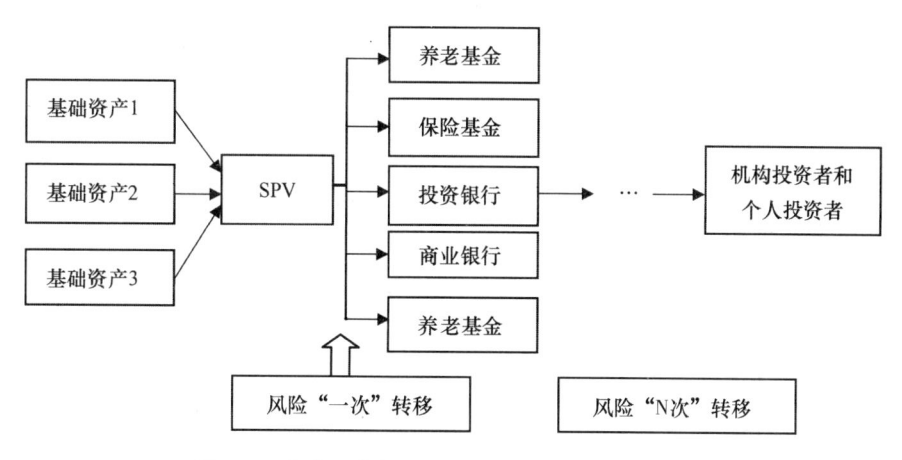

图 3.2 资产证券化风险"一次"和"N次"转移

第三节 从美国市场看资产证券化对金融稳定的维护

作为20世纪以来最为成功的金融创新技术之一，资产证券化在维护金融稳定，促进金融资源的配置方面确实发挥着重要作用，并以多元化的创新形式推动金融结构的不断变迁。目前，在"金融是现代经济核心"的背景下，保持金融稳定是非常重要的。从历史经验来看，自20世纪60年代以来，资产证券化的发展通过交易方式、金融制度、金融结构和金融市场的变革，促使金融要素的重新优化和配置，并成为促进经济增长的重要力量。从美国市场来看，资产证券化的出现也确实使美国拥有了世界上最具深度和广度的金融体系，并使美国经济在"互联网经济泡沫"破灭及"9·11事件"之后经历了长达近6年的稳定增长，但自2007年次贷问题浮出水面，并于2008年引发了全球性金融危机，可见美国金融体系经历了一个典型的由稳定到不稳定的动态循环。虽然资产证券化创新对美国金融危机的爆发负有不可推卸的责任，但在此之前，资产证券化确实为美国金融体系的发展提供了一个稳健的平台，在本节内容中，我们对美国金融市场的运行情况进行简单考察，以从间接角度证实在次贷危机之前，资产证券化创新对美国金融体系稳定性的维护。

一　美国资产证券化发展历程——以住房抵押贷款证券化为例

美国拥有全世界最发达的住房抵押贷款证券化（简称 MBS，下同）市场，并且到目前已经成为全世界规模最大、结构最为齐全的证券化市场。从次贷危机爆发之前的情况来看，美国 MBS 市场的发展可分为三个阶段：一是 MBS 的兴起和产生阶段；二是 MBS 的繁荣和成熟阶段；三是 MBS 的急剧膨胀阶段。

1. 住房抵押贷款证券化的兴起与产生（1970—1985 年）

当时住房抵押贷款的发放机构是储蓄信贷协会。随着市场需求的提高，该协会面临着资金流失问题，主要表现在：一是在 20 世纪 60 年代末，储蓄信贷协会受制于"Q 条例"的影响无法提高存款利率，其存款的吸引力大幅下降，协会面临资金"脱媒"现象；二是住房抵押贷款市场的资金来源相对单一且分布不均匀，主要是由于禁止金融机构跨州设立分支机构；三是储蓄信贷协会的资产负债结构不匹配。一方面储蓄信贷协会吸收的存款期限比较短，另一方面储蓄信贷协会发放抵押贷款的期限不断延长，这种"借短贷长"的资产负债结构导致储蓄信贷协会面临的流动性和利率风险不断增大。因此，为了化解储蓄信贷协会面临的各种风险，并为房市提供充足的资金，美国政府决定改革住房抵押贷款制度。在 1968 年，美国政府将 1938 年成立的联邦国民抵押协会拆分为政府国民抵押协会和联邦国民抵押协会。政府国民抵押协会是一家政府机构，后者则属于政府发起的私人机构。1970 年，美国政府又成立了一家二级市场机构，即联邦住房抵押贷款公司。这三家机构都用来推动 MBS 的发展。其中，政府国民抵押协会主要是负责为住房抵押贷款提供政府信用的担保，而联邦国民抵押协会和联邦住房抵押贷款公司则负责从储蓄信贷协会手中购买由政府提供担保的住房抵押贷款，并以这些抵押贷款为基础发行抵押贷款债券，增加抵押贷款市场的流动性。这三家机构是美国 MBS 市场的主要发行主体，到目前为止达到市场 94% 的份额，其他机构发行的证券又叫做非机构抵押贷款证券，其占比仅为 6%。住房抵押贷款证券化的出现不仅分散了一级市场的风险，使流动性较差的抵押贷款获得较高的流动性，还增加了市场的资金供给量。

但是从20世纪70年代末开始，美国经济逐渐进入滞胀阶段，通货膨胀率持续攀高，导致储蓄信贷协会开始走下坡路，并在1985年爆发了财务危机，储蓄信贷协会危机的爆发对美国房地产市场的发展产生了很大影响，并制约了证券化市场的发展。

在这段时期内，最初的证券化产品就是1970年政府国民抵押协会发行的抵押贷款转手证券，其主要特点是该证券不对基础资产的现金流做任何处理，现金流不加区分地按照比例分配给投资者。同时，转手证券的推出也扩大了投资者的投资范围。但随着转手证券的不断发行，一些新的问题不断出现，主要表现在：一是转手证券的基础资产存在违约和提前偿还风险，导致到期日不确定；二是转手证券的期限过长，这不能满足投资者偏好短期证券的情况；三是转手证券将基础资产借款人的风险转移并细化给了每个投资者，使投资者完全承担了借款人的提前偿还风险和信用风险。在此背景下，转付证券应运而生。转付证券的现金流同样来自于基础资产借款人的现金流，不同的是，转付证券对基础资产的现金流进行了重组，使证券的偿付机制发生了变化，采用了丰富的现金流重组技术，并设计出了许多不同特征的产品，其中最具代表性的就是抵押贷款担保债券（CMO）和剥离式抵押支持债券（SMBS）。CMO的特点是利用期限分层技术对现金流进行重组，创造出不同期限档次的证券，投资者承担的风险和潜在的收益随证券期限的延长而增长；SMBS的特点是将同一资产组合收到的本息在投资者之间进行不平衡的分配。设计这些产品的目的，一是为了弥补传统转手证券的缺陷，二是为了满足不同投资者的风险收益偏好。表3.3显示了这一时期内美国住房抵押贷款市场所发行的证券品种。

表3.3　美国在1970—1985年发行的住房抵押贷款证券化品种

品种	发行年度	主要特点
政府国民抵押协会证券	1970	1. 由政府提供担保；2. 目前市场发行量为一般住房抵押贷款债券的15%
联邦国民抵押协会PC证券	1971	1. 未经政府保险或由民间保险；2. 可用现金购买债券而不必采用信托方式；3. 发行量年年增加，目前市场发行量为一般住房抵押贷款债券的50%

续表

品种	发行年度	主要特点
联邦国民抵押协会证券	1981	与联邦国民抵押协会 PC 证券类似
民间机构发行的证券	1981	1. 美国银行发行；2. 民间机构提供保险；3. 目前市场发行量约占一般住房抵押贷款支持证券的 10%；4. 具有信用评级
政府国民抵押协会证券的改良型	1983	设立中央支付代理人

资料来源：楚天舒、毛志荣：《美国、日本资产证券化市场比较及借鉴》，载《深圳证券交易所研究报告》，2006 年 4 月 26 日。

2. 住房抵押贷款证券化的繁荣和成熟（1986—1991 年）

储蓄信贷协会于 1985 年爆发的财务危机导致抵押贷款市场供给量的下降。但在 80 年代中后期，美国的房地产市场又逐渐步入繁荣阶段，同时金融自由化及金融创新的不断推进给证券化的发展带来了良好的外部环境。在这段时期，私营机构开始进入 MBS 市场，这不仅增加了住房抵押贷款市场的资金供给，又扩大了投资者的范围。在住房抵押贷款市场上，商业银行逐渐取代储蓄信贷协会成为住房抵押贷款主要的供给者。同时，美国 MBS 的规模也有了很大的增长。在 20 世纪 90 年代初期，MBS 市场的余额是 1985 年的 3 倍。但是，在 90 年代初期，美国的房地产市场发生了严重的供过于求现象，这导致美国的房价和交易量不断下跌，由于基础资产市场的不景气，MBS 市场也受到了一定影响。

在这段时期，MBS 衍生出了两种新的金融工具，即在 CMO 的基础上创造出了纯本金债券（PO）和纯利息债券（IO），其中，PO 的投资者只能收取到基础资产的本金收入，而 IO 的投资者只能收取到基础资产的利息收入。同时，两者都可能受到借款人提前支付行为的影响。

3. 住房抵押贷款证券化的急剧膨胀阶段（1992—2007 年次贷危机爆发前）

虽然美国房地产市场在 20 世纪 90 年代初发展缓慢，但在 90 年代中后期和进入 21 世纪以来，美国的房地产市场迅速走出低谷，并迎来一个长时期的繁荣。从 2001 年初到 2006 年，美国的房地产景气指数均超过了 100，并在 2006 年超过 140。从 1996 年到 2005 年，房地产市场经历了一个较长时期的牛市，年住房销售量的增长速度达到了 6.8%。这近 10 年的房地产市场繁荣阶段使住房抵押贷款证券化急剧膨胀,并到2006年末达到了6.5万亿美元,是1991年的近6倍。

在这一时期,商业银行、非银行抵押贷款机构成为了抵押贷款的主要供给者,其中非银行抵押贷款机构的发放速度要快于商业银行。在MBS市场中除了三大传统的政府机构,投资银行、商业银行也逐渐成为主要的发行者,三大政府机构所发行的市场份额逐渐降低,私营部门逐渐成为MBS的发行主体。

4. 次贷危机前美国住房抵押贷款证券化市场的整体发展概况

(1) 美国住房抵押贷款证券化市场的发行规模。

从上面关于美国MBS的发展历程可以看出,在次贷危机爆发之前,美国MBS市场经历了高速发展阶段。

从图3.3中可以看出,在20世纪90年代初期,美国MBS市场还不是美国规模最大的债券市场,当时发行量居于首位的还是国债市场。但从90年代末到2008年,美国的MBS市场始终是债券市场中发行规模最大的子市场,特别是在2003年,美国MBS的发行规模达到了最大值。

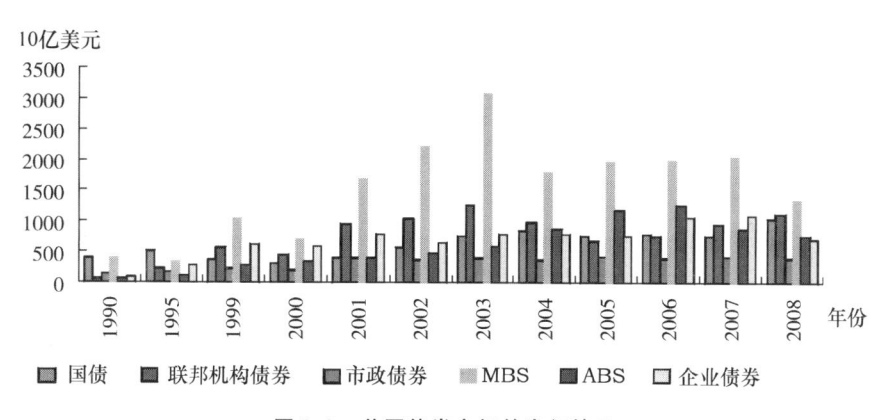

图3.3 美国债券市场的发行情况

数据来源:美国国家统计局网站。

图3.4反映了近20年来美国债券市场的未偿付余额状况。

图3.3和图3.4均显示:20世纪90年代以来,美国MBS得到了迅速的发展,MBS已经成为美国居民最重要的投资产品;无论从发行量还是

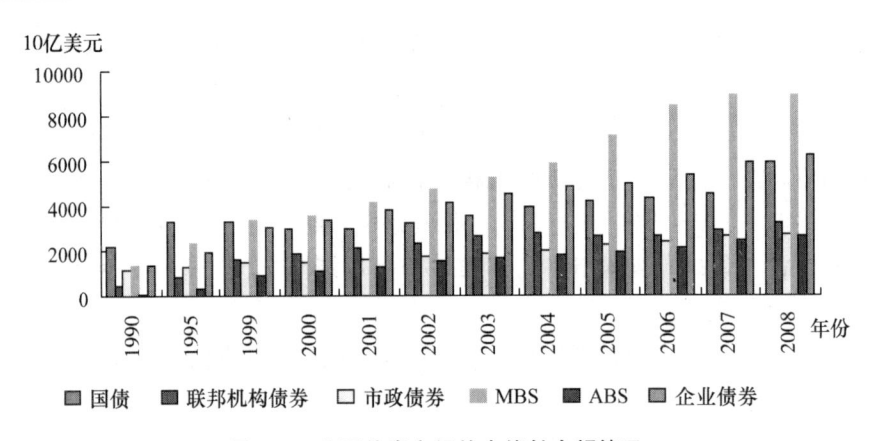

图 3.4 美国债券市场的未偿付余额情况

数据来源：美国国家统计局网站。

从余额来看，MBS 市场已经成为美国规模最大的债券市场。

（2）美国住房抵押贷款证券化产品的发行结构。

从前面的分析中可以看出，无论从发行量还是从余额上来讲，美国 MBS 市场已经成为债券市场中规模最大的子市场。从发行机构上来讲，美国 MBS 的发行者大体可分为两类，即政府发行机构和私人发行机构，图 3.5 反映了这两类发行机构的 MBS 发行规模。

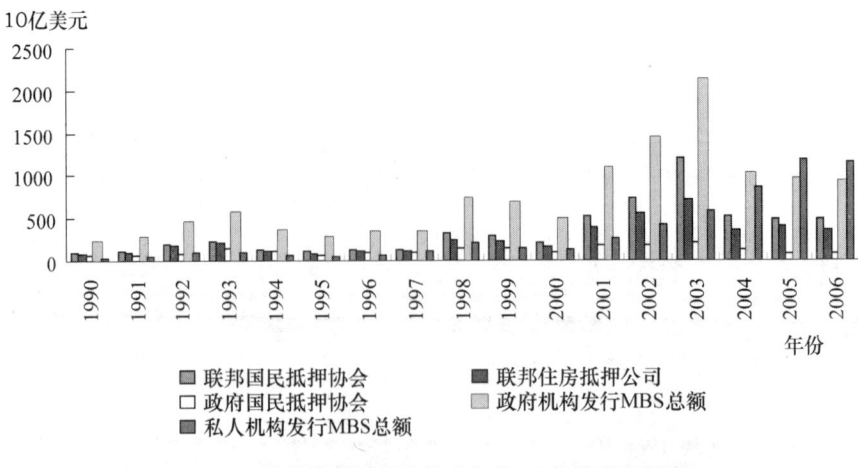

图 3.5 美国政府机构和私人机构 MBS 的发行概况

数据来源：GNMA、Fannie Mae、Freddie Mac、OFHEO。

从图 3.5 中可以看出，在 20 世纪 90 年代，美国政府机构发行的 MBS 远高于私人机构，这主要是由于政府机构担保的 MBS 具有高信用、低风险的特点，因此其发行的 MBS 被投资者广泛接受。但进入 21 世纪以来，私人机构发行的 MBS 开始大量增长，两者的发行量有逐渐接近的趋势。到 2005 年，私人机构的发行量超过政府机构，这主要是由于私人机构发行的 MBS 具有多样化的品种，其可以满足不同投资者的风险和收益偏好，因此它们越来越受到投资者的欢迎。

图 3.6 反映了美国政府机构和私人机构 MBS 的发行概况。在 2004 年以前，美国政府机构发行 MBS 总额占 MBS 发行总额的比重要高于私人机构，但过了 2004 年，私人机构的发行比重超过了政府机构，这一变动趋势与图 3.6 的情况是相同的。

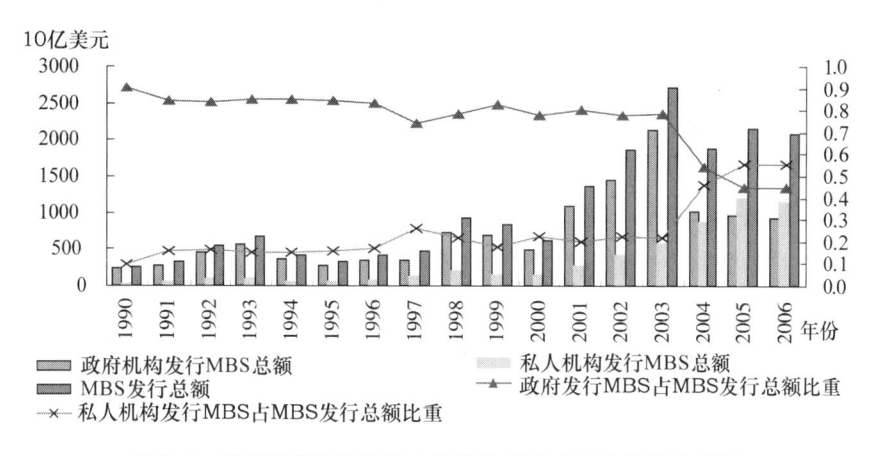

图 3.6　美国政府机构和私人机构的 MBS 发行及其结构概况

数据来源：GNMA、Fannie Mae、Freddie Mac、OFHEO。

我们接着来看私人机构 MBS 的发行情况（见图 3.7）。在 2003 年以前，大额抵押贷款所支持的证券化是美国私人机构 MBS 的发行主体，但过了 2003 年以后，次级抵押贷款所支持的证券化产品占据了主导地位。次级抵押贷款证券化如此高的规模也是后来次贷危机爆发的主要原因。

MBS 之所以在近 20 年获得了如此迅速的发展，一方面，从供给方的角度来看，住房抵押贷款发行量和余额的迅速增长必然带来其资产证券化市场的蓬勃发展；另一方面，从需求方的角度来看，虽然 MBS 相对于具有相同信用评级基准的公司债券而言，具有较高的风险，但在房地产市场不断繁荣的背景下，这类产品表现出了较高的收益率，并且其较高的信用风险被不断上涨的房价所掩盖了，因此许多机构投资者不惜以高杠杆进行借贷来增加对它们的投资比重。

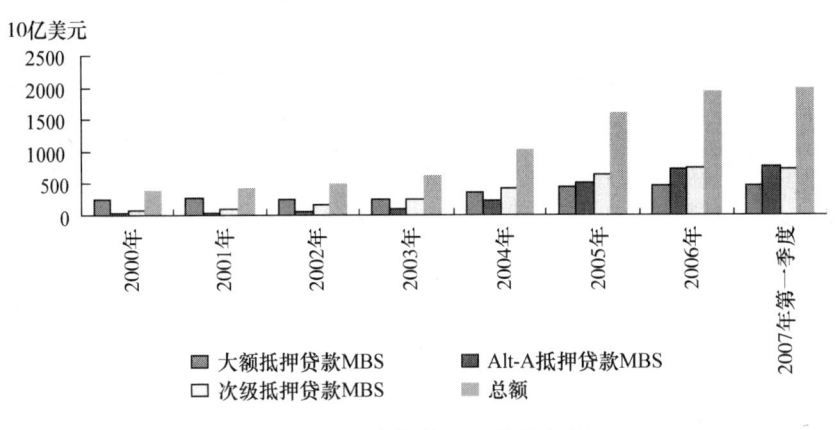

图 3.7 美国私人机构 MBS 的发行概况

数据来源：美国联邦储备银行。

二 次贷危机前美国金融市场发展概况

（一）次贷危机前美国经济增长情况的简单回顾

在判断美国金融市场发展情况之前，我们需要先简单回顾一下美国国内生产总值的增长情况，也就是对美国经济增长率进行简单总结。从 1981 年到 2014 年，美国以国内生产总值衡量的经济增长率基本上处于增长状态，仅在 2009 年是负值（见图 3.8），而 2009 年正是美国次贷危机影响最为深刻的一年。而美国的资产证券化市场也是从 20 世纪 80 年代开始，尤其是进入 21 世纪之后进入高速增长态势。经济增长速度虽然自 20 世纪 80 年代初开始有所回落，但整体上处于稳定增长趋势，在 2001 年"互联网经济泡沫"破灭及"9·11事件"的影响下，美国经济增速有所下滑，但后续在美联储宽松货币政策的影响下，以资产证券化为主导的金融创新促使美国经济又保持稳定增长态势，一直到 2007 年美国次贷危机爆发，导致经济增长速度出现下滑，甚至为负。在此，我们并没有通过详细的实证分析来探讨资产证券化创新与经济增长之间的关系，但从历史的逻辑来看，美国经济稳定增长的阶段与资产证券化市场规模不断扩张的阶段正好吻合。

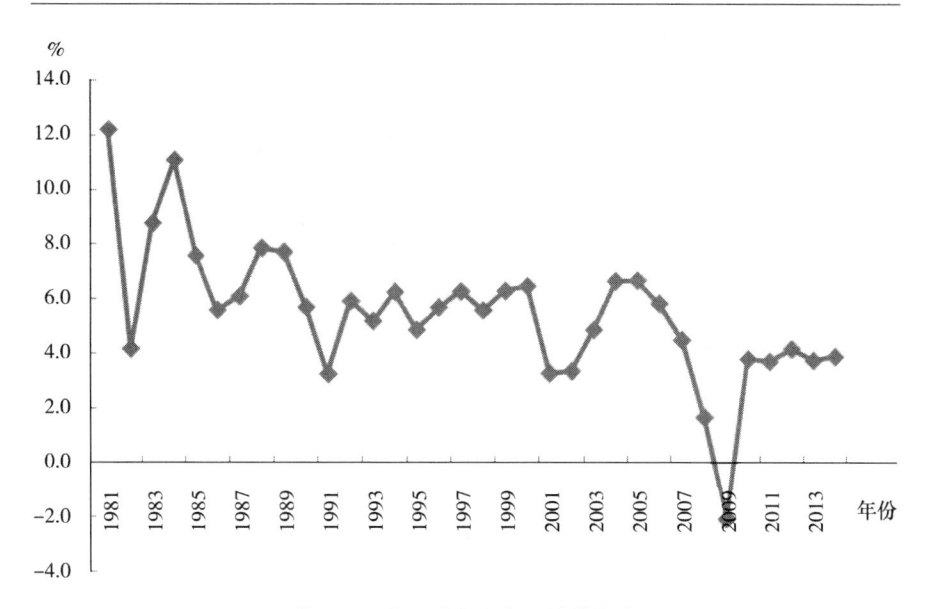

图 3.8　美国国内生产总值增长率

数据来源：Wind 咨询。

(二) 次贷危机前美国资本市场的发展情况

1. 美国股票市场的发展情况

在这部分内容中，我们首先分析美国股票市场的波动情况，我们以美国标准普尔 500 指数的波动情况来判断美国股票市场的发展状况，图 3.9 反映了美国标准普尔 500 指数的波动率状况。从图 3.9 中可以看出，在 2002 年之前，由于"互联网经济泡沫"破灭，美国股票市场出现了一定程度的波动，但自 2002 年开始到 2007 年中期次贷危机爆发之前，以标准普尔 500 指数衡量的美国股票市场出现了难得的稳定状态，这段时期与美国资产证券化市场的迅速发展是高度吻合的，这也从侧面反映了美国资产证券化市场的迅速发展并没有危害到金融体系的稳定性，反而通过一系列相应的金融功能发挥促进金融体系的稳定性。但自 2007 年中期次贷危机的爆发，乃至 2008 年全球性金融危机的出现，以标准普尔 500 指数衡量的股票市场指数出现了大幅度的波动，这段时期资产证券化市场也出现了不稳定。总体而言，从美国股票市场的发展情况可以看出，股票市场稳定性与资产证券化的稳定性是相吻合的，股票市场的非稳定性与资产证券化市场的非稳定性也是极其吻合的。

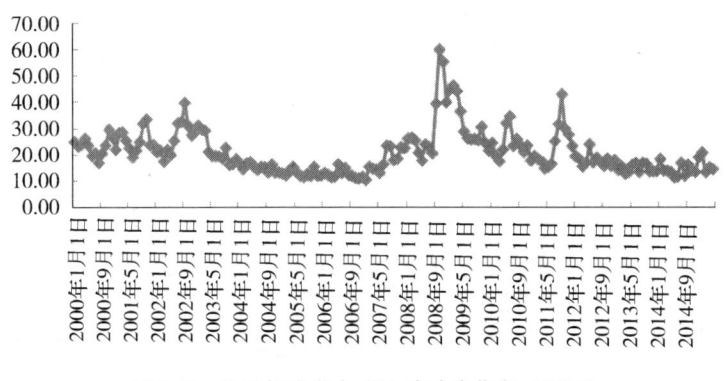

图 3.9　美国标准普尔 500 波动率指数（VIX）

数据来源：Wind 咨询。

2. 美国长期债券市场的发展情况

长期债券市场也是资本市场的重要组成部分，下面我们通过判断美国长期国债市场收益率的波动情况（见图 3.10）来分析美国长期债券市场的稳定状态。自 2001 年到 2004 年，美国长期国债平均实际利率处于不断下降的情况，其中在 2003 年到 2007 年中期，长期国债平均实际利率水平基本趋于稳定状态，这与这段时期资产证券化市场的稳定性是高度吻合的。但自 2007 年中期开始，长期国债实际利率水平的波动幅度开始加大，这与资产证券化市场的不稳定性也是相对应的。

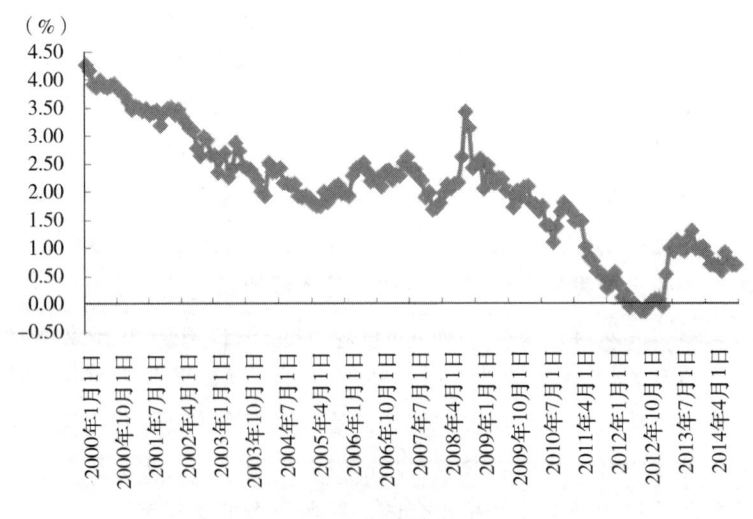

图 3.10　美国长期国债平均实际利率

数据来源：Wind 咨询。

总之，从美国资本市场的发展情况来看，不管是股票市场还是长期债券市场，其相应的波动或变动趋势所体现出的稳定性周期，与资产证券化市场的稳定周期是高度一致的，这也从侧面证明了资产证券化市场的稳定性对资本市场稳定性的影响。

第四章

资产证券化的产品交易特性：
金融稳定出现"脆弱性"因素的主要原因

从前面的分析来看，作为一种新型金融中介，资产证券化的运作机制通过提高储蓄向投资转化的效率，有利于增强金融体系的服务功能及稳定性。但是，资产证券化的产品交易特性并不是一个完美的结构，相应的基本功能若得不到应有约束，将会导致金融稳定环境中出现所谓的"金融脆弱性"因素，并引起系统性风险的积累及金融不稳定。

第一节 资产证券化的产品交易特性

一 资产证券化的产品特性

资产证券化作为20世纪70年代以来最具影响力的金融创新产品之一，其产品特点主要体现在如下几个方面：

（一）资产信用融资方式

传统的融资方式是以融资主体的自身产权为清偿基础，其对股票红利的发放和债券利息的偿付是以主体的全部财产为支撑，因此这种融资方式也被称为产权融资方式。而资产支持证券虽然也采取证券的形式，但它的发行不是以发行人的全部财产为基础的，而是以被证券化的基础资产为基础，与主体的其他资产没有任何联系，同时投资者的风险仅仅取决于基础资产的现金流偿付情况，与整个发行主体的自身资产状况以及信用等级是没有关系的。因此，资产证券化是一种有别于传统融资方式的资产信用融资方式。

（二）收入导向型的融资方式

我们知道，传统的融资方式都是根据资金需求者自身的信用、资产及财务状况来进行的，也就是说，资金的供给者通过对资金需求者"整体"

的信用、资产负债状况、利润和现金流情况进行分析来决定是否提供资金或贷款。而对于资产证券化来讲，投资者是否购买证券化资产，或者说资金的供给者是否给发行者提供资金，取决于证券化基础资产的未来现金流状况。因此，资产证券化投资者的投资决策取决于基础资产池的质量以及未来现金流的稳定性和可预期性，同时也取决于证券化交易结构的有效性，而与资金需求者整体的信用状况和资产负债状况是没有关系的。

（三）表外融资方式

资产证券化要实现正常运作，其基础资产必须真实出售给 SPV，这样基础资产就从原始资产持有者的资产负债表中被剔除了，因此这种融资方式是一种不在资产负债表中进行显示的融资方式，也叫表外融资方式，它不仅可以增强发起人的流动性、提高发起人的资本充足率，同时也能够通过资产出售获得的收入来扩大资产规模，使发起人获得更大的收益。

（四）风险隔离机制

对于资产证券化而言，风险隔离是一项重要的运作机制，也是资产证券化运作能否成功的重要因素。一般而言，风险隔离主要包括两个方面：发起人破产不影响证券化的信用状况和偿付；发行人不破产。确保风险隔离的实现主要依赖于以下两个主要因素，即真实出售和设立特设目的机构（SPV）。

一方面，实现风险隔离的第一步就是"真实出售"。为了使基础资产与原始资产持有人之间彻底隔离，基础资产需要以"真实出售"的方式销售给特设目的机构，这样基础资产就被剥离出原始资产持有人的资产负债表。资产在出售以后，原始资产持有人即使发生破产清算，基础资产也不会被列入清算资产之列。通过将基础资产和原始资产持有人的其他资产进行隔离，两者的风险也实现了隔离，这样原始资产持有人不愿意承担的风险就实现了转移，从而提高了资本的运营效率。"真实出售"是破产隔离得以实现的最重要因素，它不仅有利于缓解原始资产持有人的流动性短缺，也使投资者真正与原始资产持有人之间"破产隔离"。

另一方面，实现风险隔离的第二步就是发行人不破产，从制度上讲，就是设立专门用来购买基础资产并且发行资产支持证券的特设目的机构。从整个资产证券化的运作流程上来讲，特设目的机构的设立是最具创新意义的环节，它的设立一方面保证了证券化运作中的安全性，因为特设目的机构一般不会遭到破产或强制性的破产，另一方面特设目的机构也实现了与其他市场参与者的破产隔离,也就是说,资产支持证券的发起人、承销商、服务人以及评级机构等参与者的破产不会对特设目的机构的正常运行产生影响。

(五)资产重组

所谓资产重组,就是通过将资产进行重新配置和组合,实现资产收益与风险的重新组合。在资产证券化的运作中,通过对基础资产的重组可以实现资产证券化对基础资产的特殊要求,同时满足各个参与主体的利益要求,主要表现在原始资产持有人通过对自己融资需求的分析来确定证券化的目标,并对自己拥有的能够在未来产生现金流的住房抵押贷款进行组合,形成基础资产池。

(六)信用增级机制

信用增级即证券发行人采用各种方法和手段来保证能够按时、足额地向证券持有者支付本息,以提高证券的信用等级并减少风险。利用"信用增级"来提高信用等级是资产证券化的重要特征。为了降低发行成本并吸引更多的投资者,SPV必须对住房抵押贷款支持证券进行信用增级,使得证券的信用质量能够更好地满足投资者的需要。常见的信用增级包括内部信用增级和外部信用增级。

(七)低成本的融资方式

资产证券化作为一种融资方式,其不可避免地要支付许多费用,比如承销费、律师费、服务费等,但从整体来讲,资产证券化的融资成本要远远低于传统的融资方式。主要是因为:第一,由于证券化成熟的发行条件,同时具有较高的信用等级,因此该证券不必采用较高的利率来吸引投资者,一般而言,资产支持证券都能以平价或溢价方式发行。第二,资产证券化支付的费用虽然很多,但其各项费用占交易总额的比重很低。有统计资料表明,资产证券化的交易过程中,中介体系收取的总费用率要比传统融资方式收取的总费用率低至少50个基点。第三,资产证券化基础资产的规模非常大,摊薄了总费用率。

二 资产证券化的产品交易特性

经过近半个多世纪的创新及发展,资产证券化的产品种类趋于多样化,相应的创新链条或信用链条也在不断扩张。通过对产品种类及创新链条的分解、组合及发展可以发现,资产证券化的产品交易特性表现出形形色色的特点。

（一）资产证券化及其创新链条是一个典型虚拟交易工具

从资产证券化的创新历史可以发现，类似于期货、期权等金融衍生工具，资产证券化也是由传统金融工具派生而来的，比如信贷资产、住房抵押贷款、信用卡承诺等，并且资产证券化的基础资产种类也是渐趋多元化，借助各类金融创新和金融工程的技术支持，资产证券化的创新链条也在不断繁衍，相应的产品种类也在不断扩张，同时也出现了基于资产支持证券的衍生工具，比如以信用风险为保险标的的信用违约互换（CDS），以及各种CDO等。因此，与我们常见的衍生性金融工具一样，资产证券化也是衍生物，其价值很难独立存在，并且相当程度上要受到基础资产的影响，比如信贷资产的信用风险状况必将影响到资产支持证券的市场价格波动，与此同时，资产证券化的产品簇由于主要以场外交易为主，因此其价格也有独立波动的一面。可见，这种受制于基础资产同时也有可能自身波动的产品类型，属于虚拟性资产的范畴，为此资产证券化是一种典型的虚拟性交易资产，这种虚拟性为资产证券化导致资产价格泡沫，促进内生流动性扩张埋下了隐患。

（二）资产证券化相关产品的交易需要进行信用评级

资产证券化相关产品属于固定收益证券的范畴，任何固定收益类证券，都必须要在信用评级机构的评估后，才可以上市交易。资产支持证券获得信用评级，为投资者节省了证券评估的时间成本，并为投资者提供了更为专业的资产选择或配置方法。资产证券化的这种交易特点其实为整个市场提供了另一种风险屏障，投资者可以根据自己的风险偏好或风险承受能力选择与其相适应的证券组合。为此，从本质上看，信用评级的存在有利于稳定市场，也有利于发现风险、防范风险等；但从现实来看，信用评级并不一定是一个可靠的风险评估方式，信用评级过程中蕴含着大量的委托—代理问题，并由此产生逆向选择和道德风险。可见，针对资产证券化交易的评级制度也是后续出现"金融脆弱性"因素的主要原因。

（三）资产证券化交易受到一定金融功能需求目的的影响

与任何金融工具一样，资产证券化的投资或交易也是基于一定金融功能需求的目的，比如期货合约的功能即套期保值、价格发现及投机，从事期货合约的投资基本上也是基于上述金融功能需求。对于资产证券化的功能而言，相关研究已经不计其数，资产证券化的功能也就集中在增加流动性、风险转移、监管套利、解决信息不对称等,其中增加流动性和风险转移被视为资产证券化的基本功能,资产证券化的诞生之初即是为了解决金融机构的流动性问题,后续的创新及发展又成为金融机构或投资者转移信用风险的主要渠道。可见,正是出于对这一系列金融功能的需求,才导致资产证券化的不断创新及发展,相应的交易规模也不断扩张。但是,基本功能的发挥必须给予一定的约束或控制,否则将导致系统性风险的积累或内生流动性扩张。

(四)资产证券化的产品交易存在杠杆性

对于普通的金融衍生工具,比如期货合约,一般都需要进行保证金交易,即支付一定比例的保证金就可以进行全额交易,不必实质上的本金转移,合约的了结一般采用现金差价结算的方式进行,只有在期满以实物方式履行的合约才需要买方交足贷款。这种保证金交易其实就属于一种典型的杠杆交易。对于资产证券化产品的交易,虽然从表面上来看并不存在类似保证金的杠杆交易模式,但在实际交易中,大部分金融机构均是通过提升自身的负债率来进行市场交易,尤其是针对资产支持票据等短期产品的投资,更体现了金融机构杠杆倍数的提升,这从次贷危机前雷曼兄弟、贝尔斯登等机构投资者的负债状况就可以看出。为此,我们认为资产证券化的产品交易存在杠杆交易的特性,这也是后来资产价格泡沫的主要因素,也是整个宏观经济负债率提升的主要原因。

(五)资产证券化的产品交易具有特殊性

资产证券化产品交易的特殊性主要体现在两个方面:一是集中性。从交易的中介机构来看,资产证券化交易主要集中在大型银行(包括各类投资银行)等机构进行。虽然美国当前的资产证券化市场交易占全球较高的比重,但是在美国 3000 多家金融机构中,仅有几百家金融机构从事此类交易,而且其中几十家大型金融机构的交易就占到了整个交易量的 80% 以上。二是灵活性。从资产证券化交易的市场分布来看,大多数交易活动是通过场外交易方式进行的,用户也主要是通过一些商业银行或投资银行为中介方参与资产证券化交易。不管是何种金融机构或个人参与交易,交易者的目的无非就是增加流动性、风险转移等,设计者也可以根据投资者要求的交易期限、流动性、杠杆比率、风险等级、价格等参数的不同对产品进行设计和组合。因此,相对于其他金融工具的交易而言,资产证券化产品的交易与设计存在很大的灵活性。

第二节 资产证券化产品交易中存在的"脆弱性"

一 资产证券化基础资产存在的问题

我们在前面已经讨论过,资产证券化基础资产必须具有违约率和损失率都非常低的特点,同时原始借款人必须具有良好的信用记录,并能产生稳定和可预测的现金流。但是,并不是所有资产证券化的基础资产都符合上述要求。比如,在货币政策宽松、房价不断上涨的驱使下,美国抵押贷款机构展开了新的创新,它们开始向信用评分低于620分、债务与收入比率及住房价值比率比较高的借款者发放抵押贷款,并以这些资产为基础发行证券。这些低信用的借款者本身就导致基础资产的质量低下,同时层出不穷的创新使证券化及其衍生品的最终投资者和借款人之间的信息极其不对称,投资者很难了解借款人的信用状况,再加上评级机构的"顺周期"操作,使证券化创新链条上的每个环节都蕴含了大量的信用风险,但这些低质量基础资产所蕴含的大量信用风险却被高房价掩盖了。

二 资产证券化存在一系列委托—代理问题

资产证券化形成了一个不断拉长的复杂利益链条。这个链条中每一个环节都包含信息不对称,如此每一层次的创新就会多一层次的委托—代理关系,从而使原始的信贷关系变得模糊。在资产证券化中,委托—代理关系是很脆弱的,代理人往往会寻求自身的利益最大化而置委托人的利益于不顾,而市场由于缺乏有效的激励机制无法对代理人的行为进行监督,因此隐含了大量风险。资产证券化运作中的委托—代理问题主要表现在:

1. 借款人和抵押贷款机构的委托—代理问题

资产证券化的出现,使银行信贷由过去的资产业务变为中间业务、利差收入变为中介费收入。银行的盈利数量取决于信贷的发放数量而非质量,因此其对借款人的信用状况不再关注,甚至开始向不符合信贷标准的借款者发放和推销贷款,这也就是所谓的掠夺性贷款。

2. 抵押贷款机构和SPV之间的委托—代理问题

一般来讲,实施基础资产转移的机构比SPV拥有更多关于借款者的信息,在监管缺失的情况下,发放机构可能和借款者一起向SPV提供错误信息,造成SPV的判断失误,由此引起向SPV的掠夺性借款。

3. SPV 和第三方之间的委托—代理问题

第三方主要包括信用评级机构等中介机构。SPV 在贷款质量方面具有优势，在利益驱使下，它们会产生逆向选择行为，即将低质量的贷款证券化，这会严重影响第三方的利益。

4. 借款人和服务商之间的委托—代理问题

借款人会影响到贷款的现金流，从而影响证券化的还本付息。借款人甚至会拖欠贷款，因此形成道德风险。

5. 服务商和第三方之间的委托—代理问题

由于服务商比第三方拥有更多的关于借款人的信息，并且也不需要为自己的行为负责，因此存在道德风险。

6. 投资者和资产管理者之间的委托—代理问题

由于投资者大多数没有专业经验，他们一般需要专业的资产管理者提供资讯，但是在业绩的影响下，如果资产支持证券和公司债券拥有相同的评级，那么资产管理者会增加高风险的证券化投资，同时业绩不良的资产管理者在缺乏足够尽职调查的情况下也有可能改变资产组合，因此给投资者带来风险。所以，两者之间就存在委托—代理问题。

7. 投资者和信用评级机构的委托—代理问题

由于投资者无法了解评级机构的模型优劣，所以评级机构会比投资者拥有更多的信息。另外，由于评级机构的费用一般是 SPV 偿付的而非投资者，所以这种付费方式也影响了评级的公平和公正。

三　资产证券化信用评级存在的问题

信用评级机构在金融危机中的表现就是为以资产证券化为主的金融创新工具提供信用评级。对这些金融创新的评级使这些产品的信用风险被掩盖了，同时导致投资者只看到了高信用等级的证券化产品，而不能发现基础资产的信用风险。信用评级机构存在的问题主要有：

1. 信用评级机构的评级存在非透明性

我们知道，信用评级机构的生存原则是依靠信誉来获得收益和声望，所以它们原则上不会因为客户的特殊要求而改变评级的公正性。但是这种评级是非透明的，这导致投资者不能有效判别评级的公正度。

2. 信用评级机构的公正性是值得怀疑的

在 20 世纪 70 年代之前，信用评级机构的费用是由投资者支付的。但此后，随着商业模式的转变，费用开始由证券的发行人支付，这导致了潜在的利益冲突，因为评级收入是以证券的评级数量为基础的，在这种利益驱使下，评级机构愿意给发行者更高的信用评级。这样评级机构就丧失了诚实性和精确性。

3. 信用评级机构的评级存在很大误差

在市场看好的情况下，美国三大评级公司给证券化的评级具有相同的评级结果，同时这些结果在房地产市场看涨的背景下具有虚高的嫌疑。在这种情况下，这种非公正的评级能够被看涨的市场所吸收，同时投资者也意识不到这种误差。但是，如果这种情况长期存在，系统性风险就会不断积累，并导致金融脆弱性。因此，信用评级机构在市场看涨的背景下给出的信用评级存在很大误差。

4. 信用评级机构的评级技术存在很大缺陷

在信用风险的评估过程中，最主要的估计因素就是违约概率和违约回收率。在金融危机中，评级机构对违约概率和违约回收率的评估都有偏差。一方面，评级机构高估了违约回收率，认为在房价继续上涨的背景下，即使借款人出现违约，抵押贷款的违约回收率也会很高；另一方面，评级机构高估了借款人的信用评分，因此认为违约概率很低。所以，评级机构认为资产支持证券具有较低的违约概率和较高的违约回收率，这导致它们的信用评级不断上升。

另外，评级机构使用的模型具有较多假设和判断，但在结构复杂的证券化产品中，评级机构多数依赖发行机构提供的基础数据，假设条件和模型的使用使评级结果存在一定的模型风险。同时，证券化链条的不断扩大使投资者和最初借款人之间的距离越来越远，这导致模型的应用也非常困难，评级机构只好采取不同的假设条件来降低模型的使用难度，这无疑无法提供正确的风险评估。

5. 信用评级机构的预警能力较为滞后

在金融危机中，信用评级机构对市场信息的反应非常滞后，在很多证券的风险已经显性化的情况下仍然没能做出评级的变化。由于投资者对评级机构的过度依赖，这种滞后行为使得他们无法及时调整投资策略，直接造成损失。造成这种滞后现象的主要原因有：一是评级公司对市场信息的错误估计；二是评级公司出于自身利益的考虑故意推迟评级的修正；三是评级机构的预测能力非常有限。同时，监管部门对信用评级机构的监管也存在一定的滞后。

四 资产证券化监管存在的问题

本轮金融危机暴露了美国这个市场经济最为发达的国家的金融监管体制的弊端。在对危机进行反思的过程中，金融监管也成为关注的焦点。关于资产证券化的监管问题，主要有以下几个方面：

1. 监管部门对抵押贷款机构的监管缺失和失误

在美国，监管当局并没有对抵押贷款的发放标准提供有效的指引，信贷资产发放机构及经纪商根本没被纳入监管体系。同时，由于证券化技术的发展，商业银行能够通过"发起—销售"模式将风险轻松转移，这更刺激了信贷资产的超常规发展。此外，由于信息披露不充分，发放信贷资产的机构也能够脱离消费者的监管，这进一步刺激了它们发放高价房贷的动力。

随着金融机构降低信贷标准，监管当局应该及时对有可能影响到金融体系的行为进行指引。在危机爆发之前，已经有了种种迹象，比如在2007年2月，当时的汇丰控股最先发出警告，称由于大批低收入客户无力偿还贷款，公司增加18亿美元的坏账拨备。但美联储和财政部均没有对这种高风险的贷款发出警示，这表明金融监管部门确实对信贷资产发放机构的监管存在缺失和失误。

此外，对于信贷资产的主要发放机构——银行的监管，美国采取的是"双线多头"，"双线"是指联邦政府和州政府两条线，而"多头"是指存在多个履行金融监管职能的监管机构。由此看出，这种金融监管体系的优点在于能够有效地提高监管效率，防止监管权力的过度集中，金融机构也能够根据自身不同的特点选择监管机构。但其中的缺陷也很多，比如监管权限交叉重叠、金融法规不统一。同时，缺乏统一协调的监管机构，缺乏针对金融活动和消费者的统一监管和保护。

2. 监管部门对证券化的设计和交易方面存在监管缺失

美国监管部门对证券化的设计和构造不加任何干涉，监管部门认为交易双方均能够正确认识产品的风险和构造，因此没有干预的必要。同时，这些产品的交易一般属于场外交易，但由于场外交易的非标准性和不透明性，基本上不属于监管范围之内。同时，对于银行来讲，资产证券化属于表外业务，不需要在资产负债表中显示，并且监管部门也无法得到关于这些产品的充分信息,如果出现问题,短期内也难以采取有效的补救措施。

3. 监管部门对特设目的机构的监管缺失

在资产证券化的操作中,特设目的机构不仅作为证券化的发行者,还可以作为市场的融资者,其融通的资金用来投资证券化等高风险产品。另外,商业银行等金融机构由于不能直接投资证券化等高风险产品,它们往往设立特设目的机构进行投资,这种实体一般不需要太多的资金,由其母体注入高等级的债券,并通过信用的增级和评级获得在市场上融资的标准即可。但是,监管部门对这些实体的监管存在缺失。主要原因是:第一,这种实体的控制权本质上由发起机构持有,但其并没有被纳入合并报表中,导致信息披露不足;第二,随着金融创新的深化,这类实体能够更加容易地规避监管,同时其蕴含的风险具有更长的潜伏期和更大的隐蔽性,这导致监管部门动力不足;第三,随着全球化的不断发展,这些实体涉及的领域越来越广,这无疑增加了监管部门的监管难度。

4. 监管部门对信用评级机构的监管缺失

在金融危机中,三大信用评级机构在证券化评级过程中的作用暴露了美国信用评级行业的监管尴尬。美国国会于2006年9月通过了《信用评级机构改革法案》,该法案虽然填补了美国关于信用评级监管体制的空白,但还有诸多问题没有解决:第一,评级机构对证券化等结构性产品构建的直接参与不受法案的限制;第二,监管部门无权对信用评级模型及方法的合理性、科学性进行审查,导致评级的准确性没有保障;第三,即使出现评级失真,信用评级机构也无须承担相应的法律责任,因为评级机构只代表对产品风险的看法,而非投资建议。

第三节　资产证券化基本功能导致的"脆弱性"

前面我们已经讨论过,投资者是基于某种金融功能需求而参与资产证券化交易的,而这种需求也是以资产证券化的功能为基准。资产证券化的功能主要集中在增加流动性、风险转移、监管套利、解决信息不对称等,其中增加流动性和风险转移被视为资产证券化的基本功能。但是这两项基本功能缺乏必要的约束,从而积聚了金融体系中的"脆弱性"因素。

一 资产证券化"增加流动性"功能导致的"金融脆弱性"

(一)关于资产证券化"增加流动性"功能的讨论

"增加流动性"是资产证券化的一项基本功能(王晓、李佳,2010),通过这项功能,商业银行可以通过证券化来调整资产的构成,将具有未来现金流收入、流动性较差和风险过高的基础资产出售,这不仅可以降低资产的风险敞口,又可以实现基础资产现金流的回笼,使商业银行在改善自身流动性的同时,也为借款人提供了更多的贷款支持,由此实现流动性的创造,这是资产证券化"机构流动性创造"的主要路径。需要说明的是,资产证券化的基本功能是使商业银行的非流动性资产转化为流动性资产,并且由于这项资产不属于存款,不存在准备金率的政策约束,因此可以完全放贷,所以资产证券化增加流动性功能所导致的机构流动性创造的乘数效应要远大于传统的机构流动性创造。

(二)资产证券化"增加流动性"功能所导致的流动性扩张

1. 资产证券化"流动性扩张"的微观效应

第一,资产证券化改变了传统金融机构的经营模式。对于传统金融机构而言,商业银行在发放贷款之后,在不发生债务人违约的情况下,只能在贷款全部偿还之后才能实现流动性回收。在信贷资产整个存续期内,商业银行只能控制较少的流动性(比如债务人偿还的利息),信贷资产对于商业银行而言属于非流动性资产。资产证券化的出现改变了传统金融机构的经营模式,商业银行通过将其持有的非流动性信贷资产"真实出售"给资产证券化的特设目的机构(SPV),以实现流动性回收。商业银行的经营模式也由"发起—持有"演变为"发起—销售",在这种模式下,商业银行可以在信贷资产的存续期内,通过运作资产证券化将信贷资产出售,实现流动性回收,因此在这个过程中,商业银行有了更多可以控制的流动性,从而奠定了流动性扩张的基础。

第二,资产证券化形成了以金融机构为中心的流动性扩张机制。"增加流动性"是资产证券化的一项基本功能,资产证券化诞生的初衷就是解决储蓄贷款机构的流动性风险。对于商业银行而言,通过资产证券化可以调整其资产结构,通过将具有未来现金流收入、流动性较差和风险过高的基础资产出售,不仅可以降低风险敞口,还可以实现基础资产现金流的回笼。这样商业银行在改善自身流动性的同时,也为给借款人提供更多信贷支持创造了条件,从而促使流动性扩张,这就是以金融机构为中心资产证券化流动性扩张的基本途径。

第三,以金融工具为中心的资产证券化流动性扩张机制。在金融市场中,资产证券化的SPV通过货币市场进行短期融资,为SPV提供资金支持的机构主要集中于货币市场基金等,并以回购协议为主要方式。SPV获取资金以后,通过购买商业银行的抵押贷款作为基础资产,并以基础资产的现金流为支撑发行证券化产品或结构化理财产品。与此同时,投资银行等机构在购买证券化产品以后,可以以这些证券化产品为基础资产进行再次打包出售,由此形成证券化的平方、立方等,使资产证券化创新不断循环下去。在这个创新链条中,各种具有高度流动性的证券资产不断涌现,信用创新链条不断延长,由此实现了以金融工具为中心的市场流动性扩张。

2. 资产证券化"流动性扩张"的宏观效应

随着资产证券化不断发展及创新,传统融资媒介的流动性扩张能力会不断增强、机构流动性和市场流动性也会不断正向循环,金融市场将出现内生性的流动性扩张,这都体现了资产证券化流动性扩张的宏观效应。

第一,资产证券化强化了传统融资媒介的流动性扩张能力。传统融资媒介的核心业务是吸收存款并发放贷款,以存贷利差而获得收益。资产证券化的诞生改变了传统融资媒介的盈利模式,并从两个方面强化了传统融资媒介的流动性扩张能力:一方面,在传统盈利模式中,商业银行需要在贷款到期前对借款人的行为进行监督,并且在贷款到期之前,商业银行并没有多余的资源再次发放流动性。资产证券化出现以后,为商业银行提供了将非流动性资产转换为流动性资产的途径,商业银行的经营模式也从传统的"发起—持有"向"发起—销售"转变。在贷款到期之前,商业银行可以通过将贷款出售而获得流动性资源,以此强化了自身流动性扩张的能力。另一方面,与传统存款业务不同,商业银行通过资产证券化获得的流动性并不是资产负债表中的"负债",而是"资产",这部分可以用来扩张流动性的资源并不受中央银行法定存款准备金的约束,因此可以产生比传统货币乘数效应更大的流动性扩张效应,这无疑强化了商业银行的流动性扩张能力。

第二,资产证券化促使机构流动性和市场流动性的正向循环。金融机构所提供的流动性是市场流动性的主要来源,并且市场流动性也会强化机构流动性,对资产证券化而言也不例外。商业银行通过资产证券化,将其持有的非流动性资产转为流动性资产,以增加机构流动性。随后,若商业银行持有充裕的流动性(持有的短期资产超过预期水平),则它们的资产结构会发生变化,风险偏好也会有所增加(即增加风险资产的持有量),从而引起信贷扩张,这时商业银行将拥有更多的基础资产来发行证券化产品,为市场流动性扩张奠定基础。同时,机构流动性扩张所导致的信贷扩张将直接增加资产市场中的资金供给,同时交易者对资产支持证券的投资需求也会增加。由此可见,机构流动性的增加将通过供求两个角度促使市场流动性扩张。

同时,市场流动性的增加也意味着资产证券化产品交易难度的降低,并且交易者和投资者在构建投资组合时,对于资产证券化的配置需求也会增加,这反过来会要求商业银行发行更多的资产证券化产品以迎合市场需求。对于商业银行而言,由于资产证券化基础资产的流动性较低,资产证券化的发行过程即非流动性资产(即流动性比较低的资产)向流动性资产转换的过程,因此资产证券化的发行也就意味着机构流动性的增加。

由此可见,除了传统商业银行贷款的乘数效应外,资产证券化的出现,使商业银行与资本市场的联系更加紧密,以商业银行为核心的机构流动性扩张和以资本市场为核心的市场流动性扩张形成一种正向循环效应,两者相互交织在一起形成流动性螺旋,以此促使流动性扩张。从次贷危机的具体实际来看,资产证券化创新链条不断扩大所导致的"资本市场挤兑"是机构流动性和市场流动性形成正向循环的最好证明。

第三,资产证券化促使金融市场的内生流动性扩张。若某个外部冲击导致市场环境发生变化,所有参与主体将呈现出一致性的对自己有利的调整,并给市场带来更大幅度的变动。这种情况对单一投资者而言是正确的,但对整体市场而言并不一定是最优的,这就是所谓的"合成谬误"(Collective Fallacy)。当资产证券化促使机构流动性和市场流动性开始扩张时,市场中的资产价格将开始上扬,投资者也将形成价格进一步上涨的预期,从而增加对资产证券化的需求,并诱使商业银行增加资产证券化供给以迎合市场需求。在商业银行增加资产证券化供给过程中,投资者将通过扩大资产负债表规模和提高杠杆率等途径配置资产证券化产品,这将引起资产价格进一步上涨,因此金融市场将出现"流动性扩张(资产价格上涨)—资产证券化需求增加—资产证券化供给增加—资产价格进一步上涨……"的循环。由此可见,微观主体所持有的流动性通过对资产证券化创新产品的吸收,推动资产价格不断上涨,并且在资产价格不断上涨的过程中,微观主体仍不断增加对资产证券化的需求,推动价格进一步上涨,这种流动性扩张机制一方面颠覆了传统资产价格需求曲线,导致资产价格与资产需求正向变动的需求曲线出现;另一方面流动性扩张在金融市场内部形成,具体体现在资产价格不断上涨,同时扩张的流动性并未对实体经济发展形成有效支撑,因此称之为内生流动性扩张。

(三) 资产证券化流动性扩张机制的缺陷

资产证券化增加流动性的初衷是补充传统融资媒介的流动性,提升融资媒介作为"信用中介"的效率。但与传统流动性扩张机制相比,资产证券化的流动性扩张机制存在一系列缺陷,也正是这些缺陷的存在,为后续的流动性紧缩及金融不稳定埋下了隐患。

第一,资产证券化流动性扩张载体的界定存在争议。流动性扩张的初衷就是创造更多的流动性,为实体经济发展提供支撑。关于"流动性",最基本的定义即金融资产转换为支付清偿手段的难易程度,它也是金融工具最基本的属性。在中央银行制度下,流动性扩张机制以商业银行为主要媒介,活期存款是流动性扩张的载体,商业银行通过活期存款或设立支票账户来吸收资金,并发放贷款来促进流动性扩张,整个流动性扩张机制是"存款—贷款—派生存款—贷款……"的循环。活期存款在向支付清偿手段转换时,根本不需考虑转换成本和时间的因素,活期存款也因为具有较高的信用等级被货币当局划归为狭义货币的统计范畴,即便出现金融危机,活期存款的流动性也是毋庸置疑的。在资产证券化流动性扩张机制中,流动性载体是各种创新型金融工具,在资产价格不断上涨时,这些金融工具或许能够满足流动性的基本属性,但若出现流动性逆转或抛售行为,这些金融工具很难以较低的成本和较短的时间转换为支付清算工具,因此资产证券化流动性扩张载体的"流动性"界定存在争议。

第二,资产证券化流动性扩张缺乏必要的约束和风险保护。一般而言,监管当局会对传统融资媒介的流动性扩张设置约束条件,如资本金要求和法定存款准备金等,以防止多余的流动性涌入资本市场导致资产价格泡沫。在资产证券化流动性扩张机制中,并不存在资本金和存款准备金方面的约束,导致一些SPV在较少注册资本金的情况下就可以从事资产证券化创新,甚至不需要任何资本金,这也是一些影子银行杠杆率过高的主要原因。与此同时，中央银行和存款保险公司还可以为传统流动性扩张机制中的流动性载体提供风险保护，并且若市场出现流动性紧缩，中央银行也可以扮演最后贷款人的角色，而资产证券化的流动性扩张需要信用评级机构、信用增级机构或者购买信用保险合同来实现风险保护，与中央银行等官方风险保护机构相比，资产证券化的风险保护提供方以私人机构为主，这些机构的独立性值得怀疑，并影响风险保护的效果。

第三，资产证券化流动性扩张机制容易造成经济"虚拟化"。从宏观角度来看，资产证券化流动性扩张机制能够促使内生流动性过度膨胀，即所创造的流动性仅在资本市场等虚拟经济内循环，并没有对实体经济发展形成必要支撑，整个经济体系"虚拟化"倾向极其明显。这一方面导致资产价格泡沫，并使商业银行和资本市场紧密联系在一起成为一种复杂的"信用中介"系统，虽然资产证券化在流动性扩张过程中可以发挥风险转移和分散功能，但该系统的缺陷在于若某一个环节出现问题，该系统会使冲击在极短的时间内传递至其他市场，严重影响整个金融系统的稳定性（李佳，2012）。另一方面资产证券化所创造出的金融工具是否符合流动性的基本属性还存在争议，传统的货币政策很难对其进行跟踪和计量，由于这种"流动性工具"给资产价格波动和通货膨胀带来了严重影响，因此资产证券化的流动性扩张机制也弱化了货币政策的有效性。

总之，若单纯考虑资产证券化"增加流动性"的基本功能，对于提高金融资源的配置效率可以发挥正面作用，即从最初的"增加流动性"演化为后续的流动性扩张，其对于润滑实体经济及资本市场的发展也是有利的。但由于这种基本功能的发挥缺乏必要的约束，由此产生一系列的缺陷，并导致"金融脆弱性"因素出现。

二 资产证券化"风险转移"功能导致的"金融脆弱性"

（一）关于资产证券化"风险转移"向"风险分担"过渡的讨论

"风险转移"是资产证券化的一项基本功能，并且这项基本功能导致一种市场新型风险分担机制的出现。自20世纪80年代以来，金融市场的规模迅速扩大，银行中介在金融体系中所占的份额也相对下降，各国金融体系结构逐渐向"市场主导型"倾斜（史龙祥、马宇，2007）。在金融体系结构的演变过程中，金融风险分担模式也逐渐由银行中介的跨期风险分担机制向金融市场的横向风险分担机制转化（马宇等，2008；方建珍、魏建国，2011），在此过程中，商业银行的资金来源、资金运用、经营模式等也发生了变化，并更多参与金融市场的横向风险分担机制。我们前面已经谈到，在以资产证券化为主的金融创新促使金融体系结构的演变过程中，也不可避免地促使风险分担机制的变迁。

一方面，从供给角度而言，资产证券化提供了一种新型风险分担机制。在传统融资模式中，商业银行遵从"发起—持有"模式，即发放贷款后会持有到期，这种模式的风险分担者即商业银行的存款人、各种贷款损失准备金、资本充足率及信用担保等。资产证券化所提供的风险分担机制，使商业银行有了更多渠道来转移和分散风险。以抵押贷款证券化为例，商业银行可以将抵押贷款分为优质、中级和次级三类，并将贷款打包出售给 SPV，SPV 将不同的贷款汇集成资产池，经过信用评级和增级后形成抵押贷款支持证券（MBS），并出售给市场中的投资者，与此同时，投资者可以将 MBS 作为基础资产进行再次的打包和出售，由此形成 MBS 的平方、立方等。资产证券化的出现使商业银行面临的信用风险实现了转移，并使更多投资者来参与风险分担。

另一方面，从需求角度而言，资产证券化的创新使大量新型市场投资者出现。以发达国家金融市场为例，在 20 世纪 70 年代以后，这些国家金融市场中涌现了大量机构投资者，比如共同基金、养老基金、对冲基金、私募股权公司等，这些投资者具有不同的投资偏好，比如共同基金和养老基金偏好期限短、安全性高和流动性强的金融资产，对冲基金偏好高收益和高风险的金融资产。在资产证券化飞速发展的背景下，这些投资者无疑成为资产证券化产品的投资方，并成为商业银行基础资产信用风险的主要分担者。但是作为投资者，他们也需要进一步转移和对冲风险，并且进一步所转移的风险不可能由商业银行来承担，只能由金融市场来完成，因此这种风险分担还是以金融市场的风险横向分担为主要模式（比如信用评级机构和增级机构分担了资产证券化产品的部分风险；信用违约互换，即 CDS 也承担了部分资产证券化的风险）。

总之，资产证券化的出现，为商业银行乃至金融市场提供了一种新型风险分担机制，同时资产证券化的创新使许多新型机构投资者出现，这些投资者在参与资产证券化的投资过程中也有相应的风险保护需求，他们也需要将自身承担的风险进一步的转移和分散，由此促使金融市场风险分担机制的进一步发展。因此，资产证券化的创新和发展，从供给和需求两个角度促使风险分担机制由银行中介的跨期风险分担模式向金融市场的横向风险分担模式转变。在后文中，我们将对资产证券化风险分担的基本模式，或者说风险分担的微观运行机制进行分析，并在此基础上探讨资产证券化风险分担所产生的宏观效应。

（二）资产证券化风险分担机制的微观效应

资产证券化即通过"真实出售"，将金融机构持有的非流动性资产转化为可在市场中流动的证券。通过资产证券化，金融机构不仅补充了流动性，其所面临的信用风险也实现了转移，同时风险分担也是在风险转移中实现的。从微观机制来看，资产证券化的风险分担通过风险转移（包括风险一次转移和二次转移，以及"N次"转移等）和风险保护两个途径来实现。我们将风险转移视为风险分担的第一层次，风险保护视为风险分担的第二层次。

1. 资产证券化风险分担微观机制的第一层次：风险转移

风险转移是资产证券化的一项基本功能（王晓、李佳，2010）。所谓风险转移，即资产证券化发行者通过向投资者发行证券，并采取一定的破产和风险隔离措施，将基础资产隔离出发行者的资产负债表，由此实现信用风险的转移。风险转移一般通过如下途径来实现：商业银行向借款人发放抵押贷款，借款人的信用风险由商业银行来承担。在此基础上，商业银行对能够产生未来现金流的信贷资产进行清理，并依据历史经验对整个组合现金流的平均水平进行估算，并将这些拥有可预见现金流的资产进行组合。然后商业银行将其持有的信贷资产组合"真实出售"给特设目的机构（SPV），并将该资产从其资产负债表中隔离，由此实现信用风险的隔离。由于SPV只是一种风险中介，本身并不具备承担风险的意愿和能力，因此在购买资产组合后，SPV会根据信用风险暴露水平，将资产组合划分为一个优先级和几个附属等级，并根据这些风险等级进行资产支持证券等级的划分，随后在投资银行的协助下，向投资者发行资产支持证券，投资者可以根据自己的风险偏好和资金水平，选择各个风险等级的资产支持证券，这样最初借款者的信用风险就转移至证券投资者。一般而言，从发达国家金融市场的运作实际来看，资产支持证券的投资者主要集中在共同基金、养老基金、投资银行、商业银行及保险基金等机构投资者。这是资产证券化风险的"一次"转移，在这个转移过程中，最初借款人的信用风险实现了由各种机构投资者共同分担，从形式上来看，每位投资者承担的风险有所降低，信用风险也得到了一定程度的分散。

在资产证券化风险的"一次"转移中，有一种机构投资者需要特别注意，就是"投资银行"，因为这类投资者是资本市场中重要的承销商和做市商，具备较强的金融创新和风险管理能力。投资银行将初始投资的资产支持证券进行重新组合，形成新的"基础资产池"，并以新的基础资产池来发行证券化产品，以形成证券化的平方、立方等，这样最初借款人的风险就得到进一步分散，我们在此称之为"二次"转移或"N次"转移。

总之，不管是风险的"一次"转移，还是"二次"转移，或者"N次"转移，初始借款人的信用风险在不同投资者之间实现了分担，这种风险分担也符合金融市场中的横向风险分担模式。

2. 资产证券化风险分担微观机制的第二层次：风险保护

随着资产证券化不断创新，信用风险链条也不断扩大，参与风险分担的投资者也不断增多。在此过程中，投资者虽然对风险进行了分担，但也有将风险进行转移的需求，也就是说寻求风险保护，这就是资产证券化风险分担微观机制的第二层次。对于这个第二层次，存在两个维度的"风险保护"。

维度一：信用增级和信用评级

在资产证券化运作过程中，为了吸引众多的投资者参与资产支持证券投资，SPV往往要通过特定主体提供担保，为证券化产品提供信用增级，比如专门的信用增级机构，或者通过基础资产发行人，也就是商业银行购买部分证券化产品，以"风险自留"的方式实现信用增级，在第二种情况下，商业银行将成为部分风险分担主体，同时风险也没有实现完全转移。这是通过"信用增级"的风险分担方式来实现风险保护。

与此同时，SPV在发行证券化产品的时候，可以聘请信用评级机构给予证券化产品相应的信用评级，由此实现一定的"风险保护"。在这个过程中，虽然信用评级机构不是实际的风险分担者，同时风险也没有实现转移，但正是由于信用评级机构所提供的"风险保护"，投资者才能真正成为资产证券化的"风险分担者"。

维度二：金融市场中的"风险保护"

风险保护的第二个维度，就是证券化产品的投资者通过金融市场转移风险来实现风险保护。具体来说，就是投资者在购买证券化产品之后，通过购买信用衍生工具如信用违约互换（CDS）来对自身持有的全部或部分风险进行转移或对冲,一旦资产证券化基础资产出现违约,甚至证券化产品自身出现偿付危机或价值下跌,CDS 的购买者就可以从 CDS 发行人处获得相应的补偿。与一般提供风险保护的保险公司不同,CDS 发行人不一定是保险公司,只要是有提供风险补偿或风险保护意愿的金融机构,均可以充当 CDS 的发行人。在这个过程中,资产支持证券的投资者通过购买 CDS 等信用衍生工具,就可以将部分风险或全部风险转移给 CDS 的发行人,CDS 发行人也就成为资产证券化中的风险分担者之一。

总之,资产证券化风险分担的微观机制分为两个层次,即风险转移和风险保护。在风险转移层次中,又分为风险的"一次"转移、"二次"转移或"N 次"转移;在风险保护层次中,又分为信用增级、信用评级以及金融市场中的"风险保护"两个维度,在这个层次中,风险保护者不一定成为真正的风险分担者,但正是由于风险保护的存在,资产证券化的风险转移和风险分担机制才能真正实施。

(三)资产证券化风险分担机制的宏观效应

资产证券化的发展不仅促使风险分担机制的变迁,也改变了商业银行的传统经营模式,并且风险分担链条的扩大也伴随着金融工具的创新,这意味着传统融资媒介的信用创造能力得到了强化。与此同时,多姆博格(Domberger,1998)提出了有效风险分担的原则,即风险应当配置给最有能力管理及以最低成本承担的交易方。方建珍和魏建国(2011)也提出了有效风险分担应遵循的三条准则:一是风险转出者的风险能够明显降低;二是风险转入者比风险转出者能够更好地承担风险;三是具备有效防范系统性风险的约束机制。但从次贷危机的演进来看,资产证券化在发挥风险转移功能的过程中,一方面,风险转出者(比如商业银行)所承担的风险并没有有效降低;另一方面,风险转入者(各类机构投资者及个人投资者)也没有表现出有效承担风险的职责。同时,这种风险转移功能也没有对系统性风险形成有效约束。可见,资产证券化的风险分担机制虽然强化了传统融资媒介的信用创造能力,但也导致系统性风险的积累、内生流动性扩张及资产价格泡沫等出现,这就是资产证券化风险分担机制的宏观效应。

1. 资产证券化风险分担的宏观效应之一:强化传统融资媒介的信用创造能力

在传统业务模式中,商业银行吸收存款,发放贷款,然后持有到期,获取利差。为了防止信用风险和道德风险，商业银行必须持续监督借款人的行为，也就是说，传统模式并没有给商业银行提供转移风险的渠道，商业银行也就成为贷款风险的完全承担者。资产证券化的出现，为商业银行提供了风险转移机制和风险分担者，同时作为融资媒介，商业银行通过资产证券化运作，不仅实现贷款风险的转移，更强化了自身的信用创造能力。一方面，资产证券化的风险转移及分担机制，使商业银行的经营模式由"发起—持有"向"发起—销售"转变，商业银行可以通过这种途径，将自身持有的非流动性资产以"真实出售"的方式转换为流动性资产。在此过程中，不同的风险承担者通过投资资产支持证券分担了商业银行原始资产的信用风险，商业银行在转移风险的同时也获取了流动性资源，由此强化了自身流动性扩张的能力。另一方面，从金融理论可知，传统存款业务所驱动的流动性扩张要受中央银行法定存款准备金的约束，这导致商业银行的可贷资金是有限的，无法实现完全的流动性扩张。但通过资产证券化的风险分担机制所获取的流动性不存在存款准备金的约束，因此可以产生比传统货币乘数效应更大的流动性扩张效应。由此可见，随着资产证券化风险分担机制的出现，商业银行在转移风险的同时获取了必要的流动性资源，并且这种流动性资源不受中央银行存款准备金的约束，因此以商业银行为主的传统融资媒介的信用创造能力也得到了强化。

2. 资产证券化风险分担的宏观效应之二：系统性风险的潜在积累

从对微观机制的分析来看，资产证券化风险分担的两个层次，即风险转移和风险保护，将基础资产的信用风险不断转移和分散，并随着信用链条的扩张，越来越多的微观主体，包括商业银行、投资银行、各种基金，以及各类投资者，加入资产证券化的创新链条，以分担基础资产的信用风险。这种风险分担机制，从表面上看，随着投资者的加入，每个投资者承担的风险就会下降，因此风险就存在一种不断被分散的趋势。但从次贷危机的演进来看，资产证券化的风险分担机制并没有实现风险的有效转移与分散，反而引起系统性风险的出现。我们知道，所谓系统性风险，即是指与整个市场相关联的，影响到整个金融体系或市场而不是个别微观主体的风险。资产证券化风险分担所导致的系统性风险，可以从两个方面来分析：

一方面，资产证券化基础资产的同质性是系统性风险的源头。商业银行进行资产证券化创新，目的是通过风险分担机制中的风险转移和保护方式，将基础资产的信用风险转移，由不同的投资者对风险进行分担，以降低单位投资者承担的风险，由此实现风险分散。我们由投资学的基本原理可知，只有负相关或不相关的资产，才能有效地实现风险分散。但从现实中资产证券化的运作来看，多数基础资产以抵押贷款或长期贷款为主，这导致资产的单一性和同质性，这无疑不利于风险分散。从表面上看，每位风险承担者所承担的风险不断降低，但这些风险具有相同的性质及类型，如果基础资产出现信用或流动性问题，所有的风险承担者将会遭受损失，这无疑属于一种潜在的系统性风险。

另一方面，资产证券化风险分担机制的缺陷导致系统性风险积累。资产证券化的风险分担机制存在两个方面的缺陷，致使风险转移与分散不彻底。一是作为资产证券化的发起人和风险转出者，商业银行并没有实现风险的完全转移，虽然从表面上看商业银行通过"真实出售"的机制将非流动性资产剥离出自身的资产负债表，但为了提高资产支持证券的信用等级，商业银行往往会采取风险自留的方式对这些证券进行信用增级，由此导致风险转移的不彻底。二是各类投资者投资资产支持证券，目的是实现基础资产风险的有效分担与分散，但在实际运作中，大多数投资者以提高杠杆率的方式进行融资，致使整个金融体系负债率提高。虽然资产证券化的风险分担机制能够实现基础资产信用风险的转移和分散，但风险承担者杠杆率与金融体系负债率的提升导致金融体系内部风险的积累。从次贷危机前的经济周期波动来看，整个金融系统杠杆率和负债率均有不同程度的上升，这无疑是一种系统性风险的积累。

由此可见，资产证券化风险分担机制并不是完善的，由于基础资产的单一性，以及风险分担机制本身的缺陷，致使风险不能有效分散及转移。同时这种同质性的风险存在于金融体系内部，在不同的投资者之间进行转移或循环，由此形成系统性风险的潜在积累。

3. 资产证券化风险分担的宏观效应之三：伴随资产价格泡沫的内生性流动性扩张

资产证券化的风险分担机制强化了传统融资媒介的信用创造能力，致使大量资金涌入资产证券化的创新链条，形成资产价格上涨的动力。随着流动性的涌入，投资者也将形成资产价格进一步上涨的预期，从而会提高风险偏好，增加对资产支持证券及风险分担的需求，并且也诱使商业银行增加资产证券化创新以迎合市场需求。与此同时，在资产证券化的风险分担机制中，风险的"一次"转移和"N次"转移，代表着不同资产支持证券化的创新及流动性的涌入，因此金融市场将出现"资产证券化创新—流动性涌入—风险转移—资产价格上涨—资产支持证券需求增加—资产证券化进一步创新……"的循环。商业银行在风险分担的同时，引导大量流动性涌入创新链条，为资产价格创造价格上涨的途径，吸引投资者通过投资资产支持证券成为基础资产风险的承担者，并通过强化投资者对资产价格上涨的预期，引导投资者对资产证券化的需求，为风险的进一步转移与分散创造条件。由此可见，资产证券化在实施风险分担的同时，伴随着资产价格泡沫和流动性扩张，但这种流动性扩张是在金融市场内部形成的，具体是以高流动性的资产支持证券为载体，并且以价格不断上涨为主要形式。由于这种扩张的流动性并未对实体经济发展形成有效支撑，因此称之为内生流动性扩张。

可见，资产证券化的"风险转移"功能导致一种新型风险分担机制出现，即基于金融市场的横向风险分担机制，虽然这种风险分担机制的微观效应丰富了金融市场中的风险管理手段，但其宏观效应所导致的系统性风险积累、资产价格泡沫及内生流动性扩张，是"金融脆弱性"因素的主要表现形式。

第五章

资产证券化导致金融脆弱性转化为金融不稳定的主要途径

从 2008 年美国金融危机的演进历程可以看出,以资产证券化为主的金融创新在危机的产生和发展中发挥了不可估量的作用,其助长了信用规模的扩张、资产价格泡沫的形成、风险的扩散和放大以及金融体系的不稳定,并在危机爆发后导致了流动性危机的分散和传导。本章主要分析资产证券化导致金融脆弱性因素转化为金融不稳定的主要途径。

第一节 资产证券化导致金融不稳定的总体概览

一 资产证券化导致了风险的转移和扩散

金融机构发放证券的目的是转移风险,但随着金融创新的不断发展,以住房抵押贷款等基础资产为支撑的证券化被进一步创新,并创造出一系列衍生品,如 CDO、CDO 平方、CDO 立方以及合成型 CDO 等,证券化的不断创新导致了更长、更复杂以及资金链极为脆弱的债务链条。由此可见,初级的资产证券化实现了风险的转移(美国的抵押贷款机构将其所承担的风险通过资产证券化的方式转移给了国内外投资者),但层层的金融衍生工具创新使风险在转移过程中被扩散了。

我们以住房抵押贷款证券化为例。如图 5.1 所示,风险最初产生于住房抵押贷款市场,其中以次级抵押贷款的风险最大。当抵押贷款机构将抵押贷款通过证券化形成可交易的证券时,信贷市场的违约风险就转移到了资本市场。随着资本市场将初始证券化进行二级证券化、三级证券化以及 N 级证券化等,MBS 及其衍生品的构造方式和过程也越来越复杂,每次构造过程中都导致风险呈一定的几何级数增加。然后,随着 MBS 以及其衍生品的交易规模增大,以投资银行为首的金融机构又以这些产品为基础进行杠杆交易,这又加剧了风险的扩散和放大。最后，随着金融监管的不断放松，住房抵押贷款证券化及其衍生品的规模沿着其固有的价值链条向金融市场的其他领域扩散，从而导致风险的进一步扩散和放大（张金清、卢晔，2009）。

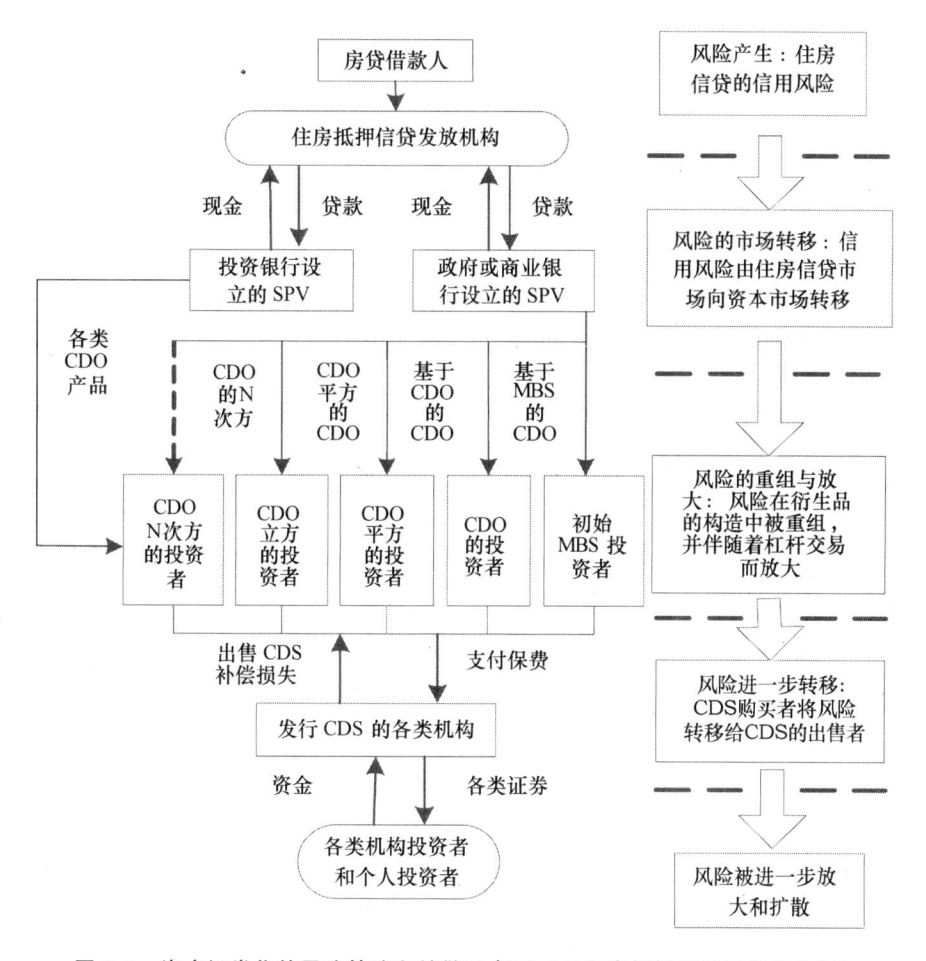

图 5.1 资产证券化的风险转移和扩散示意图（以住房抵押贷款证券化为例）

然而，如果房价发生逆转，风险将从抵押贷款市场开始暴露，各级证券化及衍生品所蕴含的巨大风险也将被释放出来。在风险迅速传递和释放时，市场投资者持有产品的价值就会瞬间消失，相关证券化产品就会被迅速抛售，其价值就会大幅缩水，持有这些产品的金融机构也会遭受巨额损失。

总之，在本次金融危机中，美国的抵押贷款机构通过资产证券化的方式将其承担的风险转移给国内外的投资者和金融市场。在这一阶段,风险虽然实现了转移,但被放大和扩散的程度还比较小,但随着资产证券化衍生品的不断创新和发展,被初始资产证券化转移的风险被不断扩散和放大,美国抵押贷款机构承担的风险被不断地向国内外投资者和金融市场转移和扩散。由此可以看出,资产证券化转移风险的基本功能在本次金融危机中发挥得淋漓尽致。

二 资产证券化导致流动性的过度扩张

(一) 资产证券化使金融机构采取高杠杆的经营策略

随着资产证券化的不断发展,市场上出现了种类繁多的金融产品,其独特的收益率和流动性可以满足不同投资者的需求,使许多投资者提高杠杆率对其进行投资。一方面,对于投资银行来讲,由于它们本身不能吸收存款,只能通过提高杠杆率来吸收资金。为了获得高额的利润,投资银行管理人员通过提高经营杠杆率来吸收资金,进而投资证券化等高收益产品。另一方面,商业银行也不断通过提高杠杆率进行投资。它们通过一系列的创新绕过《巴塞尔协议》监管的要求来提高杠杆率,从而投资高收益的证券化产品。此外,其他金融机构,如对冲基金、养老基金以及保险基金在经营中也提高了杠杆率,以投资具有高收益特征的证券化产品。

由此看来,资产证券化的高收益特征使这些金融机构采取高杠杆的投资策略,当经济形势逆转时,信用扩张机制转变成了信用紧缩机制,这些金融机构又会采取"去杠杆化"的方式来补充自己的流动性短缺,而"去杠杆化"的方式又使流动性成倍地紧缩,这进一步加剧了危机的程度(吴晓求,2009)。

(二) 资产证券化导致"衍生型流动性"的扩张

货币理论认为,在全社会流动性不变的情况下,如果货币的周转速度,或者金融资产的交易速度提高,社会的总体流动性也会提高。随着资产证券化的不断创新,在市场看涨的情况下,这些金融创新产品在市场上的交易量和交易速度也会大大提升,这意味着这些衍生产品,不管是高信用等级的证券化产品,还是以次级抵押贷款证券化衍生品为代表的低信用产品都表现出了较高的变现能力,它们在杠杆率的作用下可以迅速成为新的流动性——衍生型流动性(封丹华,2009),由于这一流动性的增加方式来自金融体系内部,因此也叫"内生型流动性的扩张"(Bervas,2008)。

但是，不管是衍生型流动性，还是内生型流动性，其扩张的方式只是单纯在金融体系内部进行，这一方面促使资产价格迅速脱离经济的基本面而不断上涨，从而给实体经济造成错误信号，另一方面导致总需求与总供给发生失衡，最终引致宏观经济发生波动。一旦金融系统支持下的信用扩张过度，资产价格就会高得难以维系，这就会使金融体系变得极其脆弱，在这种情况下，一个小的负面冲击就会导致金融危机的爆发（易宪容，2009）。

三 资产证券化导致了流动性危机的扩散

在危机爆发的初始阶段，资产证券化首先导致资本市场的流动性出现问题。在资本市场上，受到冲击的金融机构首先是购买低信用等级证券化产品的投资银行和对冲基金，这些机构在市场中不断地进行资产抛售。在低信用等级证券化产品遭到抛售的情况下，一些高信用等级的证券化产品也被纷纷下调信用等级，因此在资本市场上受到第二波冲击的就是养老基金、保险基金、共同基金和商业银行等机构。为了保证流动性的需要，它们也开始抛售这些产品，结果导致证券化产品的价格进一步下跌。随着证券化产品价格的进一步下跌，投资者开始增加对其持有基金的担心，他们纷纷要求赎回基金，这导致基金公司被迫采取去杠杆化，因此资产证券化在资本市场上引起的第三波流动性危机的冲击对象就是股票市场、黄金市场等与证券化没有直接联系的市场。

随着资本市场出现流动性危机，商业银行也开始出现了流动性困难。一般而言，商业银行是不能直接投资证券化产品的，但是它们可以通过设立 SIV 来进行短期融资，从而对证券化进行投资。但伴随着 SIV 持有的证券化产品价格大幅度下跌，SIV 就无法通过资产支持票据进行短期融资，这等于切断了 SIV 的流动性来源。这样，SIV 要么抛售自己持有的证券化产品来满足流动性需求，要么向自己的设立方——商业银行求救。这两种方式均会导致资本市场和商业银行的流动性需求上升。由此可以看出，正是资产证券化及其衍生品导致如此长的信用链条，才使流动性危机由一个市场迅速向另外一个市场传递和扩散。

四 资产证券化导致了投资者对高风险的偏好

在宏观经济扩张的时期，投资者就会产生对风险的漠视，他们不断减少低风险资产的持有比重，增加高风险资产的持有比重。在资产证券化风险转移功能的驱使下，高风险资产的增加往往会伴随信贷扩张，同时资产价格的上涨也为银行增加信贷提供了激励。因此，市场流动性和银行信贷的扩张相互融合在一起，形成了一个螺旋式的上升趋势。当经济形势发生逆转时，高风险资产的持有者就会对其持有资产的风险进行重新评估，并发现其持有资产的实际价值会大幅度降低，这样恐慌性的抛售行为就会发生，资产的风险贴水迅速上升，流动性危机不断扩散。由此可以看出，资产证券化及其衍生品的出现不仅使投资者产生对高风险的偏好，还导致投资者在经济形势发生逆转时重新对风险资产的价值进行评估，这一方面引起资产价格下跌和金融机构亏损，另一方面引起流动性短缺和风险贴水升高（杨公齐，2008）。

五 资产证券化导致金融不稳定的具体案例——基于美国金融危机的分析

（一）资产证券化导致金融脆弱性转化为金融不稳定的具体阶段

美国金融危机实质上是由流动性短缺所造成的流动性危机。房地产价格暴跌是危机爆发的导火索，证券化等金融创新的使用、市值计价的会计方式导致了流动性短缺的传导和扩散，银行的流动性补救、金融机构的去杠杆化以及资本市场挤兑导致了危机的深化，资产价格泡沫破灭又通过财富效应、金融加速器以及资产负债表衰退等种种效应造成了居民消费和企业投资的萎缩。下面我们以住房抵押贷款证券化为例，来对美国金融危机的产生与发展进行分析。

1. 金融危机的前兆——信贷扩张和资产价格泡沫（2007年7月前）

在2000年美国"互联网经济泡沫"破灭以及"9·11事件"以后，美联储为了防止经济衰退连续13次下调联邦基准利率，这降低了融资成本，并导致了信贷的扩张和流动性泛滥（易宪容，2009）。为了消化过度的流动性，美国抵押贷款机构设计了多种住房按揭贷款，并放宽了借款人的进入门槛，导致了房地产价格的暴涨。而美国抵押贷款机构又通过证券化的方式进行融资和转移风险，这进一步扩大了金融机构的流动性来源，助长了房地产市场价格的上涨和资产价格泡沫的产生。

2. 第一阶段：金融危机的导火索——住房抵押贷款及其证券化市场危机（2007年7月）

2004年6月，为了防止经济过热，美联储开始进入加息周期。从

2006年下半年开始，房地产市场的价格开始下跌，抵押贷款的违约率不断攀升，保证住房抵押贷款市场稳定的两个条件（低的联邦基准利率和不断上涨的房地产价格）都不复存在。首先受到冲击的就是次级抵押贷款机构，次贷的违约率开始上升，而次级抵押贷款支持的证券化产品的信用评级也被大幅度下调，大量因投资次级证券化产品的金融机构倒闭。到2007年8月，信用评级机构开始下调其他住房抵押贷款证券化（包括优质住房抵押贷款证券化）及其相关衍生产品的信用评级，大规模的抛售浪潮出现，并导致资本市场出现挤兑现象（陆晓明，2008）。

3. 第二阶段：流动性危机由资本市场向货币市场的传导和扩散（2007年7月到2007年年底）

随着资本市场抛售的发生，流动性危机不可避免地要向货币市场传导，第一个受到冲击的就是资产支持票据市场（张明，2008）。在美国，商业银行在资本充足率规定的情况下不能直接投资于次级抵押贷款证券、抵押债务凭证等风险产品，而是通过设立一个特殊的投资载体SIV，由这个载体来投资高风险产品。SIV在资产方的基础上，通过发行资产支持商业票据（ABCP）进行融资，银行就是通过高风险产品和ABCP之间的利差来赚取利润。如果资本市场发生流动性短缺，SIV通过ABCP进行融资的难度就会增加，其余额就会下降。

从2007年10月开始，由于优质住房抵押贷款证券化和抵押债务证券的信用评级开始被下调，货币市场受到流动性冲击的领域逐渐扩大，这包括银行同业拆解市场、金融担保机构等。一般来讲，反映货币市场流动性的指标包括3月期美元银行间同业拆借利率（London Inter Bank Offered Rate，Libor）与隔夜拆借（Overnight Indexed Swap，OIS）的价差（Libor - OIS）和TED息差（Treasury - Eurodollar Spread，TED Spread），即美国3月期国债收益率与3月期银行间拆借利率之间的价差。随着流动性危机的冲击，这两种价差不断扩大。2008年10月9日，Libor - OIS息差已经达到了348个基点，而在危机爆发前该息差仅为8个基点，同时TED息差从危机前的近50个基点攀升到200个基点（封丹华，2009）。

4. 第三阶段：金融市场流动性危机的全面爆发（2008年1—5月）

随着流动性危机的不断加剧，美国宏观经济的前景也越来越不乐观，市场对系统性风险的担忧也逐渐加重，即使政府当局及时实施宽松的货币政策，金融市场依然无法满足流动性的膨胀需求。彭博公司编制了一组反映市场流动性的指数,该指数的基期是 2006 年 1 月,指数越高,说明市场中流动性短缺越严重,流动性压力越大。从 IMF 金融稳定报告可看出,该指数在 2008 年已经上升到 500,远高于 2001 年经济衰退时的 200。

5. 第四阶段:流动性危机向整个金融系统扩散(2008 年 6—9 月)

随着流动性危机的不断扩散,众多投资次级抵押贷款证券化及其衍生品的金融机构开始启动"去杠杆化",通过抛售资产来弥补自己的流动性不足。当所有金融机构都在抛售风险资产时,股票市场就会出现大幅度波动。

同时优质住房抵押贷款的主要担保者——房地美和房利美(以下简称"两房")也开始出现账面亏损(流动性危机向金融体系扩散的主要标志)。在危机爆发的初始阶段,优质抵押贷款的违约率相对于次级贷款而言还是比较小的,但由于"两房"具有政府的隐性担保,在道德风险的刺激下,"两房"在过去的几年中不断地对其抵押的贷款进行证券化并提高自己的杠杆率,杠杆率在 2007 年年底就达到了 62.5,是华尔街投资银行平均水平的两倍(张明,2009)。如此高的杠杆率意味着如果"两房"的账面资产仅缩水 2%,其需要减记的资本金就已经达到负值(张明,2008)。随着房价的下跌,次级抵押贷款的信用风险已经蔓延到"两房"所担保的优质住房抵押贷款,其发行证券化产品的信用风险也不断攀升。随着账面资产价值的不断下降,在高杠杆率的影响下,其持有的资本金也就不断缩水,导致美国政府不得不在 2008 年 9 月 7 日宣布接管"两房"。随着"两房"危机不断深入,很多持有"两房"证券化产品和股票的金融机构开始出现问题,这里包括许多中小州立商业银行。在 2008 年 9 月 7 日美国政府宣布接管"两房"和 9 月 15 日雷曼兄弟宣布破产保护以后,金融体系的流动性压力进一步加大,流动性危机蔓延到整个金融体系,金融危机全面爆发。

6. 金融系统爆发的危机向实体经济蔓延(2008 年 9 月至今)

美国金融危机全面爆发后,危机向实体经济的传导主要表现在两个方面。

第一,在消费方面,随着资产价格的下跌,美国居民持有的财富不断缩水。在财富效应的驱使下,居民的消费能力不断下降。美国在 20 世纪 90 年代以来之所以能保持强劲的消费,主要是由于消费者能将资产价格的上升通过信贷的方式转变为即期收入进行消费。而资产价格上升趋势的逆转使得通过抵押资产进行举债的能力不断下降，同时商业银行的"惜贷行为"也使居民进行消费贷款的难度加大。此外，金融危机的爆发使得消费者不断降低对未来经济走势和个人收入的预期，这也不利于美国消费的增长，2008年公布的美国消费者信心指数已经达到了创历史性的最低水平（梁积江、王茂林，2009）。

第二，在投资方面，随着金融危机的不断扩散，美国企业的投资量也发生了大幅度下滑。在危机爆发以后，金融机构普遍采取"去杠杆化"来减少债务，导致市场流动性不断减少。在流动性减少和惜贷的影响下，实际利率也不断攀升，这使美国企业的融资能力和融资成本都受到了很大的影响。2008年11月，美国三大汽车制造商——福特、通用和克莱斯勒均有一定的巨额亏损。随着经济环境的不断恶化，企业也不断下调对美国宏观经济前景的预期，这进一步抑制了投资行为。在金融危机的影响下，美国近20年来经济增长的两大引擎——依靠创业投资体系支撑的科学研发优势和追逐风险收益的金融体系均遭到了破坏（姚枝仲，2008），由此可见，金融危机对美国经济的影响是长远的。

（二）美国金融不稳定问题的理论解释

前面讨论了美国金融危机的产生和演进过程，可以看出，美国金融危机爆发于次级抵押贷款及其证券化市场。证券化导致了更长和更复杂的债务链条，并导致了资产价格的泡沫与风险的转移、放大及扩散。在美国，次级抵押贷款和证券化的过度发放和创新正是源于"自由化"的经济运行模式，而危机爆发时资产价格泡沫的破灭对微观主体造成的损失也是通过"资产负债表衰退"的效应来传导的。因此，我们借鉴明斯基的"金融不稳定"理论以及辜朝明（2008）提出的"资产负债表衰退"理论对美国金融危机的产生与发展进行分析。

1. 美国金融不稳定现象产生的理论解释——基于明斯基的金融不稳定理论

从经济扩张开始，市场中的投资主要分为对抵补型资产、投机型资产和庞氏资产进行投资的三个阶段。对抵补型资产的投资属于理性投资阶段，对投机型资产和庞氏资产的投资属于非理性投资阶段。在金融危机爆发之前，整个投资过程是从理性投资向非理性投资阶段转变。伴随着投资阶段的演进，金融体系的负债结构不断提高，杠杆比率也不断提高，金融体系的稳定程度却不断下降。下面我们分理性投资和非理性投资两个阶段来讨论美国金融危机的爆发和产生。

（1）理性投资阶段。在2000年美国"互联网经济泡沫"破灭以及"9·11事件"以后，美联储采取了宽松的货币政策，美国经济开始转入上升阶段。在2000年到2003年的经济扩张过程中，抵补型融资处于主导地位，经营主体能够持续获得现金流入，并且这些现金流入能够偿还债务，整个市场的融资难度比较低，金融中介也没有强烈的信用扩张冲动，金融机构提高财务杠杆的偏好比较弱，经济中对投资的需求和供给处于均衡状态。

图5.2中，横轴代表投资总量，纵轴代表投资产品的价格。在初始阶段，投资供给曲线 S_1 和需求曲线 D_1 相交于均衡点。如果利率下调，投资的供给和需求曲线均会移动，分别移动到 S_2 和 D_2 的位置，但它们仍然相交，整体经济在投资总量为 I_2 时达到均衡，没有短缺也没有过剩，整个市场中的投资是理性的。

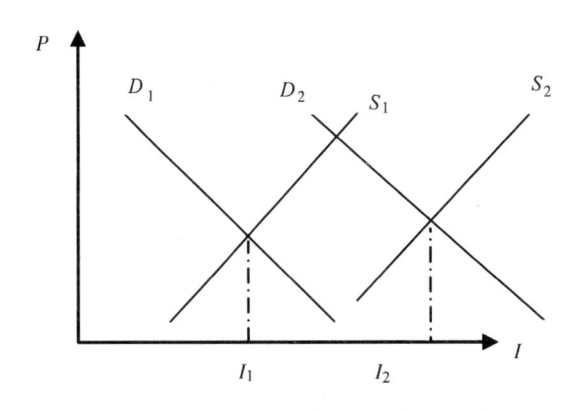

图 5.2 理性时期的市场投资曲线

（2）非理性投资阶段。

一方面，抵补型资产向投机型资产转变。随着经济的不断扩张和基准利率的下调，市场主体获得的现金流量不断增加。在流动性宽松的情况下，高流动性资产的收益就会下降，微观主体对高流动性资产的偏好也会减弱，他们纷纷转向高收益的投机型资产。主要表现在：随着市场条件的宽松和房价的不断上涨，金融机构不断降低抵押贷款的发放门槛，更多低信用的借款人涌入市场，次级抵押贷款应运而生，银行体系信用规模开始过度扩张，并且随着抵押贷款证券化的不断创新，资本市场中的投资品种日渐增多，同时证券化的扩大流动性功能也助长了市场中的流动性宽裕。由于在房价不断上涨的背景下，不管是优质的证券化产品，还是次级证券化产品均被给予了较高的信用评级，再加上较高的收益率，市场中的投资者纷纷转向对这些资产的投资，投资者所持有的抵补型资产逐渐向高收益的投机型资产转变。

另一方面，投机型资产向庞氏资产转变。随着房价的不断上涨和信用规模的不断扩张，美国住房抵押贷款的发放也不断扩张。为了满足市场上的流动性需求，在前面住房抵押贷款初级证券化的基础上，抵押贷款证券化的衍生品也被不断创新，这不仅包括前面所说的初级证券化产品，还包括在初级证券化产品的基础上形成的CDO、CDO平方以及CDO立方等，这些产品的显著特点就是其基础资产是向低信用等级和低收入群体发放的抵押贷款，并且证券化的不断创新导致了更长、更复杂以及资金链极为脆弱的债务链条（张金清、卢晔，2009），这致使了资产价格泡沫与风险的转移及扩散，但风险的转移和扩散机制被不断上涨的房价掩盖了，同时信用评级机构在房价不断上涨的基础上给予了这些资产较高的信用评级，因此这些资产变成了名副其实的"庞氏"资产，非理性投资也彻底充斥着经济中的投资活动。在非理性投资阶段，微观主体的债务融资比重开始不断扩张，财务杠杆率不断扩大，在债务构成中，庞氏资产所占的比重也不断增加。

由此可见，美国金融体系的信用扩张是由金融资产的价格泡沫推动的。我们知道，当信用扩张只是用于实体经济的循环周转时，经济增长中的融资约束就会得到缓解，经济就会不断发展和增长，但在美国金融危机爆发之前，信用扩张只是伴随着金融循环和证券化等衍生工具泛滥，这一方面促使资产价格迅速脱离经济的基本面而不断上涨，另一方面引起总需求与总供给的失衡，最终导致宏观经济发生波动。金融系统下的信用过度扩张会使系统性风险不断积累以及资产价格高得难以维系，这会使金融体系变得非常脆弱，一次小的负面冲击就会导致金融危机的爆发（易宪容，2009）。同时，信用过度扩张就会更显著地放大实体经济波动的幅度，这就是明斯基所谓的"金融体系不稳定"。就像许多学者所说的那样，各种金融危机就是信用过度扩张所造成的后果，资产价格泡沫和信用的过度扩张是高度正相关的（瞿强，2005）。

而当经济真正遭受外部冲击时，比如联邦基准利率的上调刺破了资产价格泡沫，房地产价格开始下跌，与房地产相关的各种证券化资产及其衍生品的评级也被纷纷下调，投资主体开始抛售证券化等风险资产，提高流动性需求。图 5.3 反映了危机爆发初期的投资品供求情况，此时，由于金融机构持有大量的庞氏资产，在房价下跌和证券化资产等衍生品信用评级被下调的情况下，金融体系就会缺乏流动性，市场主体开始抛售其持有的风险资产，导致资产的供给曲线大于需求曲线，投资总量无法达到均衡水平。

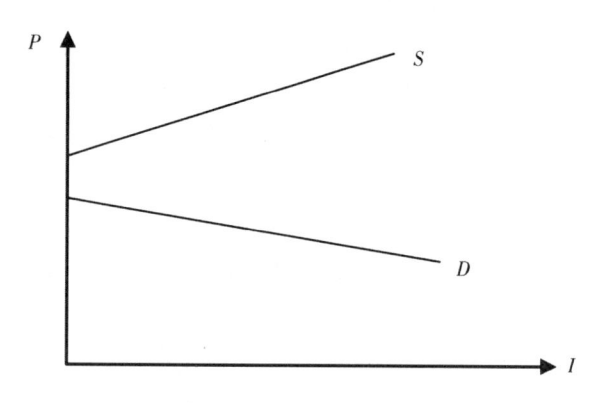

图 5.3 危机爆发初期的投资品供求曲线

随着金融市场流动性危机的爆发，原来靠借入流动性而维持经营和投资的发展方式难以为继，此前高杠杆率所积累的巨额债务要付出昂贵的代价。在经济非理性繁荣时期，市场主体持有的高流动性资产较少，一旦市场预期逆转，他们所持有的低流动性资产将大幅度贬值，这正如明斯基所说"推广债务融资的方法可以持续许多年份，但这一做法是一个不断挑战市场极限的做法，如果出现问题，市场就会对债务融资工具进行重新估值，并且这一现象往往来得比较突然"（肖辉，2009）。如果所有的市场主体都在抛售资产、市场流动性持续短缺以及金融机构不断地"去杠杆化"，那么整个经济体系就会陷入"资产负债表衰退"。

2. 美国金融不稳定发展的理论解释——基于"资产负债表衰退"的视角

"资产负债表衰退"是一种比较少见的经济衰退现象，但历史上两次主要的经济衰退——20 世纪 30 年代的经济大萧条和 20 世纪 90 年代日本泡沫经济破灭都是比较显著的"资产负债表衰退"。当前，美国在资产价格泡沫破灭后导致的经济衰退,从本质上来讲也是一种典型的"资产负债表衰退"。

一方面,美国金融不稳定现象体现出"资产负债表衰退"的具体周期,主要体现在:(1)货币政策的收紧导致资产价格泡沫的破灭。(2)资产价格泡沫的破灭使企业的资产小于负债,导致企业的经营目标从利润最大化转为负债最小化,经济陷入"资产负债表衰退"。(3)企业停止经营,只进行债务偿还。私营部门不存在经营性的货币需求,任何货币政策都不起作用,只有财政政策才能刺激经济。(4)企业最终会完成偿债,但企业对债务的抵触情绪仍然存在,居民也乐衷于储蓄,从而导致利率和经济持续低迷。(5)企业对债务的抵触情绪逐渐好转,开始积极的筹资经营活动。(6)私营部门渐渐恢复活力,货币政策开始发挥效力,先前实施的财政政策开始出现"挤出效应"。(7)货币政策开始取代财政政策成为主要的经济政策,财政整顿开始实施。(8)经济形势日渐恢复,私营部门开始恢复自信。(9)私营部门的过度自信导致下一轮经济泡沫。

在这一周期中,从(1)至(4)即为资产负债表衰退的定义中提到的负债最小化阶段,这时货币政策的作用失效,财政政策是主要的经济政策;(5)为经济周期的过渡期;(6)至(9)则为利润最大化阶段,企业从负债最小化的经营目标转为利润最大化,财政政策的挤出效应开始出现,货币政策开始取代财政政策成为主要的经济政策(辜朝明,2008)。

另一方面,美国体现出典型的"资产负债表衰退"特征。美国的金融危机正是源于房地产和资本市场价格泡沫破灭,而危机的不断深化正是由资产价格的不断缩水推动的,这正符合资产负债表衰退的定义。当次贷危机的爆发使资产价格泡沫破灭后,大量企业和家庭的资产负债表都会处于资不抵债的情况。为了扭转这一情况,私人部门就会转变经济行为,由追求利润最大化转为负债最小化,一方面,企业会把大部分的收入用于还债而不进行任何经济活动;另一方面,家庭部门由于其过去"举债消费"的生活模式积累了巨额债务,它们也会把大部分收入用于偿还贷款,并减少消费支出,同时银行的消费信贷也会大幅度减少。这样,企业和家庭部门都进入了"去杠杆化"过程。此外,银行由于对经济前景的悲观预期会产生惜贷行为,这样实体经济的信贷活动就陷入停滞,由此导致经济活动萎缩。

对于金融机构来讲,当次贷危机导致房地产及其相应的证券化价格泡沫破灭后，金融机构就会进入"去杠杆化"的过程，与次级抵押贷款相关的证券化和在证券化的基础上所形成的结构复杂的金融产品的价值崩溃给它们造成了巨大损失。为了扭转资不抵债的状况，金融机构就会不断抛售其持有的风险资产来满足自己的流动性需求，从而偿还其在高杠杆率阶段所积累的巨额债务，这样金融机构的经营目标也会从利润最大化转变为负债最小化，金融机构出现的困境是导致实体经济信贷紧缩的主要原因。

当然，本次金融危机的"资产负债表衰退"和日本也有不同的一面。主要是本次金融危机的问题首先出现在个人和金融部门，而不是日本的一般企业。如果问题集中在一般企业，那么情况会比较容易控制，因为如果企业被宣布破产，企业会想尽一切办法迅速偿还债务来修整资产负债表。但如果问题发生在个人和金融部门，一方面从个人来讲，如果居民购买住房以后房价出现了大幅度下跌，当抵押贷款的金额超过已经缩水的房价时，他们只能拖欠贷款，导致金融部门的不良贷款率升高和资本充足率降低；另一方面从金融部门来讲，目前金融部门已经成为经济能否正常运行的重要枢纽，但如果金融部门出现问题，经济中的信贷循环可能就要停滞，这对实体经济造成的影响将会是灾难性的。

第二节 资产证券化影响金融稳定的简化模型

在本节中，我们构建一个简化的分析模型，来分析资产证券化的基础资产价格与证券化资产市场价格之间的反馈机制，两者的反馈其实就是一种导致金融不稳定的表现。我们在分析中还是以住房抵押贷款证券化为例，为此相应的基础资产即住房抵押贷款。从美国的情况来看，住房抵押贷款市场的持续发展与繁荣，不仅通过财富效应和托宾的 Q 值效应导致美国居民家庭收入和消费的持续增长，更导致了住房抵押贷款证券化及其衍生品市场规模的持续扩大。同时，抵押贷款证券化市场的发展又推高了美国的房地产价格。因此，正是由于房地产市场和证券化市场的相互反馈机制，致使这两个市场出现价格泡沫。

一 证券化市场与房地产价格反馈的模型

该模型由一个简化的金融系统组成，在此系统中只有三个部门，即家庭部门、金融中介和养老基金（见图5.4）。

```
        家庭部门
       /        \
  金融中介 ——— 养老基金
```

图 5.4　简化的金融系统

假设金融系统中的三个部门之间均存在一定的债权债务关系，金融中介通过发行抵押贷款成为家庭部门的债权人，养老基金通过购买证券化资产成为金融中介的债权人，而家庭部门通过持有养老金成为养老基金的债权人。

（一）家庭部门的资产负债表结构（见图 5.5）

家庭部门的负债主要是从金融中介融通的资金，这些资金是用来购买房地产的抵押贷款。在资产方面，家庭部门持有一定的自由财产和对养老金的要求权，主要包括年金形式的养老金以及对未来养老金的要求权。此外，家庭部门也持有金融中介和养老基金的股权。

资产	负债和所有者权益
对养老金的要求权	住房抵押贷款
持有的财产和其他资产	持有的金融中介和养老基金的股权

图 5.5　家庭部门的资产负债表结构

（二）金融中介的资产负债表结构（见图 5.6）

金融中介的资产就是出借给家庭部门的住房抵押贷款。在抵押贷款发放以后，金融中介将持有的抵押贷款作为基础资产发行证券化（债券）来解决流动性问题。我们假设证券化是具有固定利息支付的永续年金，且每期的支付金额为 1。

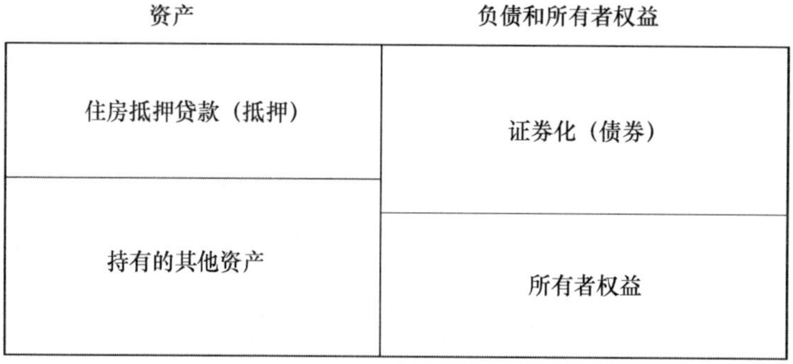

资产	负债和所有者权益
住房抵押贷款（抵押）	证券化（债券）
持有的其他资产	所有者权益

图5.6　金融中介的资产负债表结构

（三）养老基金的资产负债表结构（见图5.7）

养老基金的资产项目主要包括流动资产和金融中介所发行的证券化资产（债券）。养老基金在监管部门的要求下必须解决其资产负债结构的匹配问题。

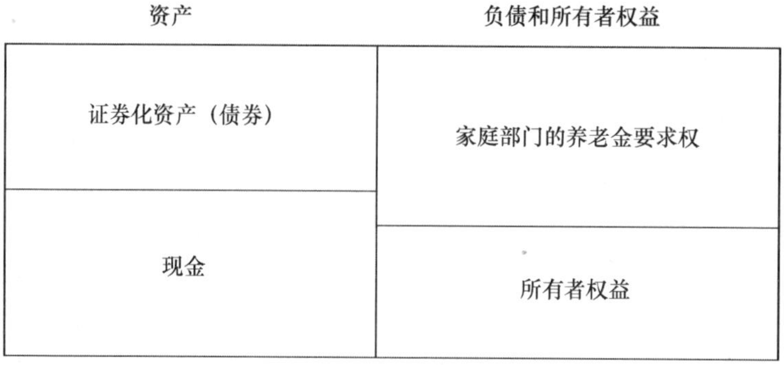

资产	负债和所有者权益
证券化资产（债券）	家庭部门的养老金要求权
现金	所有者权益

图5.7　养老基金的资产负债表结构

我们假设监管部门要求养老基金必须对其负债进行调整，并假设为了保持稳健经营，养老基金负债的时间期限与其资产的时间期限要大体匹配，那么按照监管部门的要求，养老基金必须以合适的贴现率对其负债现金流进行贴现。我们假设零息债券的收益率结构曲线是平坦的，且收益等于证券化的收益。假设金融中介所发行的证券化产品的永久性收益为 r，则该债券的价格 P 为：

$$P = \frac{1}{(1+r)} + \frac{1}{(1+r)^2} + \frac{1}{(1+r)^3} + \cdots = \frac{1}{r}$$

该债券的持续期（即久期）为：

$$D = -\frac{dp}{dr} \cdot \frac{1}{p}$$

由以上两式可知，该债券的持续期 $D = P$。

从上式可知，债券的持续期与其价格相对应。由于监管部门要求养老基金必须持有近似时限的资产与负债，并且养老基金应按照债券的收益对其负债进行市价调整，因此养老基金负债的价值取决于金融中介所发行的债券的价格。我们假设养老基金持有的负债价格 q（养老基金持有 1 单位负债的市场价格）与债券的价格相同，即 $q = P$。则养老基金的负债与其资产相匹配的持续期要求为：

$$-\frac{dq}{dr} \cdot \frac{1}{q} > -\frac{dp}{dr} \cdot \frac{1}{p}$$

由公式可知，债券的持续期是债券价格的增函数。由于债券价格影响到养老基金所持有的负债价格，因此养老基金负债的持续期也是债券价格的增函数，但是我们上面要求养老基金负债的持续期要大于其持有的债券，因此随着债券价格的上涨，养老基金负债持续期的增长速度要大于债券。图 5.8 反映了养老基金负债与债券持续期（或久期）随价格的变化趋势。

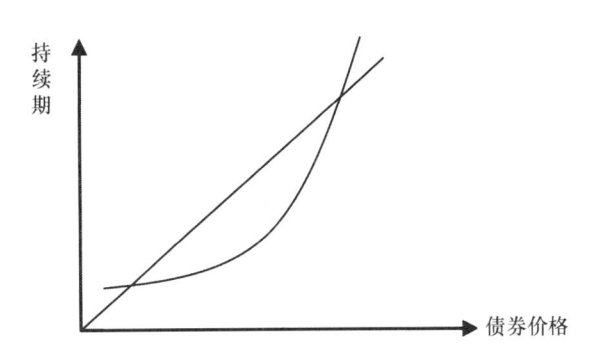

图 5.8 养老基金资产与负债的持续期

图 5.8 中的直线代表债券的持续期，曲线代表养老基金负债的持续期。当债券的价格发生变化时，养老基金必须调整其持有的债券数量，比如如果债券价格上涨，其持有负债的持续期将发生更大幅度的变动，这时养老基金必须增加债券的持有量才能与其负债持续期相匹配，这样养老基金必须减少其流动资产中的现金，调整其资产结构，用多余的现金去购买尽可能多的债

券以匹配负债的存续期，这时养老基金就会提高财务杠杆率（资产负债表的杠杆化阶段）。因此，养老基金对债券的需求曲线是向上倾斜的。

随着债券价格的上涨，养老基金会增加对债券的需求，对这些债券需求的增加肯定会要求金融中介发行更多的债券。但是金融中介能否发行更多的债券取决于其能否提供尽可能多的住房抵押贷款。假设金融中介总能搜索到需要在市场中购买房地产的家庭部门，这样金融中介可以发放尽可能多的抵押贷款，从而满足养老基金不断提高的债券需求。

下面我们来讨论房地产的市场价格。我们假设房地产的市场价格取决于房地产市场中的资金供应量，则其价格应该等于房地产市场中资金的供应量 M 与房地产的供给量 s 之比，因此房地产的价格 v 为：

$$v = M/s$$

图 5.9 反映了房产价格与房地产的供给量呈反方向变化，但房地产的价格随资金供给量的增加而上涨。如图 5.9 所示，如果房地产市场的资金量增加，房地产的价格曲线由 v 移动到 v'。

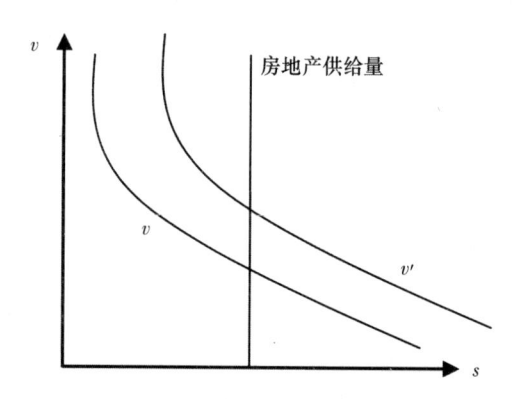

图 5.9 房地产价格与资金供给量的关系

从上面的分析中我们可以得出证券化资产与房价的关系。如果债券的价格上涨，养老基金会增加对债券的需求，这样金融中介为了满足养老基金的需求，将发放更多的抵押贷款，从而发行更多的债券。随后，家庭将从金融中介借到的资金投入到房地产市场，由此引起房地产市场价格的上涨。这样，随着债券价格 P 的提高，将通过多个环节传导至房地产市场，致使房价 v 的上涨，两者是同方向变化的，为了方便起见，我们假定两者的关系是线性的，如图 5.10 所示。

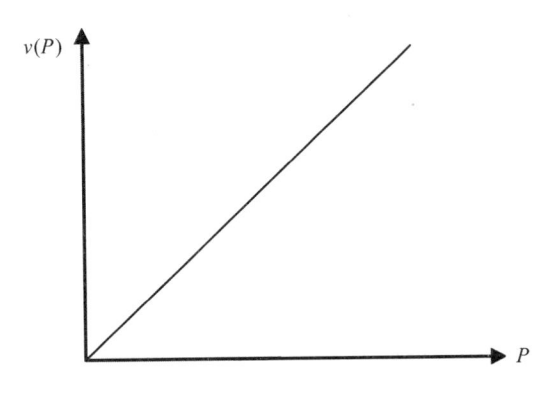

第五章 资产证券化导致金融脆弱性转化为金融不稳定的主要途径 111

图 5.10 债券价格对房地产价格影响的示意图

由此我们可以推出,债券价格的上涨会推动房地产价格的上涨。下面我们分析房价的上涨会对债券价格造成的影响。如果房价上涨,家庭持有的净资产总额就会提高,金融中介持有家庭抵押权的信贷质量也就提高了,进而导致金融中介发行的证券化资产的质量也会提高,因此这类债券的需求量就会上升,其价格也会提高。我们定义债券价格与房产价格的关系为 $P(v)$,其价格曲线如图 5.11 所示。

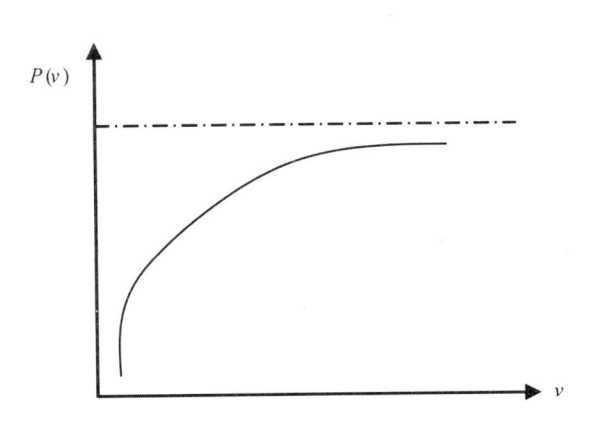

图 5.11 房地产价格对债券价格影响的示意图

图 5.11 中显示,债券价格是房地产价格的增函数,但债券毕竟是以住房抵押贷款支持起来的虚拟资产,因此随着住房价格的上涨,债券的价格不可能无限上涨,其存在一个上限(如图 5.11 中虚线所示)。

二 房地产与证券化市场的价格反馈机制

在上面的分析中我们知道,$v(P)$是房地产的价格,$v(P)$和$P(v)$曲线如图5.12所示。我们首先分析债券的价格变动对房地产价格的影响。考虑到一个外部良性影响,比如监管当局下调基准利率,这时债券价格就会上涨,债券价格曲线$P(v)$就会向上移动。债券价格的上涨会导致养老基金对债券的需求,然后提高房地产发放抵押贷款的数量。随着抵押贷款发放的增加,房地产市场的资金供给量也会增加,从而导致房地产价格上涨,房地产价格曲线就会向右移动,这样债券价格的上涨通过多种渠道传递到房地产市场。

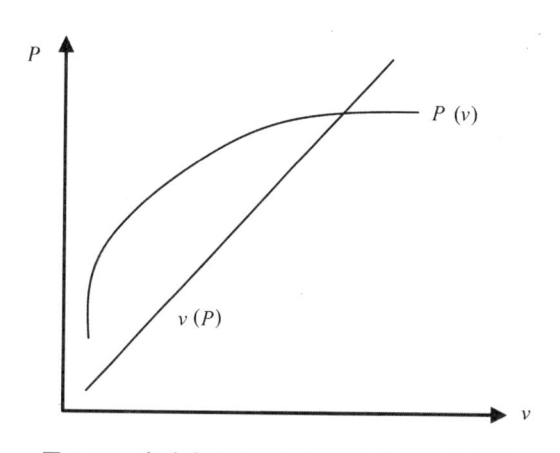

图5.12 房地产价格和债券价格的变化示意图

如图5.13所示,债券的价格上涨导致债券的价格曲线由$P(v)$上升至$p'(v)$,随着债券的价格上涨向房地产市场的传导,房地产市场的价格曲线也会向右移动,在图5.13中就表示为$v(P)$右移至$v'(P)$。当然,如果房产价格上涨,也会通过种种渠道引致债券的价格上涨。

但是,金融体系的整体形势并不总是向上的。如果资产价格泡沫积累到一定程度就会引起通货膨胀上涨,这样中央银行就会采取紧缩货币政策刺破价格泡沫,这时系统就会遭受一个外部冲击,资产的价格就会下降。随着资产价格的下降,家庭持有的房产价格也会下降,金融机构所持有的抵押资产就会贬值,这样与房产相关的证券化信用等级就会被下调,其价格也会下降。在此影响下,养老基金持有的证券化资产一方面不能按时获得现金流支付,另一方面由于在按市值计价会计标准的影响下,养老基金

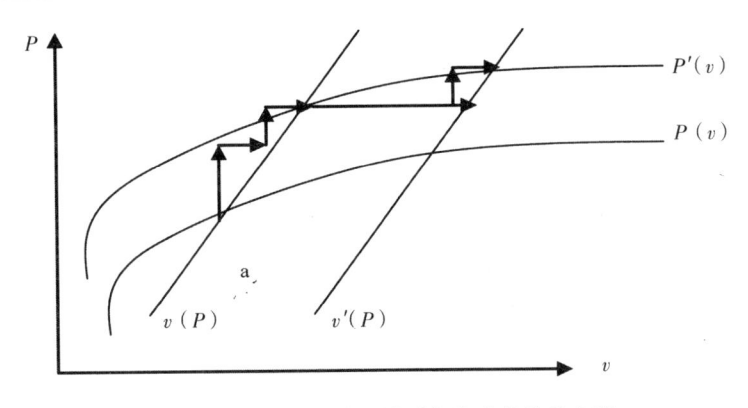

图 5.13　债券的价格上涨引起房产的价格上涨

的负债总额并没有下降，证券化价格的下降会导致养老基金资产负债表的恶化。这时养老基金就会抛售证券化产品来满足庞大的流动性需求，并降低财务杠杆率（资产负债表的去杠杆化阶段）。这最终会导致金融机构出现流动性危机，引致金融危机爆发。

从以上的分析可以看出，证券化价格的上升促使房价上涨，房价上涨也能促使证券化价格上升，两者之间存在的反馈机制促使了房地产市场与资本市场的价格泡沫；反之，如果证券化或房价之中有任何一个资产价格的下降，另外一个资产的价格也会下降，两者之间的反馈机制导致房价和证券化资产的价格暴跌（见图 5.14）。同时，证券化资产的存在也使金融部门采取杠杆化的经营策略，并在价格上涨时提高杠杆率，价格下跌时降低杠杆率，使杠杆率表现出了较强的"顺周期"效应。

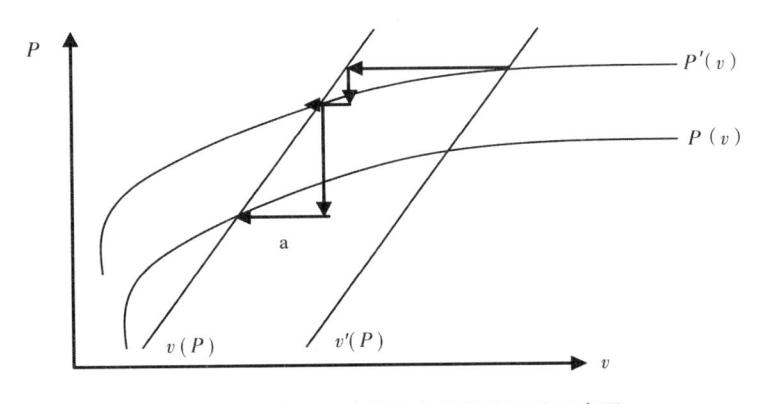

图 5.14　房产和证券化资产的价格下跌示意图

三 房地产与证券化市场的价格反馈机制的实证分析

图 5.15 反映了美国住房抵押贷款证券化的收益指数与房价指数的变动趋势。对于住房抵押贷款证券化的收益指数，我们选取 J. P. 摩根编制的 MBS 收益指数数据（来自彭博数据库）。该数据主要是根据 FNMA、FHLMC 和 GNMA 发行的固定利率住房抵押贷款证券化编制而成。从 2002 年 1 月到 2006 年 9 月房地产价格泡沫破灭前，住房抵押贷款证券化的收益率指数和房价指数均不断上涨，如此趋势反映了住房抵押贷款证券化市场和房地产市场的相同变化趋势。下面我们用误差修正模型（Error Correction Model，ECM）来分析住房抵押贷款证券化市场对美国房地产市场价格的影响。数据来源为彭博数据库中的住房抵押贷款证券化指数以及 Wind 咨询中的标准普尔房价指数（20 个大中城市和 10 个大中城市），并对数据进行对数处理。

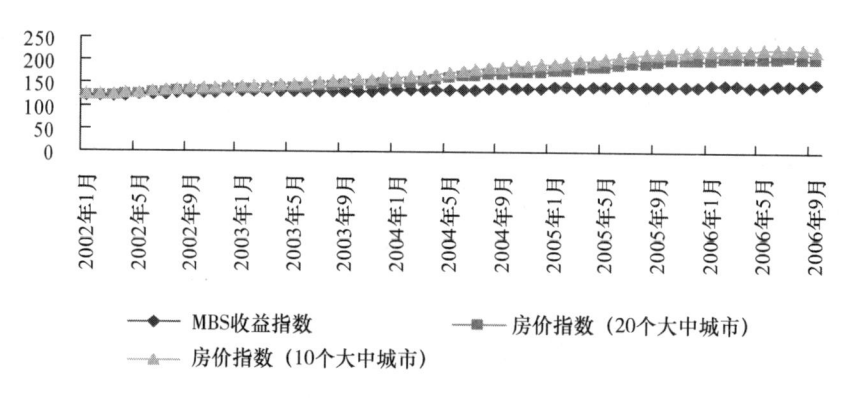

图 5.15　美国 MBS 收益指数与房价指数变动趋势

数据来源：彭博数据库和 Wind 咨询。

数据的平稳性检验结果表明，各个变量在水平值的时间序列下接受原假设，即序列不平稳的假设（见表 5.1）。但数据一阶差分序列的 ADF 值在 1%、5% 和 10% 的水平上均是显著的，因此数据的一阶差分是平稳的（见表 5.2），从而可以进行协整检验。我们采用 Engle 和 Granger（1987）提出的协整检验方法对此进行检验。

表 5.1　　　　　　　　变量水平值的单位根检验

	lnmbs	lncity1	lncity2
1% 水平临界值	-3.540198	-3.542097	-3.542097
5% 水平临界值	-2.909206	-2.910019	-2.910019
10% 水平临界值	-2.592215	-2.592645	-2.592645
ADF 值	-2.563561	-0.369534	-0.996867
概率	0.1060	0.9800	0.9961

表 5.2　　　　　　　变量取一阶差分后的单位根检验

	D(lnmbs)	D(lncity1)	D(lncity2)
1% 水平临界值	-3.538362	-3.542097	-3.542097
5% 水平临界值	-2.908402	-2.910019	-2.910019
10% 水平临界值	-2.591799	-2.592645	-2.592645
ADF 值	-5.889367	-4.244961	-4.477089
概率	0.0000	0.0012	0.0006

我们建立如下两个回归方程，即：

$$\ln city1_t = 7.9747 + 2.671266 \ln mbs_t + \hat{u}_t$$

$$t = 27.70517 \qquad R^2 = 0.924196$$

$$\ln city2_t = 6.386582 + 2.333345 \ln mbs_t + \hat{u}_t$$

$$t = 26.08592 \qquad R^2 = 0.915263$$

从这两个方程我们可以看出，住房抵押贷款证券化确实对房地产价格的上涨起到促进作用。住房抵押贷款证券化收益率指数每上涨 1 个百分点，标准普尔 10 个大中城市房价指数上涨 2.67%，标准普尔 20 个大中城市房价指数上涨 2.33%。由此可以看出住房抵押贷款证券化对房地产价格的促进作用。我们下面检验两个方程残差的平稳性，检验结果见表 5.3。

表 5.3　　　　　　　　残差项的平稳性检验结果

残差项	第一个方程残差	第二个方程残差
1% 水平临界值	-3.538362	-3.538362
5% 水平临界值	-2.908420	-2.908420
10% 水平临界值	-2.591799	-2.591799
ADF 值	-5.573327	-5.509246
概率	0.0000	0.0000

由检验结果可知,残差序列在1%的显著性水平上拒绝原假设,即接受不存在单位根的结论,也就是说残差序列是平稳的,这说明 lnmbs 和 lncity1 以及 lnmbs 和 lncity2 之间均存在协整关系,变量之间存在着长期均衡关系。下面我们用误差修正模型(ECM)来检验住房抵押贷款证券化市场对房价是否存在长期影响。我们令上面估计出的残差项等于误差修正项,由此建立如下方程:

$$\Delta \ln city_t = \alpha + \beta_1 \Delta \ln mbs_t + \beta_2 ecm_{t-1} + \xi_t$$

我们对上述数据进行估计,由此得到如下两个方程,即:

$$\Delta \ln city1_t = 0.1059 + 0.1214\Delta \ln mbs_t - 0.1647 ecm_{t-1} + \xi_t$$
$$t = 13.7458 \quad\quad 8.2876 \quad\quad\quad 10.7638 \quad\quad\quad\quad R^2 = 0.86716$$

$$\Delta \ln city2_t = 0.9577 + 0.3338\Delta \ln mbs_t - 0.1144 ecm_{t-1} + \xi_t$$
$$t = 13.9472 \quad\quad 8.6713 \quad\quad\quad 15.3283 \quad\quad\quad\quad R^2 = 0.89321$$

由此我们得出住房抵押贷款证券化市场对房地产市场价格的长期均衡关系。从第一个方程可知,标准普尔 10 个大中城市房价指数的变动可由两部分来解释:一部分是住房抵押贷款证券化短期波动的影响;另一部分是偏离长期的影响。这里的误差修正项系数为 -0.1647,因此当标准普尔 10 个大中城市房价指数偏离长期均衡时,系统将以 -0.1647 的调整力度将非均衡状态调整到均衡状态,从长期来看,住房抵押贷款证券化对房价指数存在长期均衡影响。从对第二个方程的分析也可以得出类似结论,第二个方程的误差修正项系数为 -0.1144。

第三节 资产证券化导致金融不稳定的实证分析

前面的理论分析认为证券化和房地产价格具有相互反馈机制,这种反馈机制导致"杠杆化"操作的顺周期性。同时在危机中,金融机构的抛售行为和"去杠杆化"是相辅相成的,并且抛售行为导致流动性危机的爆发和传导。本小节就对资产证券化对金融机构杠杆率和金融市场流动性的影响进行实证分析。

一 资产证券化对金融机构杠杆率影响的实证分析

在金融危机爆发之前,证券化的存在使金融机构有了获得高收益的机会,因此金融机构纷纷采取了杠杆经营的模式。杠杆经营的核心理念就是金融机构持有的自有资本金能够弥补该机构承担的总风险。本小节利用一个数量化的实际例子来考察一下证券化的价格变化如何引起金融机构杠杆率的变化。

我们令 V 为金融机构持有的单位资产风险价值（VAR），也叫做单位资产包含投资风险的内在价值；A 代表该金融机构持有的总资产。该金融机构为了满足风险价值的要求，其需要持有的资本金为 K，因此有：

$$K = A \times V$$

金融机构的杠杆率等于其持有的总资产与自有资本之比，即：

$$L = A/K = 1/V$$

上式表明，实施杠杆化经营的金融机构，其杠杆率与承担的整体风险成反比。如果金融机构投资的资产价格上涨，其持有资产的整体风险就会下降，其就会提高杠杆率（资产负债表的杠杆化阶段）；反之，如果资产的价格大幅度下跌，其整体风险就会上升，金融机构就会降低杠杆率（资产负债表的去杠杆化阶段）。

（一）金融机构的杠杆化阶段

假设 B 为一家金融机构，其资产负债表中的"资产项"包括流动资产、次级抵押贷款债券和其他风险资产，其中次级抵押贷款债券和其他风险资产是风险资产总额；"负债和所有者权益项"包括资本金、银行借款以及短期融资工具（主要是资产支持票据，发行目的是为了给投资风险资产融通资金）。金融机构 B 的初始资产负债表如表 5.4 所示。

表 5.4　　　　　　　　金融机构 B 初始资产负债表　　　　　　单位：万美元

资产项		负债和所有者权益项	
流动资金	50	资产支持票据（短期融资工具）	800
次级抵押贷款债券	100	银行借款	150
其他风险资产	850	资本金	50
合计	1000	合计	1000

由表 5.4 可以看出，金融机构的杠杆率为 950/50 = 19。如果房地产价格上涨，次级抵押贷款债券的价格也会上涨。假定在此影响下，次级债券的价格上涨 20%，即上涨到 120 万美元，这时资本金也增加 20 万美元，其资产负债表可调整为如表 5.5 所示。

表 5.5　　金融机构 B 次级抵押贷款债券价格上涨后的资产负债表　　单位：万美元

资产项		负债和所有者权益项	
流动资金	50	资产支持票据（短期融资工具）	800
次级抵押贷款债券	120	银行借款	150
其他风险资产	850	资本金	70
合计	1020	合计	1020

次级债券价格上涨后，金融机构的财务杠杆率为 970/70 = 13.86。这时，机构要提高杠杆率，主要是因为：一方面杠杆率与金融资产的风险程度呈反向变动。房价上涨导致债券价格上涨，资产的风险程度降低了，因此其杠杆率就要提高。另一方面，如果机构以初始状态的 19 为目标杠杆率，资产负债表调整后的杠杆率远没有达到目标，因此金融机构要提高杠杆率。假设 19 就是目标杠杆率，则金融机构的风险资产量为 1330 万美元，这样其就应该再增加 360（1330 - 970 = 360）万美元的风险资产，因此就要增加 360 万美元的融资。假定金融机构再发行 360 万美元的资产支持票据进行融资，这时资产负债表如表 5.6 所示。

表 5.6　　　　金融机构 B 调整后的资产负债表　　　　单位：万美元

资产项		负债和所有者权益项	
流动资金	50	资产支持票据（短期融资工具）	1160
次级抵押贷款债券	120	银行借款	150
其他风险资产	1210	资本金	70
合计	1380	合计	1380

此外，金融机构也可以将杠杆率提高到 19 以上，比如 22，这时风险资产量为 1540 万美元，这样机构就应该再增加 570（1540 - 970 = 570）万美元的风险资产，但要增加 570 万美元的融资。假定金融机构再发行 570 万美元的资产支持票据，这时金融机构 B 的资产负债表如表 5.7 所示。

表 5.7　　　　　　金融机构 B 调整后的资产负债表　　　　　　单位：万美元

资产项		负债和所有者权益项	
流动资金	50	资产支持票据（短期融资工具）	1730
次级抵押贷款债券	120	银行借款	150
其他风险资产	1780	资本金	70
合计	1950	合计	1950

由此可见，证券化资产价格的提高不仅导致金融机构杠杆率的提高，更导致金融机构增加风险资产的持有量，其承担的债务也增加了。

（二）金融机构的去杠杆化阶段

金融机构 B 的初始资产负债表仍如表 5.4 所示，次级抵押贷款债券的市值总额仍为 100 万美元。如果房地产价格的下跌导致次级抵押贷款债券价格下跌，假设下跌 20%，即市值将为 80 万美元，则金融机构就要进行资产减记，同时资本金也要减少 20 万美元。其资产负债表如表 5.8 所示。

表 5.8　　　金融机构 B 次级抵押贷款债券价格下跌后的资产负债表　　　单位：万美元

资产项		负债和所有者权益项	
流动资金	50	资产支持票据（短期融资工具）	800
次级抵押贷款债券	80	银行借款	150
其他风险资产	850	资本金	30
合计	980	合计	980

次级抵押贷款债券的价格下跌后，金融机构的财务杠杆率为 930/30 = 31，这时金融机构就要降低财务杠杆率。主要因为：一方面是金融机构的财务杠杆率与其金融资产的风险程度呈反向变动。由于房价的下跌导致债券的价格下降，其持有资产的风险程度上升了，财务杠杆率就要下降。另一方面，如果金融机构以初始状态的 19 为其目标杠杆率，资产负债表调整后的财务杠杆率远远超过目标，因此金融机构要降低财务杠杆率。假设金融机构的目标杠杆率为 19，并需要将目前的杠杆率由 31 减少到 19，则金融机构需要持有的风险资产量为 570 万美元，金融机构就要减少持有 360（930 - 570 = 360）万美元的风险资产（即抛售 360 万美元的风险资产，并假定只有机构 B 进行抛售，这样抛售时不影响资产价格）。表 5.9 即调整财务杠杆率后的资产负债表。但如果此时有资产支持票据到期，机

构可抛售风险资产来进行偿还，则调整后的资产负债表如表 5.10 所示。

表 5.9　　　金融机构 B 调整财务杠杆率后的资产负债表　　单位：万美元

资产项		负债和所有者权益项	
流动资金	410	资产支持票据（短期融资工具）	800
次级抵押贷款债券	80	银行借款	150
其他风险资产	490	资本金	30
合计	980	合计	980

表 5.10　　　金融机构 B 调整后的资产负债表　　单位：万美元

资产项		负债和所有者权益项	
流动资金	50	资产支持票据（短期融资工具）	440
次级抵押贷款债券	80	银行借款	150
其他风险资产	490	资本金	30
合计	620	合计	620

当然，金融机构也可将财务杠杆率降到 19 以下，比如 15，这时金融机构的风险资产量为 450 万美元，这样金融机构就应该再减少 480（930 - 450 = 480）万美元的风险资产（即抛售）。这时金融机构 B 的资产负债表如表 5.11 所示。

表 5.11　　　金融机构 B 调整后的资产负债表　　单位：万美元

资产项		负债和所有者权益项	
流动资金	530	资产支持票据（短期融资工具）	800
次级抵押贷款债券	80	银行借款	150
其他风险资产	370	资本金	30
合计	980	合计	980

上面的分析中只考虑了单个金融机构的抛售行为。但在金融危机爆发以后，集体的抛售行为就会发生，这会导致资产价格的下跌，这样机构 B 就有可能在抛售的过程中发生损失。我们依然假定财务杠杆率调整到 15，

这样金融机构所持有的风险资产下降为450万美元，它应该减少480（930－450＝480）万美元的风险资产。如果在B抛售的时候，其他机构也在抛售，则B就会遭受损失，假设出现10万美元的损失，即B抛售480万美元的风险资产只收回470万美元，同时其资本金又要减少10万美元，则这时的资产负债表如表5.12所示。

表5.12　　　　　金融机构B调整后的资产负债表　　　　单位：万美元

资产项		负债和所有者权益项	
流动资金	520	资产支持票据（短期融资工具）	800
次级抵押贷款债券	80	银行借款	150
其他风险资产	370	资本金	20
合计	970	合计	970

在集体抛售的情况下，人们会对资产支持票据市场丧失信心，金融机构在资产支持票据市场上的融资能力就会下降。如果这时有票据到期，金融机构就必须用自己的流动资金来进行偿还，而无法在市场上融资进行偿还。我们假设这时有700万美元的资产支持票据到期，金融机构首先要动用520万美元的流动资金偿还债务，对于另外180万美元，金融机构就要通过抛售自己的风险资产来偿还。在集体抛售的情况下，机构要抛售高于180万美元的风险资产才能获得180万美元，我们假定损失为10万美元，即通过抛售190万美元的风险资产而获得180万美元，这时金融机构的资本金就要减少10万美元，其资产负债表如表5.13所示。

表5.13　　　　　金融机构B调整后的资产负债表　　　　单位：万美元

资产项		负债和所有者权益项	
流动资金	0	资产支持票据（短期融资工具）	100
次级抵押贷款债券	80	银行借款	150
其他风险资产	180	资本金	10
合计	260	合计	260

随着风险资产价值的下降，金融机构又要调整其财务杠杆率。假设将财务杠杆率下调至10，这时金融机构风险资产的持有量为100万美元，金融机构就要减持160（260－100＝160）万美元的风险资产，这样金融

机构就要抛售这 160 万美元风险资产。但在集体抛售的环境中，金融机构的抛售行为也要遭受损失，我们假定损失为 5 万美元，其资产负债表如表 5.14 所示。

表 5.14　　　　　　　　　调整后的资产负债表　　　　　　　　单位：万美元

资产项		负债和所有者权益项	
流动资金	155	资产支持票据（短期融资工具）	100
次级抵押贷款债券	80	银行借款	150
其他风险资产	20	资本金	5
合计	255	合计	255

上面的分析中假定次级抵押贷款债券只发生一次价格下跌，但在实际经济情形中，债券价格的下跌情况不止一次，同时抛售行为的频繁发生会导致风险资产的价格大幅度下跌，这样金融机构杠杆率的调整幅度会更大。同时随着资产支持票据的到期，金融机构会逐渐遭受流动性不足的困扰，这时如果不及时地进行资本金注入，金融机构只能由于流动性不足而破产。

由此可见，证券化价格的下降使实行杠杆经营的金融机构进入去杠杆化阶段（即降低财务杠杆比率）。在集体抛售的环境中，金融机构在抛售风险资产的过程中会侵蚀自己的资本金。同时，由于短期融资票据市场在集体抛售的行为下陷入信心危机，随着短期票据的到期，金融机构无法在短期融资市场上融通更多的资金，这样它们只能通过风险资产的抛售来弥补自己的流动性不足，但资产的抛售又会带来资产价格的下降、杠杆率的下降和资本金的损失，这样金融机构将陷入一个恶性循环，直至破产。

二　资产证券化对金融市场流动性影响的实证分析

前面已经分析，证券化价格的下跌导致金融机构进入"去杠杆化"阶段，并导致资产的抛售，这种抛售行为会引起市场流动性波动。本小节就对住房抵押贷款证券化对金融市场流动性的影响进行实证分析。

（一）数据的选取和说明

本小节选取两个变量来衡量金融市场的流动性。一是货币市场的流动性，选取的数据为 3 月期美元银行间同业拆借利率；二是证券化市场的融资流动性。在美国，资产支持票据是证券化市场的重要融资工具，本次金融危机发端于抵押贷款及其证券化市场，但证券化市场产生动荡首先会导致其融资流动性不足，即资产支持票据市场产生动荡。资产支持票据市场产生动荡主要就是因为证券化的价值变得难以计量。本小节选取三月期的资产支持票据市场的利率来衡量证券化市场的融资流动性。以上数据全部来自 Wind 资讯，数据区间为 2005 年 6 月 1 日至 2009 年 12 月 31 日。

对于住房抵押贷款证券化市场（MBS）的衡量，我们还是选取 J. P. 摩根所编制的 MBS 收益指数数据。该数据主要根据 FNMA、FHLMC 和 GNMA 发行的固定利率住房抵押贷款证券化编制而成，我们对数据进行自然对数处理。数据的区间为 2005 年 6 月 1 日至 2009 年 12 月 31 日。

（二）基于向量自回归模型的实证分析

本部分内容用 VAR 模型来判断证券化市场的波动是否会对 ABCP 和 LIBOR 市场产生影响和冲击。并对 ABCP 和 LIBOR 市场的相互影响进行判断，如果两者之间存在相互影响，则证明了流动性波动存在传导和扩散效应。

1. 数据的稳定性检验

因为大多数时间序列数据都是不平稳的，为了保证分析的有效性要进行平稳性检验。最常用的平稳性检验方法是 ADF 检验法。我们下面就采用 ADF 检验法对数据进行单位根检验。从表 5.15 和表 5.16 的检验结果可以看出，各个变量在水平值的时间序列下接受原假设，即序列不平稳。但数据一阶差分序列的 ADF 值在 1%、5% 和 10% 的水平上均是显著的，因此数据的一阶差分是平稳的，从而可以进行协整检验。

表 5.15   变量水平值的单位根检验

	abcp	libor	lnmbs
1%水平临界值	-3.434085	-3.434071	-3.434069
5%水平临界值	-2.863077	-2.863070	-2.863069
10%水平临界值	-2.567636	-2.567632	-2.567632
ADF 值	-0.243506	-0.290288	0.409335
概率	0.9304	0.9239	0.9834

表 5.16　　　　　　　变量取一阶差分后的单位根检验

	D（abcp）	D（libor）	D（lnmbs）
1%水平临界值	-3.434085	-3.434071	-3.434069
5%水平临界值	-2.863077	-2.863070	-2.863069
10%水平临界值	-2.567636	-2.567632	-2.567632
ADF 值	-22.68768	-8.834762	-20.19671
概率	0.0000	0.0000	0.0000

2. 变量之间的协整检验

协整检验可以解释变量之间的长期稳定关系。我们在进行协整检验之前，首先进行滞后阶数的检验。对于滞后阶数的确定，最主要的方法就是 AIC 信息准则和 SC 准则，判定方法就是它们的值越小越好（见表 5.17）。

表 5.17　　　　　　　变量的 AIC 信息准则与 SC 准则

滞后阶数	AIC	SC	LR
（1，2）	-14.99635	-14.87950	415.3961
（2，3）	-12.69316	-12.57625	263.8709
（1，3）	-14.99635	-14.87950	436.3700

由表 5.17 可以看出，通过对三列不同滞后阶数建立向量自回归模型进行分析，并根据滞后阶数的判断标准，即 AIC 和 SC 值越小越好的原则，我们可以判定模型的最优滞后阶数为 3 阶。

协整检验主要用来判断变量之间是否存在长期均衡关系，如果变量之间存在协整关系，那么变量之间就存在长期均衡的变化趋势。下面我们采取 Johansen 协整检验中的特征根迹检验和最大特征值检验来判断向量之间的协整关系，如表 5.18 和表 5.19 所示。

表 5.18　　　　　　　Johansen 协整检验中的特征根迹检验

	特征根	迹统计量	5%临界值	概率	结论
None*	0.082557	171.5317	47.85613	0.0000	5%水平上至少两个协整向量
At most 1	0.011959	31.98153	29.79707	0.0098	
At most 2	0.004753	7.937705	15.49471	0.4721	
At most 3	3.60E-08	6.00E-05	3.841466	0.9961	

表 5.19　　　　　Johansen 协整检验中的最大特征值检验

	特征根	最大特征值	5% 临界值	概率	结论
None*	0.082557	143.5502	27.58434	0.0000	5% 水平上至少两个协整向量
At most 1	0.011959	28.04383	21.13162	0.0004	
At most 2	0.004753	7.937645	14.26460	0.3851	
At most 3	3.60E−08	6.00E−05	3.841466	0.9961	

从表 5.18 和表 5.19 可以看出，不管是 Johansen 协整检验中的特征根迹检验还是最大特征值检验均反映至少两个向量是协整的，因此存在协整关系。

3. 模型的稳定性检验

VAR 模型的稳定性检验是判断所有检验有效性的基础。如果模型所有根模的倒数都小于 1，即都在单位圆之内，则模型是稳定的，即模型中进行的因果关系检验和方差分解检验都是有效的；反之，如果有根模的倒数大于 1，则模型是不稳定的，其进行的检验都是无效的。从图 5.16 可以看出，在被估计模型中，所有根模的倒数都小于 1，则认为模型是稳定的，该模型进行的因果关系检验、方差分解检验以及脉冲检验都是有效的。

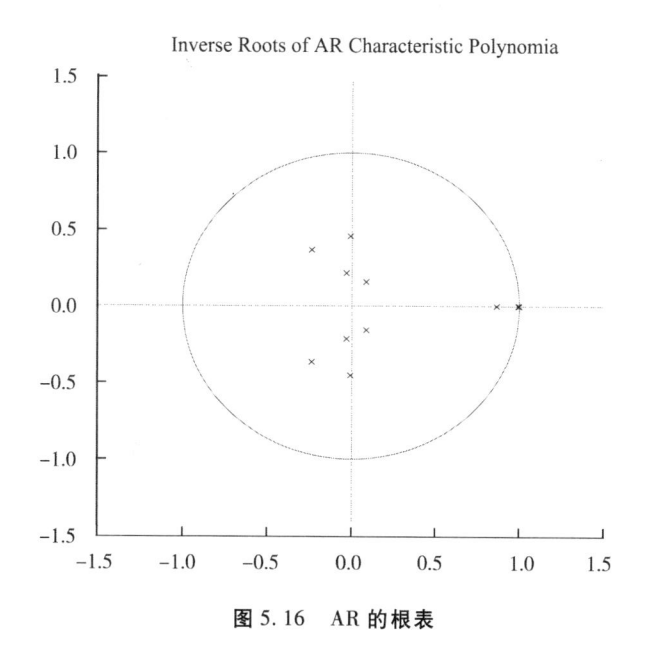

图 5.16　AR 的根表

4. 变量之间的格兰杰因果关系检验

从表 5.20 检验的结果来看，lnMBS 是 LIBOR 和 ABCP 的格兰杰原因，说明 MBS 市场的波动导致资产支持票据市场和同业拆借市场的波动，即 MBS 市场的波动导致了市场流动性和融资流动性的波动。但 LIBOR 和 ABCP 不是 lnMBS 的格兰杰原因，这说明 MBS 市场对同业拆借市场和资产支持票据市场的影响是单向的。同时，同业拆借市场和资产支持票据市场也互为格兰杰原因，表明市场流动性和融资流动性也互为影响，流动性的波动存在传导和扩散效应。

表 5.20 格兰杰因果关系检验结果

Lags: 3

Null Hypothesis	obs	F - Statistic	Probability
LIBOR does not Granger Cause ABCP	1668	43.5416	4.4E - 27
ABCP does not Granger Cause LIBOR		13.9886	0.00072
lnMBS does not Granger Cause LIBOR	1672	11.4883	1.9E - 07
LIBOR does not Granger Cause lnMBS		0.19156	0.90219
lnMBS does not Granger Cause ABCP	1668	13.7520	0.00059
ABCP does not Granger Cause lnMBS		0.34550	0.79243

5. 变量的方差分解分析

方差分解（Variance Decomposition）是由 Sims（1980）提出的，主要是分析每一个结构冲击对内生变量变化的贡献度。通过方差分解，可以进一步评价不同结构冲击的重要性。因此，方差分解能给出对 VAR 模型中的变量产生影响的每个随机扰动的相对重要性信息（高铁梅等，2006）。

表 5.21 反映了资产支持票据市场的方差分解情况。从表 5.21 中可知，对资产支持票据市场影响最大的还是其本身。而对于住房抵押贷款证券化市场和美元同业拆借市场而言，后者的影响更大，其方差贡献率最高达到了 12.742%，MBS 市场的贡献率也比较高，最高达到了 2.035%。

表 5.21　　　　　　　　　　资产支持票据市场的方差分解

Variance Decomposition of ABCP				
Period	S. E.	ABCP	LIBOR	lnMBS
1	0.186866	100.0000	0.000000	0.000000
2	0.206862	97.60321	1.395811	1.000984
3	0.225014	95.71371	3.282644	1.003642
4	0.243490	94.71087	4.276535	1.012597
5	0.256244	93.40679	4.574670	2.018538
6	0.267277	92.13656	5.837482	2.025957
7	0.276949	90.91094	7.053572	2.035488
8	0.285302	89.66059	9.293310	1.046095
9	0.292783	88.41788	11.52393	0.058189
10	0.299567	87.18577	12.74240	0.071833

表 5.22 反映了美元同业拆借市场的方差分解情况。从表 5.22 中可知，对美元同业拆借市场影响最大的虽然还是其本身，但资产支持票据市场对该市场的方差贡献率要大于住房抵押贷款证券化市场，其最高达到了 11.744%，而 MBS 市场的贡献率最高只有 1.717%，这说明美元同业拆借市场和资产支持票据市场之间存在流动性传染和扩散效应。

表 5.22　　　　　　　　　　美元同业拆借市场的方差分解

Variance Decomposition of LIBOR				
Period	S. E.	ABCP	LIBOR	lnMBS
1	0.043750	3.567512	96.43249	0.000000
2	0.066789	4.150203	94.40651	1.443291
3	0.083108	5.257479	93.14752	1.594999
4	0.096515	6.188678	92.15087	1.660455
5	0.108279	7.075691	91.20765	1.716662
6	0.118898	8.908313	90.32143	0.770253
7	0.128656	9.688643	89.48920	0.822158
8	0.137733	10.42093	88.70547	0.873603
9	0.146256	11.10540	87.96931	0.925289
10	0.154314	11.74382	87.27856	0.977616

表 5.23 反映了 MBS 市场的方差分解情况。从表 5.23 中可知，资产支持票据市场由于是 MBS 市场融资流动性的反映，其对 MBS 市场的影响

效果要高于美元同业拆借市场，其最高贡献率达到了 2.1733%。

表 5.23　　　　　　　　　MBS 市场的方差分解

Variance Decomposition of lnMBS				
Period	S. E.	ABCP	LIBOR	lnMBS
1	0.002806	1.419194	0.199692	98.38111
2	0.003899	1.566732	0.172795	98.26047
3	0.004698	1.752679	0.224801	98.02252
4	0.005385	1.888455	0.213375	97.89817
5	0.005995	1.972375	0.199963	97.82766
6	0.006548	2.030094	0.188838	97.78107
7	0.007058	2.076553	0.176678	97.74677
8	0.007534	2.114474	0.165436	97.72009
9	0.007981	2.146128	0.155230	97.69864
10	0.008405	2.173346	0.145896	97.68076

6. 脉冲响应分析

脉冲响应（Impulse Response）是分析当一个误差项发生变化，或者模型受到某种冲击时对系统的动态影响。通过对脉冲响应的检验我们可以判断一个变量对另外一个变量的冲击效应。

图 5.17 反映了 MBS 市场对资产支持票据市场和美元同业拆借市场的脉冲响应情况。从图 5.17 可以看出，MBS 市场对资产支持票据市场和美元同业拆借市场都存在负面的冲击，并且这种冲击具有显著的促进作用和较长的持续效应。

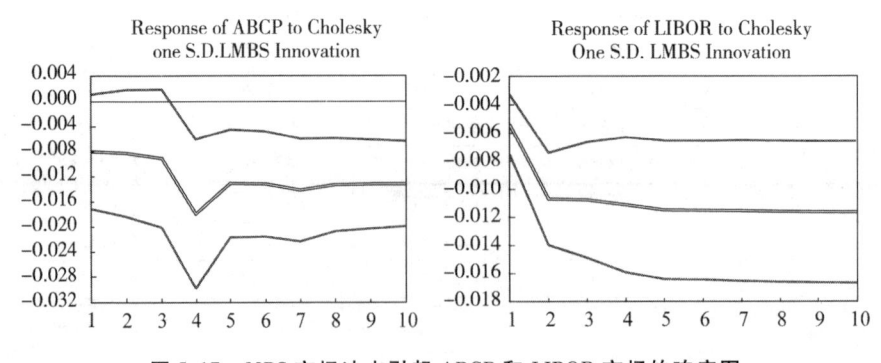

图 5.17　MBS 市场冲击引起 ABCP 和 LIBOR 市场的响应图

从上面的实证检验可以看出，MBS市场对资产支持票据市场和美元同业拆借市场存在负面影响和较长的冲击效应，这证实了MBS市场上发生的抛售行为会对金融市场的流动性产生影响和冲击。对于MBS市场而言，虽然格兰杰因果关系检验不支持资产支持票据市场和美元同业拆借市场对其造成的影响，但方差分解检验证实这两个市场对MBS市场的波动还是存在一定影响的，并且鉴于资产支持票据市场是MBS市场中投资者的融资市场，其对MBS市场的影响大于美元同业拆借市场。此外，格兰杰检验和方差分解检验均证实ABCP和LIBOR市场之间存在相互影响，这意味着流动性波动产生了传导和扩散。

（三）基于ARCH模型族的实证分析

在金融危机中，证券化等风险资产的抛售导致金融市场上的流动性大幅波动。上面的分析已经证实了MBS市场的变化确实会对ABCP和LIBOR市场产生持久的负面冲击效应。接下来我们借助ARCH模型中的TARCH和EGARCH模型对ABCP和LIBOR市场的波动进行分析，并判断负面冲击所导致的大幅度波动是否存在。

1. ARCH和EGARCH模型概述

在金融市场中，资产对好消息和坏消息的反应是不对称的。Eengle和Ng（1993）绘制了好消息与坏消息的非对称信息曲线，证实了这种非对称效应主要描述的是负面冲击比正面冲击更容易导致资产的波动，即波动率对市场下跌的反应比对市场上升的反应更加迅速（高铁梅等，2006）。

TARCH模型由Zakoian（1990）和Glosten，Jagannathan和Runkle（1993）提出，模型中的条件方差被设为：

$$\sigma_t^2 = \omega + \alpha \cdot u_{t-1}^2 + \gamma \cdot u_{t-1}^2 I_{t-1}^- + \beta \cdot \sigma_{t-1}^2$$

其中，I_{t-1}^-是一个虚拟变量，若$u_{t-1} < 0$，$I_{t-1}^- = 1$；否则，I_{t-1}^-就取0。只要$\gamma \neq 0$显著存在，负面冲击大于正面冲击的非对称效应就存在。在条件方差方程中，$\gamma \cdot u_{t-1}^2 I_{t-1}^-$项为非对称效应项，即TARCH项。该方程表明$\sigma_t^2$依赖于前期的残差平方$u_{t-1}^2$和条件方差$\sigma_{t-1}^2$。好消息（$u_{t-1} > 0$）和坏消息（$u_{t-1} < 0$）对条件方差有不同的影响。如果是好消息，则会有一个α倍的冲击，此时$I_{t-1}^- = 0$，方程中的TARCH项不存在；如果是坏消息，则会有一个（$\alpha + \gamma$）倍的冲击，这是因为当$u_{t-1} < 0$时，$I_{t-1}^- = 1$，TARCH项存在。此外，如果$\sigma_t^2 = \omega + \sum_{i=1}^{p} \alpha_i \cdot u_{t-i}^2 + \sum_{k=1}^{r} \gamma_k \cdot u_{t-k}^2 I_{t-k}^- + \sum_{j=1}^{q} \beta_j \cdot$

σ_{t-j}^2,则说明杠杆效应存在,负面冲击会导致较大的波动性;否则,杠杆效应就不存在。高阶的 TARCH 模型可表示为:

$$\sigma_t^2 = \omega + \sum_{i=1}^{p} \alpha_i \cdot u_{t-i}^2 + \sum_{k=1}^{r} \gamma_k \cdot u_{t-k}^2 I_{t-k}^- + \sum_{j=1}^{q} \beta_j \cdot \sigma_{t-j}^2$$

EGARCH 模型是由 Nelson(1991)提出的,该模型也叫做指数 GARCH 模型。该模型中的条件方差方程为:

$$\ln\sigma_t^2 = \omega + \beta\ln\sigma_{t-1}^2 + \alpha \left| \frac{u_{t-1}}{\sigma_{t-1}} - \sqrt{\frac{2}{\pi}} \right| + \gamma \frac{u_{t-1}}{\sigma_{t-1}}$$

在方差方程中,杠杆影响是指数型的,所以条件方差的预测值一定是非负的。如果 $\gamma < 0$,就可以证明杠杆效应存在。只要 $\gamma \neq 0$,冲击的影响就存在非对称性。更高阶的 EGARCH 模型如下:

$$\ln\sigma_t^2 = \omega + \sum_{j=1}^{q} \beta_j \ln\sigma_{t-j}^2 + \sum_{i=1}^{p} \alpha_i \left| \frac{u_{t-i}}{\sigma_{t-i}} - E(\frac{u_{t-i}}{\sigma_{t-i}}) \right| + \sum_{k=1}^{r} \gamma_k \frac{u_{t-k}}{\sigma_{t-k}}$$

但 Eviews 软件中指定的 EGARCH 模型与 Nelson(1991)提出的有两点区别,一是 Nelson 假设 u_t 的条件分布服从广义误差分布,而 Eviews 则允许其在正态分布、Student - t 分布或者 GED 分布中进行选择。二是 Eviews 中指定的条件方差为:

$$\ln\sigma_t^2 = \omega + \beta\ln\sigma_{t-i}^2 + \alpha \left| \frac{u_{t-i}}{\sigma_{t-i}} \right| + \gamma \frac{u_{t-1}}{\sigma_{t-1}}$$

2. 序列的描述性统计检验

表 5.24 反映出所有的偏度都明显地不等于 0,峰度都是正值。从 JB 检验也可以看出所有的接受原假设的伴随概率都是 0,因此序列都不满足正态分布的假设。

表 5.24 数据的描述性统计检验

	均值	标准差	偏度	峰度	JB 检验	P 值
ABCP	3.511495	1.878579	-0.629277	1.943272	188.4816	0.000000
LIBOR	3.579532	1.825282	-0.595923	1.905909	182.6820	0.000000

3. 资产支持票据市场的 TARCH 和 EGARCH 模型估计结果

在表 5.25 中,杠杆效应项的系数为 0.038,并且显著不等于 0,这说明 ABCP 市场的波动具有杠杆效应,如果产生一个负面冲击,该市场就会产生比正向冲击更大的波动。如果市场出现正向冲击，即 $u_{t-1} > 0$，则 $I_{t-1}^- = 0$，其只会带来 0.265（α 的估计值）倍的冲击；但如果出现负向冲击，即 $u_{t-1} < 0$，此时 $I_{t-1}^- = 1$，则会带来 0.302（α 和 γ 估计值的和）倍的冲击。因此，可以看出在 ABCP 市场上，如果发生负向冲击，该市场会产生大幅度的波动。

表 5.25　　　　　TARCH 模型方差方程估计结果

Variance Equation				
	系数	标准误差	t 统计量	概率
C	3.39E−06	3.28E−07	10.34708	0.0000
RESID(−1)^2	0.264725	0.011955	22.14403	0.0000
RESID(−1)^2*[RESID(−1)<0]	0.038017	0.016557	5.296139	0.0007
GARCH(−1)	0.827215	0.002775	298.0734	0.0000
R−squared	0.986719	Akaike info criterion		−5.577154
Adjusted R−squared	0.986687	Schwarz criterion		−5.560956
Log likelihood		2999.078		

在 EGARCH 模型的估计结果中，α 的估计值为 0.572，非对称项 γ 的估计结果为 −0.029，两者均显著地不为 0。当 $u_{t-1} > 0$ 时，即市场上存在正向冲击时，该冲击对条件方差对数只有一个 0.543 [0.572 + (−0.029)] 倍的冲击；当 $u_{t-1} < 0$，即市场上存在负向冲击时，该冲击对条件方差对数有 0.601 [0.572 + (−0.029) × (−1)] 倍的冲击。由此可见，EGARCH 也给出了和 TARCH 相同的估计结果（见表 5.26）。

表 5.26　　　　　EGARCH 模型方差方程估计结果

	系数	标准误差	t 统计量	概率
ω	−1.949412	0.027283	71.45208	0.0000
α	0.572371	0.012205	46.89692	0.0000
γ	−0.029417	0.009522	−6.089208	0.0002
β	0.586707	0.007213	81.34582	0.0000
R−squared	0.986724	Akaike info criterion		−5.561432
Adjusted R−squared	0.986692	Schwarz criterion		−5.545234
Log likelihood	1311.918			

4. 美元同业拆借市场的 TARCH 和 EGARCH 模型估计结果

从表 5.27 可以看出，在 TARCH 模型中，杠杆效应项的系数为 0.913，并且从 t 统计量的检验结果来看，该系数显著不等于 0，说明美元同业拆借市场的波动具有杠杆效应，如果市场中产生一个负面的冲击，该市场就会产生比正向冲击更大的波动。如果市场出现正向冲击时，即 $u_{t-1} > 0$，则 $I_{t-1}^- = 0$，因此正向冲击只会给该市场带来一个 0.981（α 的估计值）倍的冲击，但如果市场出现负向冲击时，即 $u_{t-1} < 0$，此时 $I_{t-1}^- = 1$，则这个负向冲击会给市场带来 1.894（α 和 γ 估计值的和）倍的冲击。因此可以看出，在美元同业拆借市场上，如果发生负向冲击，该市场会产生大幅度的波动。

表 5.27　　　　　　　　TARCH 模型方差方程估计结果

Variance Equation				
	系数	标准误差	t 统计量	概率
C	6.32E−07	1.34E−08	47.00124	0.0000
RESID(−1)^2	0.981329	0.039079	25.11157	0.0000
RESID(−1)^2*[RESID(−1)<0]	0.913337	0.060562	15.08096	0.0000
GARCH(−1)	0.449507	0.006136	73.26141	0.0000
R-squared	0.999390	Akaike info criterion		−6.099920
Adjusted R-squared	0.999388	Schwarz criterion		−6.083722
Log likelihood	5110.633			

在 EGARCH 模型的估计结果中，α 的估计值为 0.589，非对称项 γ 的估计结果为 −0.07，两者均显著地不为 0。当 $u_{t-1} > 0$ 时，即市场上存在正向冲击时，该冲击对条件方差对数只有一个 0.519 [0.589 + (−0.07)] 倍的冲击；当 $u_{t-1} < 0$，即市场上存在负向冲击时，该冲击对条件方差对数有 0.659 [0.589 + (−0.07) × (−1)] 倍的冲击。由此可见，EGARCH 也给出了和 TARCH 相同的估计结果（见表 5.28）。

表 5.28　　　　　　　　EGARCH 模型方差方程估计结果

Variance Equation				
	系数	标准误差	t 统计量	概率
ω	-1.611575	0.034726	-46.40814	0.0000
α	0.588666	0.011666	50.45832	0.0000
γ	-0.070431	0.007593	-9.275193	0.0000
β	0.848742	0.003394	250.0985	0.0000
R - squared	0.999390	Akaike info criterion		-5.554084
Adjusted R - squared	0.999388	Schwarz criterion		-5.537887
Log likelihood	4653.769			

5. 回归方程的残差波动曲线

图 5.18 反映了 TARCH 和 EGARCH 估计结果中的残差波动情况。以上关于 TARCH 和 EGARCH 估计的统计量很显著，拟合优度也比较好。从图 5.18 中可以看出，以上回归结果的残差在 2007 年中期开始出现"成群"的波动情况，这种幅度从 2007 年中期到 2008 年中期之间逐渐增大，并从 2008 年下旬到 2009 年逐渐较少。这正反映了美国金融危机从 2008 年 7 月爆发以后，金融市场中的流动性波动开始加大，同时也验证了上述 TARCH 和 EGARCH 模型中关于方差方程的估计结果。这一系列的实证分析证明，在美国金融危机的产生和发展过程中，证券化市场的波动确实对金融市场的流动性产生了持久的负向冲击，并导致金融市场的流动性大幅波动。

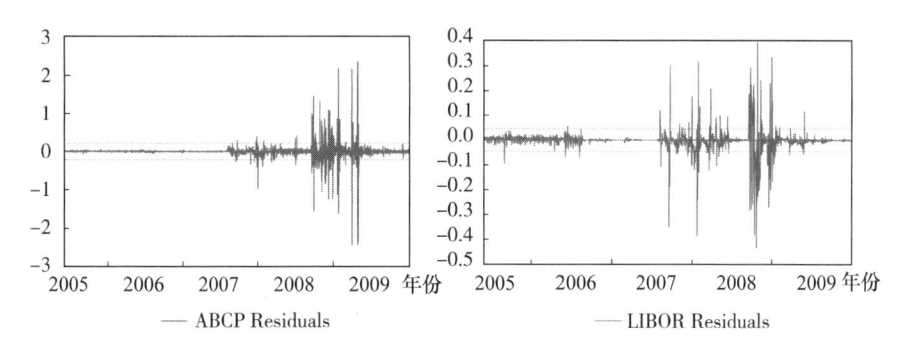

图 5.18　回归方程的残差波动曲线

通过上面的实证分析可知，2008年的美国金融危机爆发于住房抵押贷款市场的违约，住房抵押贷款市场违约率的上升导致住房抵押贷款证券化违约率也随之上升，然后信用评级机构不断降低证券化及其衍生品等风险资产的信用评级，致使金融机构不断抛售这些风险资产。在金融机构不断抛售风险资产的过程中，证券化及其衍生品等风险资产的价格不断下降、金融机构的杠杆率不断下调，资本金也不断遭受损失。同时，在金融机构不断抛售风险资产的过程中，金融市场中的流动性也不断紧缩，流动性危机也不断扩散。本小节首先运用一个简单的数量化例子证实了证券化资产的价格波动会导致金融机构持有的风险资产价格下跌、金融机构杠杆率下调以及资本金的损失。然后用VAR模型证实了证券化市场的波动确实会对美元同业拆借和资产支持票据这两个代表市场流动性的重要指标产生显著影响和负向冲击，同时检验了资产支持票据市场和美元同业拆借市场之间的相互作用，发现这两个市场的确存在相互影响，由此证实了流动性波动的扩散。最后运用ARCH模型族中的非对称模型，即TARCH和EGARCH模型证实了证券化市场对美元同业拆借和资产支持票据市场所产生的负向冲击导致了这两个市场发生大幅度波动。

总之，本节对资产证券化引起金融不稳定的途径进行了探讨，并采用实证分析的方法，基于美国金融危机的情况进行了分析。可见，第四章关于资产证券化引起金融脆弱性因素的分析仅仅引起了系统性风险的潜在积累，若不对资产证券化进行适度的监管，随着这种系统性风险的积累，金融脆弱性因素的不断增加，最终将引起金融不稳定的出现，甚至金融危机的发生，这也是在后危机时代，监管层不断重视资产证券化监管的原因所在。

第六章

金融稳定背景下资产证券化监管框架的构建

从资产证券化对金融稳定周期的影响可知,资产证券化的监管存在一定缺陷,主要表现在微观审慎监管的偏差及宏观审慎监管的缺位。为此,关于资产证券化监管框架的构建必须考虑对金融稳定的维护,并从强化宏观审慎监管的视角来改进资产证券化的监管。同时,为了提高信息的共享及协调程度,必须有机结合微观审慎监管和宏观审慎监管来构建资产证券化的监管框架。

第一节 资产证券化监管方式转变的必要性:基于金融稳定的考虑

我们知道,注重微观审慎监管的传统理论忽视了系统性风险的存在。次贷危机的演进也表明单一工具或机构的稳健并不意味着金融体系的稳定(Borio,2003;周小川,2011)。为此,资产证券化的稳健运行也有可能导致金融不稳定,主要体现在:

一 资产证券化的风险特征极其复杂且难以计量

我们知道,衍生工具的风险具有隐蔽性、难以计量及复杂性等特征,资产证券化也不例外。在20世纪70年代,当时资产证券化的诞生只是为了弥补金融机构的流动性,且基础资产仅以住房抵押信贷为主,特设目的机构(SPV)也具有浓厚的政府性质。但随着金融自由化的不断推进,资产证券化创新开始加速,基础资产种类也趋于多元化,各种金融公司以及结构投资实体(SIV)也逐渐扮演 SPV 的角色,产品种类也开始增多,比如在传统住房抵押信贷支持证券(MBS)的基础上又衍生出各种抵押担保债权（CMO）、抵押债务凭证（CDO）与信用违约互换等工具。从实际运作来看，虽然资产证券化参与主体不断增多，但真正受到监管部门约束的较少，同时资产支持证券及其衍生工具大部分是在场外交易的，这不可避免导致风险的隐蔽性，监管当局很难对其进行追踪和监测，并且产品复杂性又会使每种金融工具集各种金融风险于一身，这对风险管理决策是非常不利的。

二 资产证券化使传统融资中介和资本市场的联系更加紧密

资产证券化改变了商业银行的经营模式，商业银行可通过资产证券化实现信贷资产的转让，以增加流动性。商业银行经营模式的转变主要体现在三方面：第一，业务模式由传统的"发起—持有"转变为"发放—销售"，商业银行控制流动性的平台增多；第二，盈利模式从"存贷息差"转变为"低买高卖的价差"；第三，风险管理模式从传统的以银行为中介的跨期风险分担，过渡到以金融市场为主的横向风险分担，可以说资产证券化的风险转移功能将商业银行"隔离"出风险分担体系，成为资产证券化创新的极大受益者。总之，商业银行经营模式的转变，离不开市场型金融机构的迅速发展，资产证券化的出现使商业银行与金融市场之间的联系更加紧密，直接融资与间接融资的界限也不断模糊，金融体系也逐渐由"银行主导型"（Bank - based）向"市场主导型"（Market - based）过渡（Adrian and Shin，2010）。

三 资产证券化基本功能存在很大的风险隐患

资产证券化增加流动性和风险转移的基本功能存在很大的风险隐患，这种隐患可能会导致资产证券化功能的发挥超出一定边界，使本来就脆弱的金融体系真正转化为不稳定。一方面，增加流动性功能虽然强化了商业银行的信用创造能力，并将资产证券化纳入信用创造体系，但后者所创造的流动性并不受中央银行的法律保护，其信用等级值得怀疑，同时两者所实现的流动性扩张其实是一种"内生流动性扩张"，即所创造出的流动性仅在资本市场等虚拟经济内循环（李佳，2013），这对系统性风险积累和资产价格泡沫产生了不可估量的影响。另一方面，资产证券化"风险隔离机制"作用有限，比如SPV可能是银行集团控股的一个独立机构，银行所转移出表外的风险资产随时可能再转回表内，导致风险并没有实现有效转移。此外,资产证券化的风险分担功能其实导致了风险错配,比如:作为信用风险的有效管理者,商业银行转移了信用风险,但却承担了市场风险;而资产证券化作为一种市场型融资工具,应是市场风险的有效对冲者和分担者,但却承担了信用风险。

四 资产证券化投资者的高杠杆性对金融稳定带来了严重影响

资产证券化创新使许多新型投资主体出现,如共同基金、对冲基金和私人股权公司等,并成为资产支持证券的主要投资者。但这些投资主体不受资本金的约束,并通过杠杆化的方式,高度依赖货币市场短期工具进行融资,同时投资期限较长的风险资产(如 CDO、CDS 等),由此产生期限错配、风险错配和流动性错配。这类投资者一方面拥有极高杠杆率,以较少的资金就能带来较大的流动性;另一方面这些投资者信息敏感性较强,如果对市场产生悲观预期,"羊群效应"将迅速产生,导致市场很快陷入流动性困境,并出现有别于传统银行挤兑的"资本市场挤兑"。比如,美国次贷危机就是一种以资产证券化为核心进行的"市场挤兑",并使风险沿着如下链条扩散:基础资产信用质量恶化—投资者信心动摇—抛售资产支持证券—资产价格下跌—资产证券化融资功能丧失—基础资产融资紧缩—基础资产质量继续恶化—投资者信息进一步丧失—继续抛售资产支持证券—资产价格继续下跌……这种冲击将迅速传导至其他市场,并威胁到金融稳定(Christian Noyer, 2007)。

由此可见,资产证券化的复杂特征、基本功能潜在的风险隐患及投资者的高杠杆性对金融稳定存在潜在威胁,这些"威胁"在次贷危机之前并没有引起监管当局的重视。在危机爆发之前,关于资产证券化的监管方式是基于"微观审慎"而建立的,这种监管方式其实存在很大缺陷,若从维护金融稳定的角度出发,转变资产证券化的监管方式就显得十分必要。

第二节 关于资产证券化监管缺陷的讨论

次贷危机的爆发意味着资产证券化创新严重威胁到金融体系的稳定性,这反映了以"微观审慎"为基础所构建的资产证券化监管框架存在很大偏差,同时基于防范系统性风险和维护金融稳定的宏观审慎监管也存在缺位,这是资产证券化监管的主要缺陷所在。

一 关于资产证券化监管缺陷的第一个维度:微观审慎监管的偏差

资本管理即微观审慎监管的主要环节,目的是维护金融机构的支付能力,早期的《巴塞尔协议》即是以这种监管方式为主,该方式也成为当前国际银行业监管的通行标准。但在次贷危机中,这种监管方式对资产证券化的监管存在如下几点偏差:

第一,微观审慎监管不利于维护金融稳定。在次贷危机中,流动性危机是系统性风险的主要形式,并且风险"同质性"所引起的复杂性与相关性,推动了系统性风险的积累,并严重威胁到金融稳定。微观审慎监管在这方面的管理存在如下偏差:一方面,当前金融危机的主要形式即流动性危机,资产证券化的信用创造机制是流动性周期性的主导者,但微观审慎监管并不注重流动性风险管理;另一方面,资产证券化加强了商业银行与金融市场之间的联系,这种"紧密"的联系无疑会强化系统性风险,但微观审慎监管并没有有效披露。

第二,微观审慎监管没有有效约束资产证券化创新。在金融工程技术的推动下,资产证券化创新速度逐渐加快,与金融市场的联系也不断加强,但微观审慎监管并没有针对资产证券化创新的具体约束规则,也没有针对各种资产支持证券及衍生工具(如 CDO 和 CDS 等)的风险管理规定。

第三,微观审慎监管对资产证券化的信息披露没有给予充足重视。由于大多数资产支持证券(如 CDO 和 CDS)在场外进行交易,这些产品的投资者分布、规模及风险均没有相应的披露规则,投资者对它们的风险特性也无法及时了解。如果系统性危机出现,这种"信息真空"现象必然会放大投资者的恐慌程度,进而引起风险扩散。

二 关于资产证券化监管缺陷的第二个维度:宏观审慎监管的缺位

虽然基于"微观审慎"角度的资产证券化监管存在一定偏差,但从资产证券化在次贷危机中的作用可以看出,单个金融工具的个体理性并不能保证整体金融体系的理性,资产证券化给金融稳定带来了巨大影响,这说明宏观审慎监管存在较大缺位,主要反映在:

第一,与影子银行类似,资产证券化创新速度虽然较快,但监管的反映较为滞后。从本质上讲,不管是资产证券化还是影子银行,两者都是对传统融资中介功能的复制,都能充当促进储蓄向投资转化的载体,但长期以来，资产证券化和影子银行都游离在监管之外，这也是越来越多的投融资主体绕开商业银行开展资金融通活动的主要原因。资产证券化的杠杆化投资方式虽然有利于促进储蓄向投资转化，但也导致了内生流动性扩张和风险传导。由此可见，资产证券化创新确实导致了系统性风险，但对相关监管却出现缺位。

第二，资产证券化虽然可以实现监管资本套利，但却没有配套的监管措施。当前，对金融体系的多重监管容易导致"监管重叠"，但这种重叠将会导致监管真空，这为金融机构提供了通过资产证券化进行"监管资本套利"的空间，虽然这种套利行为能够实现风险转移，但对套利行为的不断利用，将会导致风险在监管真空地带无限扩散。

第三，资产证券化杠杆率的顺周期性没有得到足够重视。作为资产支持证券的投资主体，各种股权公司和对冲基金的杠杆化，以及危机爆发后的"去杠杆化"导致经济周期放大。长期以来，监管机构并没有足够重视这些金融工具杠杆率的顺周期性，也没有较好约束资产证券化的创新，这无疑不利于金融稳定。

由此可见，资产证券化的创新及发展，其实是迎合了金融创新和金融自由化发展的需要，这对促进金融资源有效配置，实施高效的风险转移及管理是有利的，但从监管来看，一方面是基于"微观审慎"框架的监管模式存在一定偏差，另一方面是基于"宏观审慎"框架的监管模式没有及时跟进。正是由于监管上的缺陷，才导致资产证券化这项最为成功的金融创新工具在发展过程中没有得到应有约束，其基本功能的风险隐患也没有得到相应控制，因此我们只有基于维护金融稳定为视角，加强宏观审慎监管，才能真正改进资产证券化的监管模式。

第三节 资产证券化监管的改进：强化宏观审慎监管

从前面的讨论可知，资产证券化的微观审慎监管存在一定偏差，宏观审慎监管也存在严重缺位，为此我们只有从强化"宏观审慎监管"入手，来改进资产证券化的金融监管。首先要明确资产证券化宏观审慎监管的目标，其次从宏观审慎分析、政策工具以及政策安排等方面来探讨资产证券化的宏观审慎监管框架（见图 6.1）。

```
┌─────────────────────────┐
│ 资产证券化的宏观审慎监管框架 │
└───────────┬─────────────┘
            ↓
┌─────────────────────────┐
│  资产证券化宏观审慎监管的目标  │
└───────────┬─────────────┘
      ┌─────┼─────┐
      ↓     ↓     ↓
```

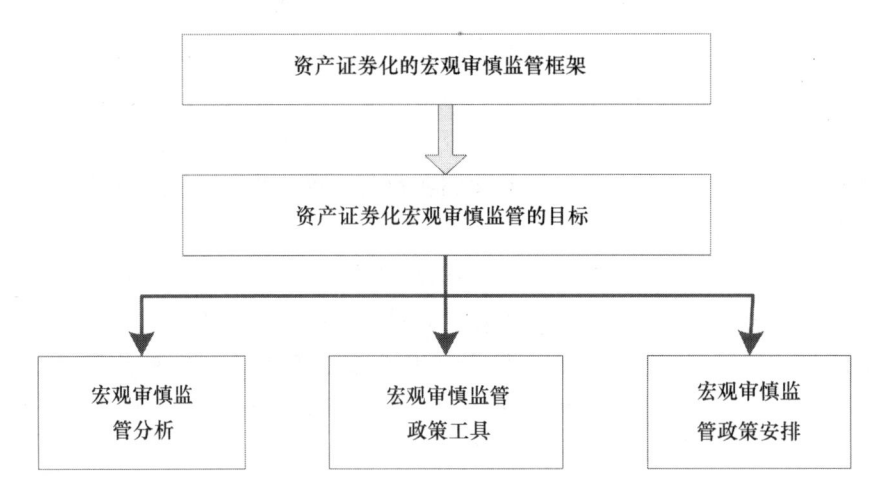

| 宏观审慎监管分析 | 宏观审慎监管政策工具 | 宏观审慎监管政策安排 |

图 6.1 资产证券化宏观审慎监管的整体框架

一 资产证券化宏观审慎监管的主要目标

分析任何金融工具的宏观审慎监管，首先要明确监管目标，对于资产证券化来说也不例外。Borio 和 Drehmann（2009）指出防范系统性风险是宏观审慎监管的主要目标。Caruana（2010）认为，"通过控制金融机构之间的相关性和顺周期性来降低系统性风险"是宏观审慎监管的目标。因此，应以防范系统性风险或维护金融稳定为基础，来确定资产证券化宏观审慎监管的目标，所以相关具体目标应包括两个方面：一是评估单个资产支持证券对系统性风险的作用；二是分析和计量整体资产证券化市场的系统性风险。

二 资产证券化宏观审慎监管的基本框架

在确定监管目标之后，第二步即构建资产证券化的宏观审慎监管框架。关于资产证券化的宏观审慎监管框架，应包括宏观审慎监管的分析、政策工具以及政策安排等。

（一）资产证券化宏观审慎监管框架的基础

资产证券化宏观审慎监管框架的基础即监管分析。由于宏观审慎监管的目标即维护金融稳定，因此相关监管分析即是对系统性风险的分析，并对风险的来源进行预测，以对后续的风险预警和防范措施提供理论依据。与此同时，监管机构也应对涉及资产证券化交易的资金流动进行分析，以避免由于资金流动引起的市场流动性波动。

(二) 资产证券化宏观审慎监管框架的核心环节

政策工具即资产证券化宏观审慎监管框架的核心环节。Borio (2003) 设计了两类关于宏观审慎监管的政策工具,一类即逆周期监管工具,主要针对时间维度中的顺周期性;另一类是针对空间维度提出的,主要防止微观金融主体的"同质性"或共同的风险敞口,以及系统重要性机构"大而不倒"等问题。关于资产证券化宏观审慎政策工具的设计,也应从时间维度和空间维度两个方面来考虑。

第一,时间维度上的政策工具主要是应对顺周期性,因此可以从资本监管和流动性监管两个方面来构建(见表6.1)。首先,资产支持证券主要在场外交易,但为了约束金融机构的行为,在计提资本拨备时,必须以产品价格的顺周期性为基准,由此抑制资产支持证券交易的顺周期性:一是根据逆周期性构建资本缓冲制度,即根据资产支持证券价值波动的顺周期性来计提相关资本,从而缓解杠杆率和公允价值的顺周期性。二是根据前瞻性构建拨备制度。在资产支持证券价值处于上升周期时即多提拨备,这既能有效缓解事后价值贬值带来的损失,也能防止产品创新超出相应边界。三是动态监控杠杆率的变化,即对杠杆率的顺周期性特点进行及时跟踪和监测。其次,从流动性监管来看,一方面通过逆周期的方式计提流动性资本,为各种证券化工具提供流动性保险,同时也可以平衡金融机构的资产负债期限错配(Perroti and Suarez,2009)。另一方面以盯住融资(mark-to-funding)的方式进行估值,根据一定的折现率,对证券化资产未来的现金流进行折现来确定价格,这样金融机构就可以注重长期资金来源,并减轻流动性紧缩带来的冲击。

表6.1　　**资产证券化宏观审慎监管的时间维度工具及目标**

监管项目	政策工具	政策工具目标
资本监管	反周期的资本缓冲制度	缓释公允价值的顺周期性,抑制资产支持证券过度扩张
	前瞻性拨备制度	抑制资产支持证券过度扩张,并在事后冲抵衍生工具带来的损失
	对投资主体杠杆率进行动态监控	防止投资主体的"杠杆化"和"去杠杆化"
流动性监管	增加流动性资本要求	为资产支持证券提供流动性保险,并改善资产负债的期限错配
	采用盯住融资的估值方式	注重于长期稳定的资金来源,减轻危机时被迫销售带来的流动性困难

第二，从空间维度来看，资产证券化创新使商业银行与金融市场之间的联系得到强化，各种系统重要性金融机构或工具的发展也增强了金融体系的"同质性"，因此空间维度系统性风险的监管难度也有所增加。关于空间维度的宏观审慎监管：首先，由于系统重要性金融机构是资产支持证券的主要持有者，因此要强化此类机构的监管（包括严格资本金要求等）。其次，由于资产证券化创新强化了金融机构的"同质性"，并且产品交易主要集中在几家大型的金融机构，风险也相对集中，因此要强化对系统重要性工具的监管。可以考虑形成一种系统重要性工具清单，包括相关的杠杆率、交易量以及风险特征等，对这些"重要性"工具进行注册登记，以控制或监测这些工具的风险传导性（Goodhart and Persaud，2008a）。再次，考虑征收"金融稳定贡献税"，也就是针对系统重要性金融工具或机构征税。可以根据资产支持证券的杠杆率、流动性、风险暴露以及资产负债错配程度等指标，对相应的金融工具或者金融工具持有者征税（一般资产支持证券的持有者即是系统重要性机构），以减少系统重要性金融机构或工具由于"大而不倒"问题产生的道德风险。最后，严格限制系统重要性金融机构关于资产证券化的自营交易业务，同时要在商业银行与特设目的机构之间构建严格的风险隔离机制（见图6.2）。

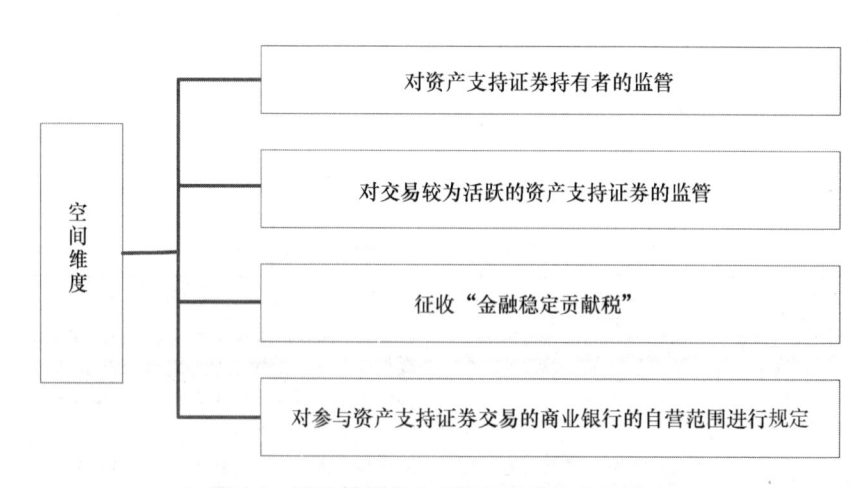

图6.2 资产证券化宏观审慎监管的空间维度

空间维度：
- 对资产支持证券持有者的监管
- 对交易较为活跃的资产支持证券的监管
- 征收"金融稳定贡献税"
- 对参与资产支持证券交易的商业银行的自营范围进行规定

(三) 资产证券化宏观审慎监管的政策安排

资产证券化的宏观审慎监管主要注重对系统性风险及金融稳定的影响，因此可以从以下几个角度来考虑相关的政策安排：首先，建立资产证券化参与主体与监管机构之间的信息沟通机制，与资产证券化相关的宏观经济信息、交易信息和监管信息应及时共享；其次，应根据宏观审慎监管的分析结论及时调整资产证券化的监管政策；最后，由于资产证券化使商业银行与金融市场之间的联系得到了加强，因此其监管政策应与其他金融行业的监管政策，如银行业、证券业和保险业的相关监管相配合，同时也要加强与宏观经济政策的联系。

第四节 资产证券化监管框架的构建

总体而言，资产证券化宏观审慎监管的核心是维护金融稳定，并注重对系统性风险的监管。从改进金融监管的角度来讲，我们的目的是加强宏观审慎监管，促使微观审慎理念向宏观审慎理念过渡，但是在构建监管框架时，我们也不能忽视微观审慎监管，因此必须有机结合微观审慎监管和宏观审慎监管来构建资产证券化的监管框架。

一 资产证券化监管主体的确定

(一) 资产证券化的微观审慎监管主体

当前，资产证券化已成为连接商业银行与金融市场的桥梁，在经历次贷危机向金融危机演变的洗礼后，资产证券化创新已步入适应世界银行业发展的高级阶段，为了防止出现所谓的多重监管或监管"真空"，基于"微观审慎"的资产证券化监管框架必须能够实现跨市场、跨机构和跨产品的监管，并由银行业、证券业和保险业的监管机构，以及负责监管场外交易的机构组成，并且各监管机构之间应实现分工协作与信息共享。与此同时，与传统的机构性监管不同，基于"微观审慎"的资产证券化监管框架应是依据不同的基本功能而构建（见图6.3，双箭头代表机构间的协调和信息共享，下同）。

(二) 资产证券化的宏观审慎监管主体

对于资产证券化的宏观审慎监管，不仅要关注系统性风险及金融稳定，还要注重监管机构之间的信息共享与协调。因此，资产证券化宏观审

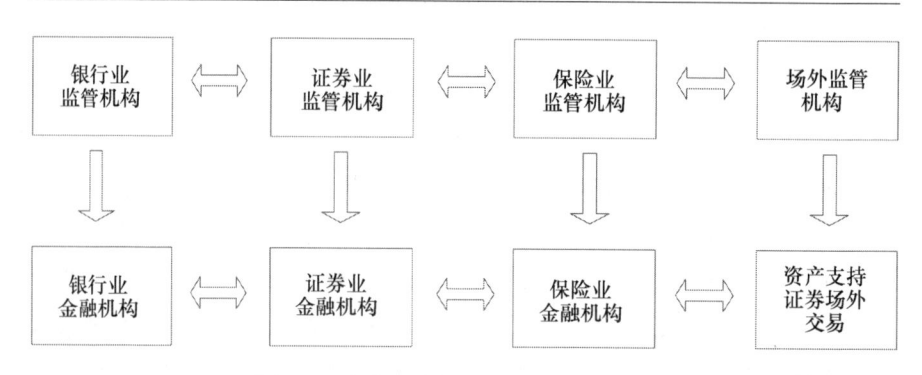

```
┌─────────┐     ┌─────────┐     ┌─────────┐     ┌─────────┐
│ 银行业  │ ⇔  │ 证券业  │ ⇔  │ 保险业  │ ⇔  │ 场外监管│
│ 监管机构│     │ 监管机构│     │ 监管机构│     │  机构   │
└────┬────┘     └────┬────┘     └────┬────┘     └────┬────┘
     ↓               ↓               ↓               ↓
┌─────────┐     ┌─────────┐     ┌─────────┐     ┌─────────┐
│ 银行业  │ ⇔  │ 证券业  │ ⇔  │ 保险业  │ ⇔  │资产支持 │
│ 金融机构│     │ 金融机构│     │ 金融机构│     │证券场外 │
│         │     │         │     │         │     │  交易   │
└─────────┘     └─────────┘     └─────────┘     └─────────┘
```

图 6.3　资产证券化的微观审慎监管框架

慎监管的主体应是由中央银行、财政部以及各个金融监管机构构成的协调组织系统，我们可以称为"金融监管委员会"，该委员会的主要职责包括：第一，对宏观经济运行中存在的系统性风险信息进行监测和评估；第二，对资产证券化可能产生的系统性风险源头进行判断，并对单个资产支持证券与系统性风险的关系进行分析；第三，根据分析结果，适时向相关监管机构提出建议，督促监管机构进行必要的风险预警，以采取措施防范系统性风险。

二　资产证券化监管框架的构建——微观审慎与宏观审慎的有机结合

资产证券化监管框架的构建，必须实现微观审慎监管和宏观审慎监管的有机结合（见图6.4）。在这个系统中，微观审慎监管者需要向宏观审慎监管者传递经济发展信息，两者必须实现信息共享；而宏观审慎监管者在这些信息的基础上，对资产证券化可能产生的系统性风险进行分析判断，并通过风险预警的方式将信息反馈至微观审慎监管者，同时对微观审慎监管者具体政策的制定进行指导。

通过上面的分析，我们构建了资产证券化的监管体系。鉴于在金融危机中资产证券化监管的缺陷，在未来的监管改革中，我们不仅要对微观审慎监管的偏差进行修正，更重要的是构建宏观审慎监管体系，未来的金融监管理念也是从微观审慎监管向宏观审慎监管过渡。但对于具体监管框架的构建，要有机结合微观审慎监管和宏观审慎监管，并注重两者之间的信息传递和资源共享。当前，我国资产证券化正进入加速试点的通道，推进资产证券化创新也是促进我国金融体系功能的完善，以及商业银行经营转

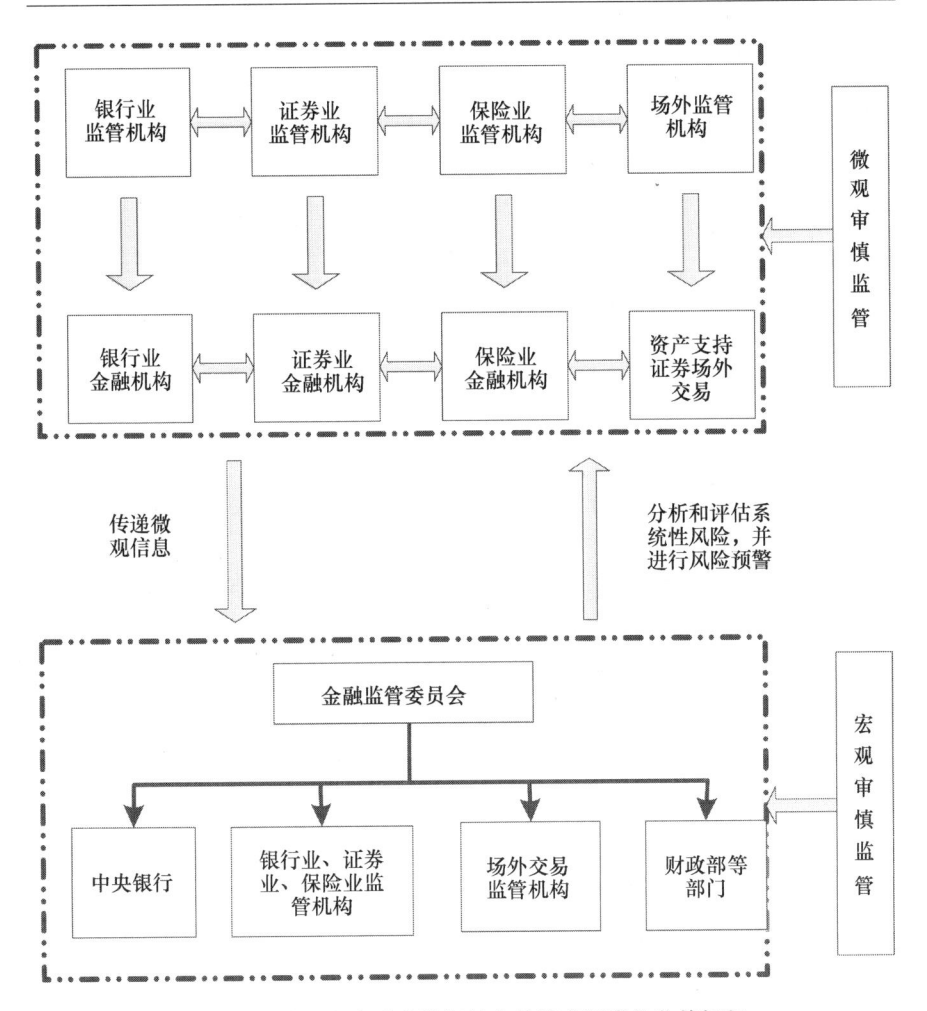

图 6.4　微观和宏观审慎相结合的资产证券化监管框架

型的重要渠道，但从发达国家的经验来看，资产证券化的迅速发展虽然会强化商业银行与金融市场之间的联系，但也拉长了相关的信用链条，并严重威胁到金融稳定，所以我们实现微观审慎监管和宏观审慎监管的有机结合来构建资产证券化的监管框架。只有这样，我们才能有效利用资产证券化创新的金融功能，并对资本市场服务实体经济的相关功能进行完善。

第七章

金融稳定背景下我国资产证券化创新的内在需求

第一节 资产证券化的发展有利于银行体系转移风险

在我国，无论是开发商、投资者还是消费者，其投资和购买住房的资金基本上来自于商业银行，因此房价上涨给开发商和投资者带来的风险其实也是商业银行面临的风险，由此可以看出，资产证券化有利于商业银行转移风险。本部分我们分析我国房地产价格上涨带来的风险，由此证明我们具有开展资产证券化以转移商业银行银行体系风险的内在需求。

一 住房价格过度上涨给消费者、投资者和开发商带来的风险

住房价格的过度上涨会给经济体系带来很大风险，一旦房价泡沫破灭就会导致风险集中爆发，由此引起金融不稳定，这场引发于美国的金融危机就是一个显著的例子。从理论上来讲，房价泡沫不可能长期存在，其最终会向理性回归，在回归的过程中，房地产的价格也会从泡沫向真正的市场均衡回归，这种价格的大幅度波动会使市场中的参与者承受巨大风险，普通的消费者、房地产开发商以及商业银行都会遭受很大损失。

（一）住房价格上涨给住房消费者带来的风险

一般来讲，房产价格都会超过居民的支付能力，因此向银行申请抵押贷款是居民的首要购房方式。我们假设居民的行为符合理性原则，即他们的购买决策能带来正的期望收益，其购房的原因是预期房价还会持续上涨，因此目前的购买行为是最优的。我们用跨期的方法分析居民在购房中面临的风险。

我们假设居民的工资收入为 w ，并假设工资的增长率为 s 。居民以未来的各种工资收入来偿还抵押贷款。居民做出购买决策必须有两个条件：第一，住房价格的上涨速度要超过银行贷款的回报率，我们令住房价格的增长速度为 a ，则下一期的房价为 $P_{t+1} = P_t(1+a)$ ，并且 $a > r$ ，r 为银行贷款利率；第二，居民预期未来的工资收入可以偿还每期的银行贷款。因此，当房价不断上涨时，令 Q 为购买数量，则下式成立：

$$\frac{P_{t+1}Q}{1+r} = \frac{P_t(1+a)Q}{1+r} > P_tQ$$

如果房价的持续上涨不能维持，其价格就会下跌，国民经济就会遭受房价下跌的冲击，居民的工资收入也会下降。假设居民每期要偿还的本息为 βP_tQ ，则在房价下跌时，居民的工资收入要小于本息额，即 $\beta P_tQ > w_{t+1}$ 。

住房价格的下跌幅度越大，上式的差额也就越大，居民购房的财务赤字也就越严重，居民就会面临很大的财务危机。

（二）住房价格上涨给投资者带来的风险

投资者购房的目的和居民一样也是预期房价不断上涨，不同的是居民是靠未来的工资收入来偿还贷款，而投资者是靠房产买卖的价差来偿还贷款；居民是风险厌恶者，而投资者是风险偏好者，他们愿意承担更大的风险，因此他们购房时的杠杆率会高于居民。另外，投资者对房价的增速抱有更大的预期，即有：

$$P_{t+1} = P_t(1+a')$$

其中，$a' > a$ 。

他们的投资决策是建立在 t 期对住房价格过度乐观的基础上，但随着住房市场价格泡沫的破灭，他们面临的形势比居民更严峻。我们假设 $t+1$ 期的价格远低于 $P_t(1+a')$ ，也小于 t 期的价格，假设住房价格的下降比率为 b ，则在 $t+1$ 期投资者面临的住房总价值为 $(1-b)P_tQ$ 。

这样投资者在 t 期的决策并没有带来收益，反而带来了净损失，因为不仅房价的下跌给投资者带来损失，投资者每年还要支付银行贷款的本息。因此，他们在房价泡沫破灭后遭受的损失要大于居民。

（三）住房价格上涨给房地产开发商带来的风险

假设房地产开发商在 t 期预期 $t+1$ 期的住房价格增速为 a_1 ，银行贷款利率为 r ，令 D 为开发商的新项目借款金额，c 为单位开发成本，则房地产开发商向银行申请贷款的条件是：

$$\frac{P_t(1+a_1) - c - \frac{D(1+r)}{Q}}{c + \frac{D(1+r)}{Q}} > r$$

则房地产开发商的期望收益为：

$E(Y) = P_t(1 + a_1)Q - cQ - D(1 + r)$

如果住房价格相对于 t 期下降，则房地产开发商在 $t+1$ 期的实际收益为：

$Y = P_t(1 - b)Q - cQ - D(1 + r)$

因此，房地产开发商预期房价的增速越高，借贷金额越大。在价格泡沫破灭后，价格下跌系数也比较大，因此在泡沫破灭时，有以下关系式：$E(Y) \geq 0 \geq Y$。所以，如果价格泡沫破灭，房地产开发商也要遭受巨大的债务危机。

二　住房价格上涨给商业银行带来的风险

在我国，商业银行是金融体系的主体。为了购买高价格的房产，普通居民只有向商业银行申请抵押按揭贷款，房地产开发商在自有资金不足的情况下也会向商业银行借款，这样风险就转嫁给了商业银行，一旦房产价格泡沫破灭，风险就主要由商业银行来承担，金融体系的秩序将被破坏，从而危及国民经济的运转。我们在前面已经谈到，商业银行的抵押贷款余额逐年增高，从1998年到2012年年均增长率接近30%，部分大城市的住房抵押贷款余额占银行贷款的余额甚至超过了50%，抵押贷款余额占GDP的比重也逐渐上升。在发放的贷款中，有相当一部分的数量用于房地产的投机，因此一旦房价发生大幅度波动，必然会给银行体系带来很大的风险。

（一）银行信贷在住房价格泡沫形成中的作用

Herring 和 Wachter（1999）就银行信贷对房价泡沫的作用进行了分析，他们认为银行信贷既促使了住房价格泡沫的形成，又加速了泡沫的破灭。他们提出了住房信贷集中模型。模型假设银行的最低资本规模为 M，其贷款集中度的决策是潜在破产概率 γ 的条件下盈利最大化的函数，即 $P(A \leq M) \leq \gamma$。

在这里，A 表示银行期末资产的价值，M 为银行最低资产要求。根据切比雪夫不等式，得到如下关系式：

$$\gamma[E(A)-M]^2 - \sigma_P^2 \geq 0$$

其中，σ_P^2 为银行资产组合的预期回报。我们利用这个约束方程求解银行在破产概率 γ 条件下的最大化收益。我们建立如下拉格朗日函数：

$$l(L_j,\lambda) = \sum_{j=1}^{n} L_j(r_j - i) + \lambda\{\gamma[E(A)-M]^2 - \sigma_P^2\}$$

在上式中，L_j 表示第 j 种资产或贷款数量，r_j 表示第 j 种贷款的预期回报率，i 为无风险资产，λ 为拉格朗日乘子。为了分析方便，我们假设存在两种贷款：一种是房贷（L_1），另一种是其他贷款（L_2），我们代入拉格朗日函数，得：

$$L_1 = \left[\frac{1+2\lambda\gamma[E(A)-M]}{2\lambda\sigma_1^2}\right](r_1 - i) - \frac{L_2\sigma_{12}}{\sigma_1^2}$$

对上式求偏导，可得如下关系，即：

$$\frac{\partial L_1}{\partial r_1} = \frac{\gamma[E(A)-M]L_1}{\gamma[E(A)-M](r_1-i)-(L_1\sigma_1^2+L_2\sigma_{12})} > 0$$

$$\frac{\partial L_1}{\partial M} = \frac{-\gamma[E(A)-M]}{\gamma[E(A)-M](r_1-i)-(L_1\sigma_1^2+L_2\sigma_{12})} < 0$$

因此可以看出，L_1 贷款的期望收益率越高，L_1 的贷款数额也就也高。同理，随着最低资产规模要求的提高，L_1 的贷款数额也就下降。因此，当房贷期望收益率提高，或者最低资产要求规模下降时，银行就有扩大房贷的动力。所以，在房价上涨的背景下，房贷资产的预期收益就会提高，同时银行的放贷动力就会加大，这又进一步加剧房价的上涨，因此银行在住房价格泡沫的形成中扮演重要角色。

（二）住房价格泡沫破灭对商业银行的影响

我国国有商业银行具有双重特点，即作为国有银行，它们与政府有千丝万缕的联系，独立性欠缺。作为商业银行，市场本身的要求使得它们不得不向市场化的银行转变。如果从这个双重特点来考虑，那么就不难理解"住房信贷是银行持有量份额较高的资产"这一现状。

一般来讲，商业银行配置资产的标准是同时考虑资产的收益 r 和风险 σ，也就是说，如果贷款的收益率 r 越高，其在该贷款的配置比例也就越高；如果贷款的风险 σ 越高，其在该贷款的配置比例也就越低。我们假设一个商业银行对某资产的配置比例 $p = f(r,\sigma)$，正常情况下住房贷款的收

益和风险分别为 r_1 和 σ_1，而住房价格发生泡沫时，住房贷款的收益和风险分别为 r_2 和 σ_2，因此有 $\sigma_2 > \sigma_1$ 和 $r_2 > r_1$。一般来讲，安全性放在商业银行经营管理中的首要位置，因此银行有持有较低风险资产的倾向，即：

$$p = f(\sigma_1, r_1) > p' = f(\sigma_2, r_2)$$

但商业银行毕竟是国有商业银行，在运营中存在政府隐性担保，同时住房价格泡沫出现时，房地产开发商会认为住房投资的预期收益要大于客观值，他们会增加银行贷款额，这两个因素会刺激商业银行将过多地持有住房信贷，即：

$$p' = f(\sigma_2, r_2) > p = f(\sigma_1, r_1)$$

因此我们可以看出，当住房价格泡沫出现时，商业银行持有的住房信贷比重并没有下降，反而还有增加的趋势，这导致商业银行将过多的资金运用到住房信贷上，用于其他领域的资金就会减少，违反了贷款多元化的原则，这样当住房价格泡沫破灭时，商业银行用来弥补损失的资金也会不足，其就会面临严重的流动性危机，这种现象在金融发展历史上屡见不鲜。在我国，商业银行是金融体系的核心，一旦商业银行出现流动性危机，整个经济体系就会陷入困境，因此我们必须高度重视住房价格上涨的现象。

三 我国住房价格上涨导致风险上升的实证分析

从房地产市场的资金来源来看，银行贷款占据了很大的比重。表7.1反映了我国房地产市场的资金来源，其中"定金及预付款"属于其他资金来源，其下面的比重是"定金及预付款"占其他资金来源的比重。在表7.1中可以看到，从2005年到2013年，银行贷款、自有资金以及其他资金来源是房地产市场资金的主要来源，并且对于房地产商的自有资金来讲，其主要也是从银行得到的贷款，而"定金及预付款"中有很大的部分是银行对购房者发放的住房抵押贷款[①]，同时"定金及预付款"占其他资金来源的比重也比较高，因此可以认为银行贷款是房地产市场的重要资金来源，其占房地产市场总资金来源的比重基本上维持在90%以上。

---

① 定金及预付款是购房者向房地产商支付的资金，购房者的资金来源基本上也是来自于银行的贷款，因此定金及预付款主要也是来自于银行贷款。

表 7.1　　　　　　　　　　房地产市场的资金来源　　　　　　　　　单位:%

年份	国内贷款	利用外资	自有资金	其他资金来源	定金及预付款
2005	22.27	1.77	28.54	47.42	81.59
2006	22.56	1.64	28.55	47.25	81.82
2007	23.83	1.41	28.65	46.12	84.07
2008	18.41	1.33	30.35	49.91	86.37
2009	18.12	1.19	33.26	47.42	77.22
2010	19.58	1.47	31.95	47.01	64.39
2011	18.68	1.74	31.60	47.97	59.46
2012	19.02	1.90	39.54	39.54	61.57
2013	19.77	0.08	31.34	48.07	57.95

数据来源：中经网。

下面我们用 VEC 模型来证明房价的上涨是否是由银行贷款引起的。如果确实是银行贷款引起了房价的上涨，说明房地产市场的风险主要集中在银行体系。我们用商品房的销售价格指数表示住房的价格（hp）；用房地产开发投资中的国内贷款作为房地产开发贷款（sloan），这部分资金主要源自银行贷款；对于购房者的消费信贷（dloan），由于我们无法直接获得消费者购买住房而进行信贷的数据，因此我们用房地产开发资金中的定金及预付款来代替，前面我们已经讨论，定金及预付款也来自于银行贷款；对于收入，我们用人均可支配收入（y）来表示；同时，我们用银行间 21～30 天同业拆借加权平均利率来代表利率（rate）。以上数据全部来自于中经网，数据区间为 2001 年第一季度到 2014 年第一季度，并对数据进行对数处理。首先对数据进行平稳性检验。检验结果如表 7.2、表 7.3 所示。

表 7.2　　　　　　　　　　变量水平值的单位根检验

	$\ln hp$	$\ln sloan$	$\ln dloan$	$\ln y$	r
1% 水平临界值	-3.646342	-3.679322	-3.689194	-3.661661	-3.632900
5% 水平临界值	-2.954021	-2.967767	-2.971853	-2.960441	-2.948404
10% 水平临界值	-2.615817	-2.622989	-2.625121	-2.619160	-2.612874
ADF 值	-0.779063	0.095068	-1.913049	0.090682	-1.659511
概率	0.0172	0.0195	0.03215	0.09561	0.09122

表 7.3　　　　　　　　变量取一阶差分后的单位根检验

	D(ln*hp*)	D(ln*sloan*)	D(ln*dloan*)	D(ln*y*)	D(*r*)
1%水平临界值	-3.661661	-3.679322	-3.670170	-3.661661	-3.639407
5%水平临界值	-2.960411	-2.967767	-2.963972	-2.960441	-2.951125
10%水平临界值	-2.619160	-2.622989	-2.621007	-2.619160	-2.614300
ADF值	-5.515091	-12.95471	-12.63120	-12.27130	-5.948590
概率	0.0001	0.0000	0.0000	0.0000	0.0000

可以看出，各个变量在水平值接受原假设，即序列不平稳。但数据一阶差分序列的 ADF 值在 1%、5% 和 10% 的水平上均是显著的，因此数据的一阶差分是平稳的，从而可以进行协整检验。下面我们采取 Johansen 协整检验中的特征根迹检验和最大特征值检验来判断向量之间的协整关系（见表 7.4 和表 7.5）。

表 7.4　　　　　　Johansen 协整检验中的特征根迹检验

	特征根	迹统计量	5%临界值	概率	结论
None*	0.782083	95.33505	69.81889	0.0001	5%水平上至少三个协整向量
At most 1	0.511213	65.53123	47.85613	0.0002	
At most 2	0.290708	31.19308	29.79707	0.0014	
At most 3	0.160823	7.514508	15.49471	0.5187	
At most 4	0.044653	1.553145	3.841466	0.2127	

表 7.5　　　　　　Johansen 协整检验中的最大特征值检验

	特征根	最大特征值	5%临界值	概率	结论
None*	0.782083	51.80383	33.87687	0.0002	5%水平上至少三个协整向量
At most 1	0.511213	45.33815	27.58434	0.0004	
At most 2	0.290708	30.67857	21.13162	0.0096	
At most 3	1.61E-01	5.96E+00	14.2646	0.6182	
At most 4	0.044653	1.553145	3.841466	0.2127	

从表 7.4 和表 7.5 可以看出，不管是 Johansen 协整检验中的特征根迹检验，还是最大特征值检验均反映至少三个向量是协整的，因此向量之间

存在协整关系。我们下面先以房价为因变量，其他变量为自变量进行多元回归分析，对数据取对数可以消除异方差。结果如下：

$\ln hp_t = 4.410056 + 0.323864\ln sloan_t + 0.128894\ln dloan_t + 0.019083\ln y_t + 0.07747r$

$t = (21.4047) \quad (10.847745) \quad (8.868374) \quad (10.863283) \quad (9.653223)$

$R^2 = 0.905786$

从上面的回归结果可以看出，t 统计量在 1% 的显著性水平上均显著。从变量的系数来看，住房价格的收入和利率弹性均比较小，只有 0.01908% 和 0.7747%，而住房价格的银行贷款比较高，为 0.323864%，定金及预付款的弹性也比较高，为 0.128894%，同时定金及预付款代表购房者的部分抵押贷款，因此这初步证实了住房价格的上涨是由银行贷款驱动的，而代表购房需求的收入水平对住房价格的影响是很有限的。下面我们建立 VEC 模型，设 ecm_{t-1} 为修正误差项，即：

$ecm_{t-1} = \ln hp_t - 4.410056 - 0.323864\ln sloan_t - 0.128894\ln dloan_t - 0.019083\ln y_t - 0.07747r$

我们对误差修正模型进行估计，得到结果如下：

$\Delta\ln hp_t = 0.023155 - 0.1123 ecm_{t-1} + 0.5693\Delta\ln hp_{t-1} + 0.22419\Delta\ln sloan_{t-1}$

$\quad\quad\quad\quad (10.6869) \quad\quad (9.6465) \quad\quad (8.4322) \quad\quad\quad (9.5154)$

$\quad\quad + 0.18834\Delta\ln dloan_{t-1} + 0.02033\Delta\ln y_{t-1} - 0.00495 r_{t-1}$

$\quad\quad\quad\quad (11.1619) \quad\quad\quad\quad\quad (10.4811) \quad\quad\quad (9.61681)$

$R^2 = 0.860261 \quad \bar{R}^2 = 0.804531$

从分析结果可以看出，误差修正项的系数为 -0.1123，且 t 统计量在 1% 水平上显著，这说明短期内房价偏离长期均衡状态时存在向均衡状态调整的趋势，并且这一调整力度还算适中。对于其他变量来讲，房价变量的一阶滞后项系数为正并且显著，说明房价滞后项对当期的房价存在一定的影响，即预期因素能够影响当期房价。反映银行贷款的两项，其房价弹性均比较高，并且 t 统计量在 1% 的水平上比较显著，说明银行贷款是对长期房价走势的重要影响变量。此外，收入和利率对房价的弹性比较小，其 t 统计量也比较显著，说明收入和利率不是房价走势的重要影响因素。表 7.6 反映了房价的方差分解。

表 7.6　　　　　　　　商品房销售价格的方差分解

Variance Decomposition of lnhp

Period	S. E.	lnhp	lh$sloan$	ln$dloan$	ln$y$	r
1	0.207778	48.18178	51.81822	0	0	0
2	0.227551	37.44325	57.57655	3.728907	0.325004	0.926284
3	0.238736	34.11191	60.61173	2.244497	2.511344	0.520515
4	0.253948	31.59016	60.95708	1.866714	5.098648	0.487401
5	0.27888	28.79243	56.955	5.88888	6.63241	1.73128
6	0.31015	28.13121	49.26178	13.03615	6.404311	3.166548
7	0.328512	29.65395	41.50857	20.21051	4.720348	3.906625
8	0.360622	31.90355	39.63376	21.05829	3.736895	3.667501
9	0.370522	32.34976	41.63852	18.84814	3.861882	3.301703
10	0.377312	32.36039	42.44823	17.58433	4.539796	3.067256

　　从房价的方差分解也可以看出，房地产开发商的银行贷款和购房者的住房抵押贷款对房价走势的影响较大，这也反映了我国房地产市场的价格走势主要受到银行贷款的影响，而收入和利率对房价走势的影响较小。从以上的实证分析可以看出，银行贷款是影响房价走势的主要因素，购房者的收入以及拆借利率对房价的影响较小，这一实证结果不仅证明房价上涨的风险主要集中在银行体系，同时也证明我国房地产的价格上涨主要是由金融因素支持的。

　　因此可以看出，我国房价上涨的风险主要集中在银行体系，同时房地产市场也具有发行区域和时间过于集中的风险以及加息预期可能导致的违约风险和提前偿付风险。由于我国的商业银行是抵押贷款的主要发放者，同时我国的金融体系是"银行主导"型的间接融资体系，如果住房抵押贷款的风险转化为损失，这会严重影响银行体系的运行，从而危及我国的金融体系。这时，发展 MBS 来转移和分散风险就变得很有必要。所以我国发展 MBS 还是很有必要的。

第二节　资产证券化创新有利于商业银行提高流动性

　　随着国民经济的迅速增长和居民生活水平的提高，以及城镇化进程不断推进，普通居民的购房需求会逐渐增长，商业银行也将面临抵押贷款需求量适时上升的局面，为此，资产证券化的适时推出可以增加商业银行的资金来源。

当前，商业银行发放的抵押贷款属于长期贷款，一般我国抵押贷款的最长期限为30年，平均期限为15年，而目前我国商业银行的主要融资渠道是吸收存款，这些存款绝大多数是5年期及以下的活期存款和定期存款。当抵押贷款的持有量增长到一定程度时将会影响到商业银行的流动性，同时这种"借短贷长"的资产负债结构不匹配现象非常严重。增大流动性是资产证券化的一项重要基本功能，它能够使流动性极差的抵押贷款转变成流动性很强的证券资产，这不仅可以缓解商业银行的流动性压力，同时也改善了资产负债结构。因此，商业银行实施资产证券化创新是改善其流动性压力的一种有效手段，同时资产证券化创新也可以为商业银行提供新的融资渠道，为抵押贷款市场的发展提供长期充足的资金。

第三节 资产证券化创新是完善资本市场的需要

一 资产证券化创新有利于完善资本市场结构

长期以来，我国资本市场的发展存在一个重大缺陷，就是股票市场的发展规模优于债券市场，债券市场存在基础薄弱、规模偏小以及品种单一的缺点。

根据现代金融理论和资本结构理论（MM定理），企业的整体价值应该随着负债的增加而上涨。如果从融资成本来考虑，通常一个企业的融资顺序为内部融资优于外部融资，外部融资中债务融资优于股权融资。所以，企业发行债券融通资金的成本在整体上都会小于股票融资。这在理论上解释了在一般市场经济国家，债券市场的发展优于股票市场的本质原因。同时，债务融资确实比股权融资具有更严格的激励机制，并具有更少的道德风险。所以在发达国家中，债务融资确实比股权融资更受到企业的青睐。在美国企业的长期资本融资中，有70%是靠发行债券来完成的，在新兴市场经济国家，债券市场的发展规模和速度也都优于股票市场。因此，可以看出，我国资本市场目前的结构与发达国家存在很大差距。因此，资产证券化的推出，不仅可以带动其他类型证券化资产的发展，还可以大大提升我国债券市场的规模和发展速度，为金融机构和企业提供更广的投融资渠道，同时也能促进我国资本市场结构的完善与发展。

二 资产证券化创新有利于完善债券市场的结构

债券市场是资本市场的重要组成部分，其服务对象是一国的个人、企业和政府。一个结构完善的债券市场是指市场上必须有适合各种投资者需求的投资工具，这些工具具有不同的收益特点。

我国目前的债券市场主要两大类，即银行间债券市场和证券交易所的债券交易场所。其中，银行间债券市场交易的是记账式国债，主要的交易者是商业银行和部分非银行金融机构；而证券交易所交易的也是记账式国债，它的主要交易者是证券公司、非金融机构以及个人投资者。从目前来看，这两个市场的交易对象基本上都是国债，同时又以银行间债券市场的交易为主，这导致我国债券市场基本上呈现出国债市场相对比较发达，而非国债市场发展滞后的局面，同时在国债上，又由于凭证式国债发行量过大，导致短期和长期国债品种过少的局面。

一般来讲，债券市场应该包括政府债券、企业债券、金融债券以及可转换公司债券等。但从我国目前的情况来看，政府债券所占的比重过高，其他类型的债券所占比重较低，因此资产证券化产品的推出，有利于丰富和完善我国债券市场的结构。资产证券化产品虽然具有较长的期限，但由于其收益率高于国债，风险水平又低于企业债券，因此它的推出不仅可以丰富和完善目前债券市场的结构，还可以受到投资者的青睐，从而促进债券市场的健康发展。

三 资产证券化创新有利于拓宽资本市场中的投资渠道

目前，我国资本市场中的投资品种较少，市场中的投资者无法顺利通过资产组合来分散风险。住房抵押贷款证券化的推出，可以为投资者提供一种新型的投资工具。由于资产证券化采取了"信用增强"和"破产隔离"等技术手段，将缺乏流动性的抵押贷款转变为可在市场上流动的证券资产，因此MBS具有流动性高、风险低以及收益稳定的特点。资产证券化的推出也可以吸引许多机构投资者。同时资产证券化将这些投资者吸引到市场也可以完善投资者结构，提高投资者的整体素质，促进我国资本市场的健康发展。

四 资产证券化创新可以解决我国金融市场的功能错位及割裂状况

我国的金融体系还处于银行导向的阶段，商业银行长期贷款在国内融资中占比过高，而资本市场的规模相对较小，同时融资功能也极其不足，这使我国企业的长期融资基本上选择银行贷款，而发达国家的长期融资主要是通过资本市场的直接融资。因此，我国的商业银行担负了90%的长期融资任务，承担了本应由资本市场承担的功能和角色，这就是我国商业银行在资本市场中的功能错位问题，这一问题的存在也使银行体系蕴含了大量的风险。而发展资产证券化可以缓解这一问题，因为通过资产证券化，商业银行可以将自己持有的一部分长期信贷资产转化为可以在资本市场上流通的证券，从而降低商业银行持有的长期信贷资产，在证券化产品的不断发展和创新过程中，商业银行的角色可以逐渐由长期信贷资金的提供者向资产证券化产品的承销和组织者转变，从而使商业银行实现功能的回归。

目前我国的金融市场存在割裂状况，资本市场和货币市场之间存在割裂，这导致我国的金融体系存在很大的缺陷，并加剧了金融体系的风险。资产证券化的推出可以解决这种市场割裂现象，商业银行通过实施证券化可以经由资本市场来获得资金，而保险公司、基金公司等机构投资者通过投资证券化产品也可以使其资金流入商业银行，从而提高商业银行的流动性。因此，发展资产证券化是疏通我国货币市场和资本市场割裂状况的重要途径。

第四节 资产证券化创新有助于货币政策高效传导

目前在我国的货币政策体系中，公开市场操作的对象主要是国债和外汇，这导致货币政策传导途径的效率低下。资产证券化的推出改变了金融市场中的投资品种结构，对目前我国货币市场中的供求格局能够产生较大的影响。当商业银行的长期信贷资产转化为证券化产品后，这些证券化产品可以在银行间债券市场中流通，它们就可能成为中央银行货币政策公开市场操作的对象，同时证券化产品规模的扩大也可以提高货币市场的流动性，加快货币的流通速度，这样公开市场操作对商业银行流动性的影响会更加显著，货币政策的传导效率就会提高。因此可以看出，资产证券化的推出可以增大银行间债券市场中债券的交易规模，这对基准利率的形成以及货币政策的传导效率都会产生良性影响。

当然，我国当前金融市场基础设施也不断成熟，为资产证券化的发展创造了良好的基础环境，主要体现在：

一　多层次金融市场逐渐形成

我们知道，金融市场是直接融通资金的场所，可分为货币市场和资本市场两大类。其中，货币市场是进行短期资金融通的场所，资本市场是进行长期资金融通的场所，资本市场又可分为证券市场和中长期信贷市场。证券市场主要包括股票市场和债券市场，是证券发行和交易的场所。资产证券化产品的发行与交易需要证券市场的大力支持，在我国，可用于证券发行的银行间债券市场和股票市场已经日趋完善，这两个市场可以作为资产证券化产品发行和交易的平台。资产证券化产品不仅可以在这些市场中进行直接销售，也可以在这些市场中进行推进，即在初始资产证券化的基础上再次证券化，形成证券化的平方和立方等。因此，多层次金融市场的不断推进已经为资产证券化产品的发行和交易提供了一个良好的平台。同时，资产证券化的出现也有利于构建多元化的投融资渠道，促进金融市场进一步完善。

此外，在市场基础设施建设上也取得了突破性进展。首先，银行间债券市场的做市商制度逐渐完善，这为资产证券化产品在银行间债券市场上发行和交易提供了保证。其次，中央国债登记结算公司对银行间债券市场的基础设施进行了升级，初步实现了券款对付交易的结算方式，这种先进的方式可以提高资产证券化的交易速度，同时也降低了交易成本。最后，银行间债券市场也具备了多次发行证券的经验，市场的运作流程也日趋规范。其中，证券交易依靠的是电子报价系统，通过中央国债登记结算公司办理证券的结算和托管，风险的防范措施和法律体系也比较完备。因此，银行间债券市场具备资产证券化产品公开发行和多次发行的技术条件，同时也是国内最为先进的债券市场操作平台。

二　金融中介机构的迅速发展

作为多层次金融市场的重要参与主体，近年来，我国的会计师事务所、社会信用评级机构、资金担保机构以及审计师事务所等金融服务组织得到了迅速发展。社会信用环境、投资主体的金融风险意识和监管力度不断加强、一些关于金融体系的法律法规不断出台，这些都为我国发展MBS创造了良好的基础条件。

三　金融市场的法律环境初步完善

目前，我国政府出台了《个人住房抵押贷款管理办法》《企业债券管理条例》《公司法》《信托法》《担保法》《保险法》《票据法》《合同法》《城市房屋转让管理办法》以及《商业银行法》等法律。虽然有些法律并不是针对资产证券化产品，但它们的出台给资产证券化产品的设计和运行提供了方向性和框架性的指导，这标志着发展资产证券化的金融法律环境已经初步具备。

第五节　美国资产证券化发展经验对我国的启示

一　必须要有政府部门的大力支持

在美国资产证券化市场的发展过程中，政府部门起到了重要的作用，可以说美国的资产证券化市场是由政府机构一手建立起来的，其给予我国的经验借鉴主要表现在：

第一，政府对资产证券化市场的介入可以实现政府部门对住房抵押贷款市场的调控作用，这属于间接的调控机制，体现了"市场经济中政府机构对经济实现间接调控"的市场经济特点。

第二，在资产证券化市场的发展初期，设立政府背景的SPV一方面可以通过提供政府信用来提高资产证券化的信用等级，增强投资者的信心；另一方面也可以通过政府部门的特殊功能来实现为低收入人群提供政策性住房支持。

第三，随着市场的不断成熟，政府部门应该逐渐选择退出机制，充分发挥市场机制在资源配置中的作用。

二　资产证券化市场的发展离不开良好的市场环境

资产证券化市场的发展离不开一系列基础条件，比如完善的个人信用制度、成熟的机构投资者、发展比较充分的一级市场、健全的担保制度以及完备的法律法规体系和中介等。因此，我们必须加快市场经济体制的改革步伐，健全我国的金融体系，为各种金融创新的发展创造良好的市场环境。同时，资产证券化市场的发展也必须要以成熟的投资者为基础，因此我们必须循序渐进地放松对各种投资者进入市场的限制，特别是放宽各类机构投资者投资于资产证券化市场的限制。

三 资产证券化的模式选择要以市场客观条件为基础

美国拥有一个高度发达的市场经济体系，在资产证券化的发展初期，由于种种不成熟条件的存在，政府机构在资产证券化模式的设计中起到了主导作用，但随着市场运作的不断成熟，政府机构也就逐渐让位于市场，私人机构的资产证券化发行规模逐渐超过政府机构。因此，我国在设立资产证券化的模式时，应该充分考虑我国目前的市场客观条件，而不能对发达国家的模式进行照搬应用。由于我国的金融体系还不发达，市场还不成熟，因此我国的资产证券化模式必须采取循序渐进的方式，要充分认识到发展的长期性。

四 资产证券化的发展必须要坚持市场化的原则

虽然在资产证券化的发展初期政府部门必须发挥重要的作用，但资产证券化毕竟是一种金融创新。只要是金融创新，就必须按照市场的原则来进行，政府部门的主要作用就是引导和支持，并创建机制和构造框架，同时完善相关的法律法规和制度，切不可完全介入市场的运行，否则就会对市场产生不利的影响。

五 其他若干启示

（一）给基础资产的选择带来的启示

从金融危机中可以看出，资产证券化的作用是转移风险，并且风险在转移的过程中被放大了，但风险的源头是其基础资产，因此我们必须重视基础资产的选择。在实施资产证券化的操作过程中，应加强对基础资产的监管，只有控制和监管基础资产才能真正防止风险在转移过程中的扩散现象。首先，应严格审查基础资产的质量，监管当局要对债务人资信情况的变化迅速做出反应。其次，监管当局应对发起人的资产负债表进行随机调查，对基础资产的现金流进行有效预测，从而保证现金流的稳定和可靠。最后，应制定一整套的有关基础资产池的形成标准和运作流程，要按照资产组合理论中"风险最小化"的原则来构建基础资产池,并对基础资产池形成的合规性进行监管。

(二)给资产证券化监管带来的启示

在金融危机中,监管的缺失是一项重要原因。我们在设计资产证券化时,必须加强监管。我们要完善资产证券化的监管法律框架,对资产证券化的定价、信用评级、信息披露以及相关交易制度进行监管。鉴于资产证券化由多个参与主体组成,我们必须完善微观监管框架,赋予不同的监管机构对不同参与主体的监管权利。但是,由于资产证券化不同参与主体的共同作用会对整个金融稳定造成影响,因此我们必须形成一个对多个监管主体进行协调的机构,加强对"系统重要性"参与者的监管,从市场整体的角度来加强对金融机构的外部监管,通过反周期地监管来消除顺周期的风险叠加。同时,我们在进行资产证券化操作中,要审慎看待和评估这些产品,洞悉其对整个金融体系的影响。此外,需要强调的是,资产证券化毕竟在我国是一种新型的金融创新产品,我们在监管时必须要把握好金融创新和金融监管的协调。

(三)给解决资产证券化过程中的委托—代理问题带来的启示

我们在设计证券化时,必须采取相应的措施杜绝委托—代理问题。比如:对于掠夺性贷款,监管当局要制定相关的法律文件来保证借款人的质量,并对发放机构的行为加以限制;对于掠夺性借款,要使贷款机构向 SPV 提供保障,一旦违背,机构必须回购贷款,同时发起机构必须保持一定资金充足率;对于借款人和服务商,要规定借款人定期预付保金和税金,为了使服务商避免损失,当借款人无法偿还时,应立即取消抵押赎回权;对于服务商和第三方,投资者可以主动监管服务商,也可以在合同中规定服务商的行为,但是要注意一个度的问题。

(四)给资产证券化信用评级带来的启示

在建立信用评级时,要严格把握信用评级建立的标准和原则,形成适合我国信用评级特点的评级机构,并根据"监管特许权"和"信誉资本论"的区别来探讨适合我国的信用评级理论基础。要加强信用评级机构的专业化操作,包括加强信用评级机构的跟踪评级和利益冲突规避机制的建设,提高评级机构的透明度和数据积累,加强对信用评级机构的监管,同时也要防止信用评级机构技术层面上的缺陷、评级垄断、评级模型及标准的差异以及证券发行后跟踪标准不同等问题。此外,吸取美国金融危机的教训，构建完整的信用评级体系。

（五）给资产证券化基本功能带来的启示

资产证券化的基本功能在本次金融危机中被滥用了，所以我们必须重新看待其基本功能。对于风险转移功能，监管机构应对金融机构的"真实出售"进行监管，由此保证风险的真正隔离，并对风险转移过程中是否会形成风险的放大和扩散进行判断，同时也要对银行体系转移风险的目的进行考察。对于增大流动性功能，监管机构应判断证券化产品的发行是否对房市和资本市场的价格泡沫造成影响，并规定抵押贷款机构不能因为流动性的增加而降低借款人的信用标准。

在我国，由于抵押贷款主要由国有银行发放，我国也具有同质性的风险特点。因此，我们在设计证券化的时候，各种层次上的制度设计必须提倡多元化，在监管方面的规定也应该体现差别化，必须基于不同种类和地域的基础资产，同时应形成多样化的发行机构和服务机构，并设计出多元化的资本操作平台展开良性竞争，真正杜绝同质系统性风险的形成。

第八章

金融稳定背景下我国资产证券化
创新的模式选择

在本章，我们将着重探讨我国资产证券化的模式选择，主要包括资产证券化的基本模式、SPV、服务机构以及投资者的选择，并从降低风险的角度分析了我国资产证券化基础资产池的构建，同时对证券化品种的选择提出了建议。

第一节 资产证券化基本模式的选择

一 我国资产证券化基本模式之争

国内早在1998年就有学者对资产证券化的基本模式进行争论。当前，对于我国资产证券化模式有三种代表性的建议：一种是中国人民银行提出的类似美国的表外的由政府主导的模式；一种是类似香港成立的住房抵押贷款公司的表外模式；还有一种就是中国建设银行发起的表内信托模式。

（一）中国人民银行提出的表外模式

在这种模式中，SPV将由政策性银行承担，同时政府机构要为资产证券化提供担保，这样政府信用就被引入到资产证券化中，这较为类似美国政府主导型的表外模式。具体过程就是，由政策性银行——国家开发银行担当SPV，从商业银行购买抵押贷款组成基础资产池，并以这个资产池为基础发行资产支持证券，资产证券化由商业银行所在地的地方政府提供担保。这种模式的基本结构如图8.1所示，图中虚线代表资金的流向。

这种模式将政府信用引入证券化中，极大提高了证券化的信用等级，比较容易被投资者接受，有利于资产证券化市场的迅速发展。同时，国家

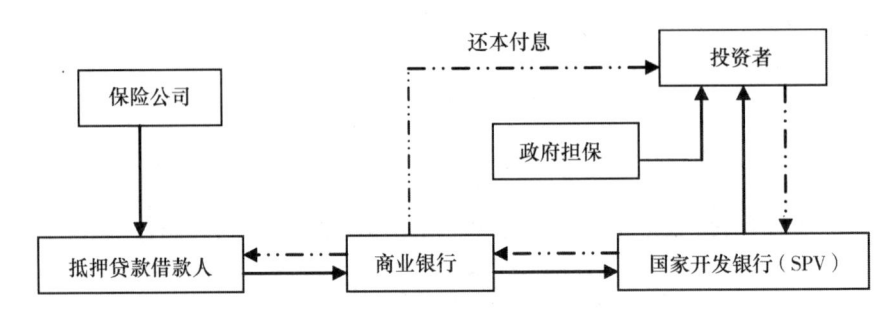

图 8.1　中国人民银行提出的政府主导型模式

开发银行作为政策性银行具有较强的信誉,其在国内外成功发行债券的经验也为资产证券化的发行提供了保障。这种模式属于表外模式,可以转移商业银行的风险,并提高流动性。

（二）类似香港成立的住房抵押贷款公司的表外模式

在这种模式中,由政府部门成立信贷资产相关公司（如住房抵押贷款公司）来负责资产证券化运作,并对资产证券化提供担保。具体过程就是由国家利用外汇资金或财政资金注资全国信贷资产公司,并向商业银行购买信贷资产成立基础资产池,购买资金通过发行无抵押债券来筹集,然后该公司以基础资产池为支撑发行资产证券化产品,并对资产证券化产品提供担保。这种模式的基本结构如图 8.2 所示,图中虚线代表资金的流向。

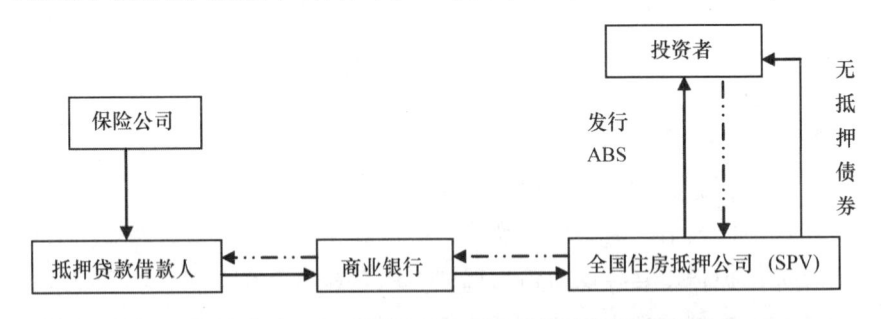

图 8.2　类似香港成立的住房抵押贷款公司的表外模式

在这种模式中,全国性的信贷资产公司不仅可以收购国有商业银行的抵押贷款,还可以收购其他城市商业银行和股份制银行的抵押贷款,这种模式能够促进整个银行体系效率的提高,并分散风险。另外,由于所有银行的信贷资产由该公司来购买,因此这也促进了信贷资产更加标准化,有利于资产证券化基础资产池的构建。

（三）中国建设银行发起的表内信托模式

中国建设银行早在 1999 年就拟订了 MBS 的操作方案，并于 2005 年成功发行了"建元个人住房抵押贷款支持证券"，建行的这种 MBS 发行模式比较类似于德国的表内模式，即基础资产并不从发起人的资产负债表中剥离，具体操作过程是：中国建设银行设立专门负责证券化运作的部门，并从住房抵押贷款业务中挑选出一部分优质的贷款设立基础资产池，以基础资产池为支撑发行 MBS，其中建设银行是 MBS 的担保者。在此过程中，建设银行与受托机构签订《信托合同》成立特设目的信托（由中信信托投资公司设立）来实现破产隔离，特设目的信托不是经营实体，而是一个契约。信托机构作为受托人要与贷款的服务机构签订《服务合同》，由此来委托服务机构提供服务。委托机构（建设银行）向受托机构（中信信托）出售住房抵押贷款，受托机构以这些资产所产生的现金流为支撑在银行间债券市场发行 MBS，MBS 的投资者持有相应的信托收益权。

建设银行之所以选择表内模式是因为住房抵押贷款当时还是比较优质的资产，他们不愿意将这种优质资产从自己的资产负债表中剥离。建设银行的表内模式当时得到了中国人民银行的批准，但人民银行要求抵押贷款库必须设立单独的账户，并独立核算以保证 MBS 的本息能够准时偿还。

这种模式中存在如下优点：第一，由于不需要设立其他专门机构，因此证券化的发行成本比较低，同时这种模式还能够调动商业银行的积极性；第二，由信托模式实现的破产隔离绕开了设立公司的法律障碍，同时《信托法》保证基础资产完全隔离于发起机构以及信托机构的财产，风险得到了隔离；第三，各个参与者彼此分工协作，整个交易结构比较完善，丰富了市场中的交易品种。

但是，这种模式也存在如下缺点：第一，该模式中的基础资产并没有从商业银行资产负债表中剥离，风险没有实现转移，银行需要继续承担贷款存续期内的风险；第二，该模式不利于基础资产标准化的形成，因为商业银行各自组建抵押贷款库，并实行各自的贷款管理办法；第三，该模式是商业银行的自发行为，国家没有参与到证券化的过程，因此无法通过证券化的操作来落实公共政策；第四，国家信用没有被引入，证券化的信用增级是通过内部来实现的，这意味着建行在证券化发行中承担了所有风险；第五，基础资产缺乏外部监管，无法保证基础资产的质量，有可能会引起道德风险；第六，按照这种模式，银行每实施一次证券化就要设立一次信托，这使得操作成本很高，虽然一些非国有银行具有很强的证券化动力，但成本过高的情况下也会使它们望而却步。

在以上三种模式中，前两种均属于表外模式，后一种属于表内模式。从目前的情况来看，部分信贷资产存在一定的价格泡沫，如果采取表内模式，将无法转移和分散商业银行的信用风险，同时也不利于银行竞争力的提高，所以表内模式已渐渐不符合我国的实际情况。前两种模式都是不错的建议，也具有很好的理论价值，但操作性是很差的，因为这两种模式都需要成立特设目的公司（SPC），并且我国现行的法律条件对特设目的公司的成立存在很大的制度障碍，最起码在短期不具备可操作性。

二 我国资产证券化模式的现实选择

从以上分析可以看出，在短期内，我国资产证券化不适合表内模式，必须采取表外模式，而特设目的公司的设立又存在法律障碍，因此信托模式比较适合我国目前的情况，所以我们应采取信托的表外模式。此外，从建行的试点中可以看出，政府部门并没有参与证券化过程，建行的试点是一种完全市场型的表内信托模式，鉴于我国资产证券化发展初期必须由政府给予行为规范，因此我们必须考虑政府的作用。但由于《担保法》规定政府部门不能提供担保，同时设立国有公司又受到《公司法》的限制，因此我们只能设置政府部门的间接作用，比如让政府部门承担信贷资产的监管工作，并制定统一资产池的标准，逐渐将政府部门引入证券化过程，但随着资产证券化的不断发展，制度的不断放松和创新，以及市场的不断成熟，政府部门可以发挥更重要的作用。下面我们从短期和长期两个阶段来探讨我国资产证券化的模式选择。

（一）我国资产证券化基本模式的短期选择

前面已经讨论，目前我们只能采取表外信托模式。在运作初期如果没有政府部门的参与，可能会产生不规范运作现象，因此我们必须让政府部门在证券化初期发挥作用。虽然政府信用在相关法律约束下无法发挥作用，但我们可以采取让政府部门发挥监管的作用，承担对基础资产的监管权,并制定基础资产的标准化准则,这里国家可以成立全国性的信贷资产管理机构。因此,我们采取的这种模式为政府监管式的表外信托模式。

但如果采取建行的信托模式,银行每进行一次证券化都要设立一次信托,这导致操作成本过高,并且资产不能完全实现"真实出售"。因此,我们可以改变信托关系。在建行的模式中,信托法律关系的委托人为贷款发起机构,受托人为信托公司,受益人为信托凭证的持有人,这种信托为财产信托。而我们所设想的信托关系为:委托人为 MBS 持有者,也就是投资者或受益人,受托人为信托公司,这时信托公司通过发行证券化产品募集资金形成信托关系,再以筹集的资金购买住房抵押贷款,这种信托又叫资金信托,这里存在一个抵押贷款购买过程,可以通过购买多家银行的抵押贷款来形成多样化的基础资产,同时也减少了设立成本,即设立一次信托就可以进行多次证券化,这对非国有商业银行来讲是很有利的。

虽然这种信托方式能够降低实施成本,但也存在一定的法律障碍。《信托投资公司资金信托管理暂行办法》中规定信托公司接受委托人的合同不得超过 200 份,每份合同金额不得低于 5 万元,这给后续证券化的发行造成了障碍。因此,我们认为法律部门可以对该办法中的条例进行修改,放宽 200 份合同的限制,并在《信贷资产证券化试点管理办法》中规定资金信托设立证券化的合法性。基于这种信托模式的证券化流程为:第一,信托公司根据市场需求设立资产证券化信托计划,并交相关监管部门审核。第二,根据信托计划,信托公司安排要发行信托凭证的信用增级,包括内外部增级,然后委托承销商发行信托凭证并上市,委托人为投资者,信托公司为受托人。第三,信托公司根据信托计划筹集的资金购买全国信贷资产管理机构监管和审核过的基础资产。信托公司将购买的基础资产进行整理,并将基础资产池的未来收入按照不同方式支付给投资者。第四,贷款服务机构按照固定期限收取借款人本息,并将收取的现金流交给资金托管机构。这种政府监管式的表外信托模式的结构如图 8.3 所示。

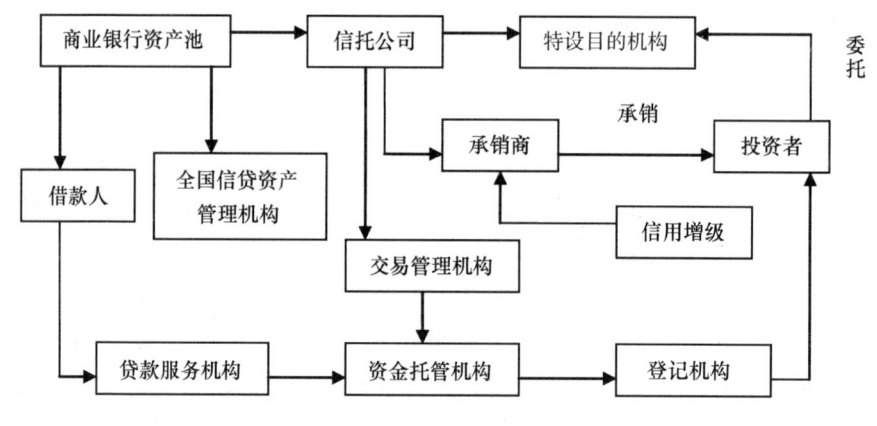

图 8.3 政府监管式的表外信托模式结构

（二）我国资产证券化基本模式的长期选择

前面讨论的是我国资产证券化基本模式的短期选择，之所以采取这种选择，是因为我国《担保法》对政府信用存在法律障碍，同时《公司法》对特设目的机构的设立有很大障碍，并且短期内采取这一模式也可以降低我国资产证券化的运作成本。另外，在这种模式中，政府部门也发挥了一定的作用，对信贷资产实施了监管权，这能保证资产证券化在初期的规范运作。但是，仅存在政府部门对信贷资产实施监管权的参与程度是不够的，政府部门应该发挥更大的作用才行。在美国等发达国家，正是政府机构的大力参与才使资产证券化迅速发展，在本次金融危机中，也正是由于政府机构对具有政府背景特设目的机构监管放松才导致了极大的道德风险。因此，从资产证券化基本模式的长期选择来看，我们不能将证券化的运作停留在"仅仅存在政府监管"的阶段，应大力发挥政府部门在证券化中的作用，不仅要赋予政府部门监管权，还要将政府的信用纳入进来，并成立具有政府背景的特设目的机构。同时，如果我们一直保持"信托"模式，鉴于我国对"信托"的定义比较类似"委托—代理"关系，因此我国资产证券化的运作就有可能像美国那样产生严重的"委托—代理"问题，从而不利于金融体系的稳定，因此从长期来讲，我国的 SPV 由 SPT 向 SPC 转变是合理的。

因此，随着资产证券化的不断发展，我们应该逐步形成具有政府背景的 SPV，同时我国不断增长的外汇储备也为政府背景 SPV 的设立提供了条件，具体来说就是由财政部、人民银行或者中央汇金公司等官方机构共同注资成立全国性的信贷资产管理公司，该公司不仅承担对信贷资产的监管，制定信贷资产的标准化准则,还要从事信贷资产的购买和证券化发行,专门行使SPV职能。

此后,随着资产证券化市场的不断成熟,以及各种法律法规建立起来以后,我们可以考虑引入非官方的SPV参与竞争,从而形成政府背景和非政府背景SPV并存的局面,充分发挥市场机制的作用。若市场不断成熟,为了有利于市场竞争,可以逐步减少政府背景SPV的市场份额,或将政府背景SPV的重点转移至不发达地区,但在引入市场机制的过程中,我们不能放松对行业的监管。

第二节 资产证券化市场参与主体的设计

一 特设目的机构(SPV)的模式选择

在我国资产证券化的发展初期,由于受到法律方面的限制,再加上表内模式的种种缺陷,我们只能实行政府监管式的表外信托模式,并认为我国现阶段可以采取资金信托,即信托公司通过分析市场需求来制订信托计划,并设计和发行证券,通过发行证券募集的资金来向商业银行购买信贷资产,然后形成资产池,并以这些资产池的现金流为基础向证券的投资者还本付息。但是,目前我国对资金信托存在一定的法律约束,这不利于资产证券化产品的后续发行,所以我们同时也建议放松有关的法律规定,保证资金信托的顺利运行。

在信托模式中,政府只是充当信贷资产监管人的角色,但鉴于《信托法》关于"信托"的定义比较类似委托—代理关系,并且从金融危机可以看出,这种关系容易产生委托—代理问题及道德风险,不利于金融体系的稳定,因此我们不能让我国资产证券化的模式停留在信托模式,所以从长远来看,我们必须使政府在证券化中发挥更大的作用,并将SPV由SPT向SPC转变。在具体的运行中,我们认为应该不断放松《担保法》中有关政府部门充当担保的法律限制,并在《公司法》中放松关于设立特设目的机构的限制,然后成立具有政府背景的特设目的机构,该SPC的主要职责就是购买信贷资产,并以此为基础发行证券化产品,同时也可以为证券化提供担保。随着市场的不断成熟,以及法律法规的不断健全,我们也可以引入非政府背景的特设目的机构,从而形成政府背景和非政府背景SPV并存的局面,以有利于市场竞争。

二 资产证券化相关服务机构的模式选择

（一）资产证券化的监管机构

从微观的角度来讲，我国资产证券化的所有参与主体都要接受监管部门的监管。目前，我国证券化的监管机构有中国人民银行、银监会以及证监会，这些机构负责制定证券化的管理办法，并对证券化的发行和交易进行管理。但这一监管体系是分业式的监管体制，实行的是机构监管。随着我国金融体系和混业经营的不断发展，这种监管体制很快就会不再适合我国金融发展的需要，这时我们可能就会建立功能型监管体制。在这种监管体制中，银行业监管机构、证券业监管机构、保险业监管机构以及场外交易监管机构会分别对证券化的市场参与主体进行监管。

此外，我们在前面资产证券化基本模式的短期选择中曾提到建立全国信贷资产管理机构，该机构的设立是为了弥补目前我国证券化运程中缺乏一个对基础资产池进行监管的机构。信贷资产管理机构的主要职能是对资产证券化的基础资产池进行监管，并制定统一的基础资产池标准。

（二）资产证券化的信用评级机构和信用增级机构

1. 资产证券化的信用评级机构

信用评级是资产证券化运行过程中的主要部分，其评级的对象是资产支持证券，评级结果是投资者进行投资决策的重要依据。虽然我国成立的信用评级机构很多，并在20多年的时间内占到了世界50%以上的份额，但真正被国外监管机构认可的并不多，所以在资产支持证券发行的初期，我们可以考虑引入国外比较知名的评级机构，但鉴于本次金融危机中国际知名评级机构并没有给相关证券化一个客观的评价，因此我们在引入国外知名评级机构的同时，必须由国内评级机构进行协助，共同对我国的证券化进行信用评级。此外，鉴于国际信用评级机构存在的种种问题，我们现在亟待发展我国的信用评级机构，这样才能打破国外评级机构的垄断，维护我国金融体系的稳定，并保证评级结果的客观性。同时，我国评级机构的设立必须由政府机构来主导，即按照"监管特许权"的理论来设立，但随着资产证券化市场和信用评级业的不断发展，我们可以发展一些私人的信用评级机构，引入市场竞争机制，更好地推进信用评级业的发展。

2. 资产证券化的信用增级机构

从建设银行试点MBS的过程可以看出，我国目前采取的是内部信用增级方式,对于外部信用增级,我国目前只存在保险公司以担保或保险的方式对信贷资产的借款人提供担保,但还不存在对资产证券化提供的外部担保。因此,在资产证券化发展初期,我们应当按照美国的做法,设立政府背景的担保公司,同时要对《担保法》中关于对政府机构提供担保的限制进行放松。这种由政府部门提供担保的外部增级方式可以极大地提高证券化的信用等级,并且在设立外部信用增级的同时,还可以采用直接追索权、超额担保等内部信用增级与外部信用增级相结合的方式,以不断地提高证券化的信用等级。

(三)资产证券化的其他服务机构

1. 资产证券化的贷款服务机构

对于贷款服务机构,一般可以由资产证券化的发起机构,即商业银行来承担。因为服务机构的主要职责是收回资产证券化基础资产池中信贷资产的还款额,同时服务机构还要保存相关的账户记录并向监管部门出具相关的服务报告。

2. 资产证券化的资金托管机构

资产证券化的资金托管机构就是信托公司或 SPV 委托其进行账户托管的机构。信托公司或 SPV 委托其进行资金托管,并根据监管机构的指令划转账户中的资金。在建设银行试点 MBS 时,信托机构就委托中国工商银行来担当资金托管机构,因此我们可以效仿建设银行的做法,委托与资产证券化发起人无关联的大型商业银行担当资金的托管机构。这种选择有以下两个优点:第一,可以利用大型商业银行及其发达的金融服务网络为现金流的收付提供服务,从而降低证券化的运营成本;第二,选择无关联的大型国有银行对贷款服务机构实施有效监督,并实现"破产隔离"。但随着资产证券化不断发展,我国国有大型商业银行都有可能成为资产证券化发起人,这时我们可以选择国内信誉较高并具有较大规模的信托投资公司作为资金托管机构。

3. 证券化的发行承销商

承销商主要负责证券化的发行上市,并编写资产证券化的发行说明书,组织承销团来销售证券,是连接投资者和 SPV 的重要枢纽。同时 SPV 也可以指定多家承销商参与证券的发行,同时在发行中要与承销商就发行价格、时间以及承销的方式进行商讨。如果承销的效率比较高,那么 SPV 就可以迅速地回笼资金。另外,承销商在证券发行之前也可以向潜在的投资者进行路演，向投资者推荐证券，并为投资者提供投资咨询服务。目前，我国一些证券公司以及投资银行，只要符合《证券法》中承销证券的资格要求，均可以成为资产证券化的承销商。

三 我国资产证券化发行主体及投资者的选择

1. 我国资产证券化的发行主体

目前来看，随着信贷资产的风险程度越来越高，我国资产证券化发行主体应该是信贷资产的发放者，即国有商业银行，并且它们也存在发放资产证券化的意愿；另外，国有商业银行也具备完善的信贷资产体系和完备的数据资料，因此它们也具备开展资产证券化的现实条件。此外，由于我国目前处于资产证券化的发展初期，很有可能出现不规范运作的现象，因此我们首先由国有商业银行推出资产证券化也是合理的。

当前，各种股份制和城市性的商业银行的信贷资产规模也会增加，这些银行相对于国有商业银行来讲应该具有更高的发放动力，一方面，这些银行的市场化运作机制比国有商业银行完善，有很强的竞争力和活力，具有开拓新型业务的意愿；另一方面，随着它们发放信贷资产的规模越来越大，它们也会面临很高的信用风险，由于这些银行不是国有的，其抗风险的能力以及流动性的需求肯定要高于国有商业银行，因此它们也具备通过发起证券化来转移风险和扩大流动性动力。

因此，在我国资产证券化的发展初期，国有商业银行应该是市场上的主要发起主体，但随着信贷资产规模的不断扩大，一些股份制和城市性的商业银行也会参与进来，这时我国资产证券化发放主体将呈多元化态势。

2. 资产证券化的投资主体

资产证券化的投资者分为个人投资者和机构投资者，除了个人投资者以外，各种机构投资者，如证券公司、保险公司、共同基金、养老基金、信托公司以及商业银行都会是资产证券化的主要机构投资者。在美国，资产证券化市场的投资者就以机构投资者为主。因此，我们在推出的初期，可以引入不同的机构投资者投资证券化，从法律上放宽保险机构、基金机构等机构投资者的投资范围。因为在推出初期，在监管的影响下，我国资产证券化的风险应该很低，所以我们可以使这些拥有长期稳定资金来源的机构投资者投资这些稳定性比较强、收益率可观的证券化产品，这样也可以促进资产证券化市场的发展。但随着我国信贷资产风险越来越高，商业银行转移风险的意愿越来越强，这样我们可以引入较多的国外投资者投资证券化产品，或者从法律上规定给 QFII 分配更多的证券化产品，以最大的程度来分散商业银行面临的信用风险，从而维护金融体系的稳定。

第三节 基础资产构建的理论基础——投资组合理论

一 基础资产构建的理论基础——投资组合理论

我们知道，对于基础资产池的构建，最为重要的是防范风险，即使是优质的信贷资产也会具有一定的信用风险。本次金融危机爆发的源头就是基础资产的违约概率不断提高，并通过证券化的方式将风险转移和放大。因此，我们在构建基础资产时必须最大限度地降低基础资产的风险。

对于风险降低的技术，最流行的方法就是投资组合理论。通过将相关性比较弱的资产组合在一起，可以降低资产组合的整体风险。由于资产证券化的基础资产是由多笔抵押贷款组成的，其也是一个资产组合，因此基础资产池的构建也可以按照投资组合理论的思路进行。

投资组合理论是由诺贝尔经济学奖获得者 Harry Markowitz 提出的，也叫做 Markowitz 分散化策略，在这个理论和策略中，主要考虑各个资产之间收益率的关系，即协方差的大小。Markowitz 分散化策略将具有非完全正相关的资产组合纳入投资组合，在不降低收益的情况下降低投资组合的风险或方差，主要目的是通过对资产之间的收益率协方差进行分析，在维持原有收益的情况下降低风险。

Markowitz 分散化策略的假设为：

（1）投资者都是风险厌恶者，即追求较高收益和较低风险，所有投资者都偏好在既定风险水平上追求最大收益；

（2）投资者对风险资产的预期收益率、方差以及协方差都有相同的预期；

（3）投资者具有共同的单一时期投资区间。

由此可见，Markowitz 分散化策略认为大多数投资者均为风险厌恶者，他们总是在一定的风险和预期收益水平上选择证券组合，并总是希望在既定风险条件下获得最大的预期收益，或者在既定预期收益水平上使风险降到最小。对于资产组合来讲，其预期收益应该由各个资产预期收益的加权平均来计算，而风险，即收益的不确定性应该由方差或标准差来描述。

我们假设有 n 种不同的风险资产,并令第 i 种风险资产在第 t 期的实际收益为 R_{it}。我们令 n 期内第 i 种风险资产的预期收益为 R_i,$R_i = \frac{1}{n}\sum_{t=1}^{n} R_{it}$,并令第 i 种风险资产在投资组合中的比例为 x_i,因此有 $\sum_{i=1}^{n} x_i = 1$,$x_i \geq 0$。因此,我们可以得出风险资产组合的预期收益率:

$$R_P = \sum_{i=1}^{n} x_i R_i$$

如果我们假定风险资产组合的预期收益率目标为 r,则如下条件满足,即:

$$\sum_{i=1}^{n} x_i R_i = r$$

我们令风险资产组合的风险用方差 σ_P^2 表示。以 σ_i 表示第 i 种风险资产收益率的标准差,σ_{ij} 表示第 i 种风险资产与第 j 种风险资产收益率的协方差,即:

$$\sigma_{ij} = COV(R_i, R_j) = E[(R_{it} - R_i)(R_{jt} - R_j)]$$

令 ρ_{ij} 表示第 i 种风险资产与第 j 种风险资产收益率之间的相关系数,该系数代表了资产之间的相互关系,即:

$$\rho_{ij} = \frac{COV(R_i, R_j)}{\sigma_i \cdot \sigma_j}$$

如果 $\rho_{ij} = 1$,说明两种风险资产的预期收益率变化方向完全一致,此时第 i 种风险资产与第 j 种风险资产之间完全正相关;如果 $0 < \rho_{ij} < 1$,说明两种风险资产的预期收益率变化方向基本一致,此时第 i 种风险资产与第 j 种风险资产之间不完全正相关;如果 $\rho_{ij} = 0$,此时第 i 种风险资产与第 j 种风险资产之间不相关;如果 $\rho_{ij} < 0$,说明两种风险资产的预期收益率变化方向相反,此时第 i 种风险资产与第 j 种风险资产之间负相关。风险资产组合的总体风险可由 σ_P^2 表示,即:

$$\sigma_P^2 = \sum_{i,j=1}^{n} x_i x_j \sigma_{ij} = \sum_{i,j=1}^{n} x_i x_j \rho_{ij} \sigma_i \sigma_j = \sum_{i=1}^{n} x_i^2 \sigma_i^2 + \sum_{i,j=1, i \neq j}^{n} x_i x_j \rho_{ij} \sigma_i \sigma_j$$

我们将风险资产组合的目标设定为既定收益水平下的风险最小化,也就是组合的方差或标准差最小,即:

$$\min \sigma_P^2 = \sum_{i,j=1}^{n} x_i x_j \sigma_{ij} = \sum_{i,j=1}^{n} x_i x_j \rho_{ij} \sigma_i \sigma_j = \sum_{i=1}^{n} x_i^2 \sigma_i^2 + \sum_{i,j=1, i \neq j}^{n} x_i x_j \rho_{ij} \sigma_i \sigma_j$$

因此，Markowitz 分散化策略的模型可由下列最优规划表示：

$$\begin{cases} \min \sigma_P^2 = \sum_{i,j=1}^n x_i x_j \sigma_{ij} = \sum_{i=1}^n x_i^2 \sigma_i^2 + \sum_{i,j=1,i\ne j}^n x_i x_j \rho_{ij} \sigma_i \sigma_j \\ s.t. \sum_{i=1}^n x_i r_i = r \end{cases}$$

其中，$\sum_{i=1}^n x_i = 1$，$x_i \geq 0$（$i = 1,2,\cdots,n$）。

因此，整体资产组合的风险 σ_P^2 取决于资产之间的相关性指标 ρ，所以要使风险降低到最小，应该选择一些负相关或者不相关的资产组合。但是，对于一般的信贷资产来讲，资产之间出现负相关的可能性是很小的，这类资产的收益率大多数均呈同向变动，因此我们在构建基础资产组合时，应该选择不相关或者正相关性比较小的资产进行组合，这样才能保证总体风险水平的降低。根据 Markowitz 的分散化策略，按照上述原则组成风险资产的整体风险要小于单个的风险资产。

另外，我们可以看到模型中 x_i 不同，整体风险资产组合的收益率和风险也就不同。也就是说，对风险资产的投资比例进行调整可以实现整体收益增大，或者风险的降低。如果我们将所有可行的投资比例称为可行集，在可行集中，所有既定风险条件下的预期收益最大，或者所有既定收益条件下的风险最小的集合称为 Markowitz 有效边界，有效边界和代表投资者效用的无差异曲线的切点就是有效集合中的最优点（见图 8.4）。

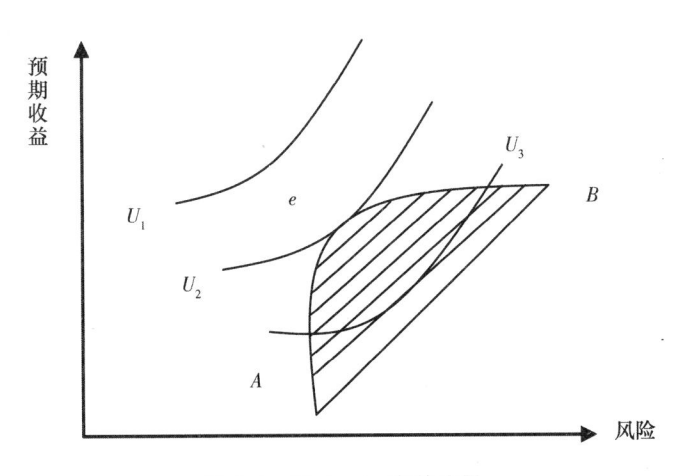

图 8.4 Markowitz 有效边界

从图 8.4 可以看出，阴影部分为投资组合的可行集，弧线 AB 就是 Markowitz 有效边界。U_1、U_2 和 U_3 为代表不同效用水平的无差异曲线。无差异曲线离横轴越远，其代表的效用水平也就越高，即 $U_1 > U_2 > U_3$。e 点就是代表最高效用水平的无差异曲线与 Markowitz 有效边界相切的点，也就是最优点。

下面我们用线性规划的方法来确定基础资产组合的最小方差。

Markowitz 分散策略对资产证券化基础资产的选择同样是适用的。如果能降低基础资产池的风险，这也降低了分散后的总体风险量，因此我们要构建具有最小方差的基础资产池。由于基础资产池之间不可能出现负相关的资产，同时完全不相关也是不合理的，因此我们在构建中尽可能选择正相关程度比较小的资产。比如，根据不同区域、借款人不同阶层、借款人处于不同年龄以及借款人处于不同行业，或者抵押贷款具有不同的期限、不同的还款方式来选择，尽量减少抵押贷款之间的相关性。我们假定选择了 n 种类型的抵押贷款，第 i 种贷款的收益率为 R_i，并假定 r 为贷款组合的既定收益率，各种贷款在基础资产池中的比重为 m_i，其中，$\sum m_i = 1$，并且 $m_i \geq 0$，我们令 σ_{ij} 为第 i 种贷款与第 j 种贷款之间的协方差。

此外，我们设 $B = (\sigma_{ij})_{n \times n}$ 为协方差矩阵，$M = (m_1, m_2, \cdots, m_n)^T$，各个贷款的收益率矩阵为：

$$R = \begin{pmatrix} R_1, R_2, R_3, \cdots, R_n \\ 1, 1, 1, \cdots, 1 \end{pmatrix}$$

既定收益率矩阵为：

$$C = \begin{pmatrix} r \\ 1 \end{pmatrix}$$

这时，Markowitz 分散化策略模型为：

$$\begin{cases} \min \sigma_P^2 = M^T B M \\ s.t. \ RM = C \end{cases}$$

我们用线性规划的方法可以求出方差和比例系数，即：

$$\sigma_P^2 = M^T B M = C^T (RB^{-1}R^T)^{-1} C$$

$$M = B^{-1} R^T (RB^{-1}R^T)^{-1} C$$

然后，我们对 $(RB^{-1}R^T)^{-1}$ 进行赋值，即：

$$(RB^{-1}R^T)^{-1} = \begin{pmatrix} a_{11}, a_{12} \\ a_{21}, a_{22} \end{pmatrix}$$

因此我们可以得出方差，即：

$$\sigma_P^2 = (r,1)\begin{pmatrix} a_{11}, a_{12} \\ a_{21}, a_{22} \end{pmatrix}\begin{pmatrix} r \\ 1 \end{pmatrix} = a_{11}r^2 + 2a_{12}r + a_{12}$$

在上式中，由于 B 可逆，因此 $(RB^{-1}R^T)^{-1}$ 为正定矩阵，则 $a_{11} > 0$，$a_{22} > 0$。由于 $a_{11} > 0$，因此 $\sigma_P^2 = a_{11}r^2 + 2a_{12}r + a_{12}$ 在坐标轴中是一条向右方开口的抛物线，同时这条曲线也代表了有效边界。

由于 $\sigma_P^2 = a_{11}r^2 + 2a_{12}r + a_{12}$ 是关于收益率的二次函数，因此当 $r = -\dfrac{2a_{12}}{2a_{11}} = -\dfrac{a_{12}}{a_{11}}$，方差达到最小值，因此我们得出方差的最小值为：

$$(\sigma_P^*)^2 = \frac{a_{11}a_{22} - a_{12}^2}{a_{11}} > 0$$

由此我们得出了既定收益率水平上的最小方差值，也就是最小风险水平。我们也可以根据这个数值得出基础资产池中的最优贷款组合比率，这样就得到了基础资产池中每一种信贷资产的金额大小，从而实现了风险最小化。

二 基础资产池的构建标准

基础资产池是发行资产证券化的支撑因素。对基础资产池的选择，必须有一定的标准，这样才有利于基础资产的"真实出售"，实现破产隔离。我们认为，目前我国的资产证券化正处于发展初期，基础资产池的构建应该选择优质的资产，主要原因是：在发展初期，资产证券化对我国来讲是一种新型金融创新产品，其相关的法律法规和监管制度均不成熟，各个参与主体与投资者面临的不确定性因素都很多，如果基础资产池的质量不高，对发行人来讲会造成极高的信用增级成本和销售成本，加大了发行证券化产品的难度，同时基础资产池的质量不高也会造成证券化的违规操作，因此我们必须注重基础资产池的质量，这样才能保障证券化顺利运行。等到资产证券化市场发展成熟以后，我们可以放宽基础资产池的质量标准，将更多风险品种的信贷资产纳入基础资产池，同时创造出不同品种的资产证券化。我国目前可采用的基础资产池标准如下：

1. 借款人关于信贷资产的使用情况

借款人信贷资产必须是用于非投机运营，即投资于实体经济。

2. 贷款品种

基础资产池的贷款品种必须是具有保险的商业银行抵押贷款，并且必须拥有固定的还款形式和还款期限。

3. 贷款与抵押物的比值

基础资产池中要对贷款与抵押物比值（LTV）的最高比例进行限定。对抵押贷款发放机构来讲，该比值越低，说明借款人的信用风险越低。我们可以对该比值的最高值进行限定，规定一个合理的最高值，比如 80%。

4. 债务与借款人收入的比值

债务与借款人收入的比值是指借款人在每个固定期限所需的还款支出占其收入的比重。对于商业银行来讲，这个比值越低越好，越低显示了借款人较低的信用风险。我们可以效仿 LTV，对该比值规定一个上限，比如 60%。

5. 最大和最小贷款额

为了保证基础资产池的规模效应并控制风险，我们必须规定基础资产池中每笔贷款额的最小额和最大额，这可以根据实际的风险预测和规模效应来规定。

6. 贷款的剩余期限

为了保证基础资产池的质量，我们应规定贷款的剩余期限。一般来讲，剩余期限为 3 年到 15 年的为中短期贷款；而 15 年到 30 年的为长期贷款，因此我们可以在基础资产池中进行规定，剩余期限在 30 年以上的不能纳入基础资产池。

7. 贷款的支付记录

贷款的支付记录必须要求借款人没有任何延期支付的情况。

8. 信贷资产的地域分布

为了规避风险，或者最大限度地分散风险，我们必须保证信贷资产来自多个区域，这样才能最大限度地分散风险。

9. 担保方面的要求

为了保证基础资产的质量，我们必须保证基础资产池中的信贷资产都是被提供保险后的贷款，并已经办理了完善的抵押登记手续。

上面这九条是我们构建基础资产池的基本标准。此外，我们在构建基础资产池时必须按照投资组合理论的要求，在满足上述九条标准的基础上，必须选择具有不同剩余期限、贷款品种、地域分布、支付记录以及相关债务比值的抵押贷款，由此实现最小化的风险水平，并确立基础资产池中每笔抵押贷款的最优比重。

第四节 资产证券化信用评级和信用增级体系的创建

相对于美国发展数百年的信用评级业来讲，我国的信用评级业起始于1987年，主要以企业信用评级和证券信用评级为主。据有关数据表明，我国的信用评级机构已经高达100多家，但如此高的数量并没有被国外监管机构认可，即使被中国人民银行认可，但被授权的信用评级机构也不过9家。由此可见，我国的信用评级业虽然经历了膨胀发展期，但评级结果的权威性没有得到公众的接受，同时我国的信用评级业缺少一套统一规范的评级标准和指标体系，这也造成了我国信用评级业的水平参差不齐。因此，我们必须建立健全完善的信用评级体系，并确立统一的信用评级标准和指标体系。

一 我国发展信用评级体系的必要性分析

（一）我国发展信用评级是打破国际信用评级体系垄断权的重要工具

国际著名评级机构穆迪、标准普尔以及惠誉参与和控制了全球所有金融市场最活跃国家的信用评级，对全球的信用评级业务形成了垄断。在金融危机中，这些信用评级机构拥有的垄断权可以使它们通过对不同市场和金融产品的评级来影响整个国际金融体系的变迁，并影响金融产品的交易。因此，只有发展具有我国特色的信用评级体系，才能真正打破国际信用评级体系的垄断权。

（二）我国发展信用评级体系是维护我国金融体系稳定性的重要保障

随着经济全球化的不断推进，信用关系逐渐形成国家之间最重要的基本关系，其中，国际信用评级组织是维护国际间信用关系顺利运转的重要因素，它的话语权能影响到一个主权金融体系的稳定，甚至能对主权金融体系产生摧毁作用，比如在东南亚金融危机期间，标准普尔和穆迪分别给韩国开发银行发行的长期债券连降八个级别，从"A1"和"A+"当即调整到垃圾级别；在本次金融危机中，这种情况也经常发生，其对资产的降级行为导致资产的价值迅速缩水，从而引起市场中的流动性骤然消失。因此可以看出，信用评级不仅关系到一个国家金融市场的健康发展，更关系到一国金融体系的稳定，我们必须从维护我国金融安全的原则出发，设计出具有我国特色的信用评级体系。

（三）我国发展信用评级体系是保证评级结果客观性的重要手段

目前国际信用评级缺乏透明度，存在严重的利益冲突，缺少独立性。在金融危机中，虽然对抵押贷款及其证券化的信息披露不够详尽，同时缺乏应有的市场透明度，但是信用评级机构为了争取市场份额，对产品进行评级时采取低估风险和高估信用的做法，同时参与结构产品的信用评级和发行设计，加上信誉累积的时间比较长，导致投资者受到误导，由此增加了信用评级的不确定性。在信用评级的规则设计上，由于缺乏对产品的分类标准，对产品的风险性没有做出合理的提示。因此，国际信用评级机构并没有在评级过程中给出一个客观公正的结果，所以我们必须通过发展自己的信用评级体系来增强评级结果的客观公正性。

二 关于信用评级对资产证券化的作用

信用评级的功能是提供各种风险信息，其结果只是给投资者提供一种参考。虽然信用评级不具有强制性，但其在市场中却具有独特的风险揭示功能。资产证券化作为一种新型的金融创新有着普通证券不具备的特点，但其最终还是市场上待交易的证券。信用评级对资产证券化中各个参与主体的作用如下：

第一，对投资者来讲，信用评级可以给投资者提供更多的风险揭示，从而降低信息成本，减少不确定性，方便投资者选择自己偏好的风险组合。第二，对发行人来讲，信用评级可以使他们更深入地接触到资本市场，从而更迅速地满足他们的期限结构要求。另外，投资者对信用评级的依赖也能使发行人降低发行成本。第三，对筹资者来讲，如果信用评级结果能被投资者广泛接受，则债券的销售就会变得更加容易。较高级别的债券也能使筹资者降低筹资成本。第四，对金融中介来讲，信用评级可以帮助金融中介在承销证券时吸引更多的投资者，还可以帮助其进行市场定价和风险管理。第五，对监管部门来讲，信用评级的结果可以被市场中的监管者用于风险管理，从而为监管提供较高的监管依据，并降低监管成本。

三 我国资产证券化信用评级体系的设计

(一) 我国资产证券化信用评级体系设立的理论基础①

信誉资本论（Reputation Capital）认为信用评级的建立应当以投资者对信用评级机构的信任为基础，这样整个信用评级业是以信誉为基础的竞争性行业，投资者相信信用评级机构能够真实反映资产的实际风险。该理论认为信誉资本的形成需要很长时期的积累期，评级机构需要在设备、技术和人才方面进行大量的投入，同时也要经受住市场的考验。在市场竞争中，如果投资者对某家信用评级机构丧失信心，其就会转为购买其他评级机构的产品，这样为了保住市场份额，信用评级机构会主动维护其信誉资本和评级质量。

监管特许权论（Regulatory License）认为评级不是一种信息产品，而是一种监管特许权，一旦某评级机构的评级水平达到监管机构认可的标准，该机构便获得监管的特许权，同时也能解除法律方面的限制，比如更低的融资成本、更低的资本要求以及更广的投资者范围，并且由于监管部门认为信用评级业的门槛较高，从而削弱了行业竞争，获得特许权的评级机构就享有一定的垄断优势。

目前，美国信用评级业是以信誉资本论为基础的。在2002年《萨班斯—奥克斯利法案》中，美国证券交易委员会（SEC）提供了信用评级在证券市场中作用的报告，认为需要提高行业的竞争性来改善评级的质量和控制潜在的利益冲突。2006年美国国会颁布了《信用评级机构改革法》正式明确了"全国认可的信用评级机构"（NRSRO）注册程序，并赋予SEC对信用评级业监管的权利。鉴于信用评级机构在金融危机中的表现，SEC在2008年6月就信用评级的信息披露和利益冲突等方面进行了严格规定，比如禁止分析师向评级对象提供建议、禁止分析师协商收费等。但是这些规定以自律行为为基础，因此美国还没有完全放弃信誉资本论，他们认为监管特许权是不必要的，基于市场的定价方法能够更全面反映市场信息，其改革思路就是构建一个竞争性和自律性的信用评级业。

对于我国来讲，证券市场还处于初级阶段，市场化的运作机制还比较

---

① 信用评级存在两种主流的设立理论，即信誉资本论和监管特许权论。

弱，市场的流动性、定价机制以及信息披露机制都与发达国家存在很大差距。对于抵押贷款证券化市场而言，其发展也处于初级阶段，市场规模不高，并且在发展的初期有可能出现不规范的运行；对于市场中的信用评级机构来讲，我国的评级业虽然容量有限，但存在过度竞争，评级机构为了获得市场份额不得不降低评级标准，这根本不利于信誉资本的积累，更谈不上市场机制的形成，因此信誉资本论对我国并不适用，我们应当建立起以监管特许权理论为基础的信用评级模式，要充分发挥政府机构在信用评级体系中的主导作用。

(二) 我国资产证券化信用评级体系的设计原则

信用评级体系作为信用信息的权威发布机构，权威性是市场共同认可的结果。鉴于本次金融危机中信用评级体系存在的问题，并结合我国的实际情况，认为我国信用评级体系的设立应当遵循如下原则：

第一，独立性原则。信用评级的设立不应代表任何组织的利益，更不能代表自己的特殊利益。第二，公平性原则。信用评级应当把研究证券化等风险资产信用风险的特殊性作为其制定信用评级的基础，不能用某个资产的评级标准去衡量另一个资产。第三，公正性原则。信用评级必须坚决维护投资者的利益，更不能通过损害投资者的利益来为自己谋利。第四，科学性原则。信用评级应当对资本市场上风险资产的风险演变进行跟踪研究，并制定科学的风险评价标准，从而确保评级结果的科学性。第五，非竞争性原则。信用评级的设立必须通过市场共同的认可，并符合金融市场的演变规律，而非市场自由竞争的结果。

(三) 我国资产证券化信用评级体系的构建

在第五章我们已经讨论过，我国的信用评级存在相关法律不健全、信用评级的监管不充分以及缺乏统一的评级标准等缺点，同时从金融危机可以看出，资产证券化信用评级体系的构建不仅需要公正的信用评级机构和统一的信用评级标准，还需要良性的信用评级监管组织，鉴于此，为了保障我国资产证券化的良性发展，防止初期的各种不规范的运作，我国的信用评级体系应当包括信用评级组织或机构、信用评级标准以及信用评级的监管组织或机构。

1. 信用评级组织的构建

我国信用评级组织的构建可以采取如下模式，即迎合我国多层次资本市场的构建，建立全国性的信用评级机构和地区性的信用评级机构，其中全国性的信用评级机构负责制定全国统一的信用评级标准和管理规则,对全国性的金融机构和公司进行信用评级。而地区性的信用评级机构主要负责和管理本地区的信用评级,研究本地区各个金融机构和公司风险的特殊性。此外,信用评级的监管机构应对这两个层次的信用评级机构进行制衡,从而保证信用评级体系的健康运行。

2. 构建统一的信用评级标准

信用评级标准是评级的核心内容,该标准的构建应当遵循如下三个原则:

第一,统一性原则。即信用评级要形成一个统一的标准,能够对不同的风险产品进行风险度量,保证不同产品之间的风险度量具有可比性。第二,特殊性原则。即信用评级标准应根据不同风险形成的特殊性进行度量,在统一性原则的指导下,信用评级标准应充分考虑不同风险资产的特殊性。第三,统一性和特殊性相结合原则。我们在制定信用评级标准时,必须保持评级标准的统一性和特殊性相结合。如果不考虑统一性,则评级标准的公平性将难以体现;如果不考虑特殊性,则评级标准的可行性无从谈起。

3. 构建信用评级监管机构

美国信用评级的监管工作由证券交易委员会来承担。在我国,信用评级机构一直处于多头管理状态,这就导致监管标准的不统一,因此我们亟待建立统一的信用评级监管机构。我国是以银行融资为主导的间接融资体系,银行的信用占据了市场信用的主体,因此我们应以中国人民银行作为信用评级业的监管核心。我们以中国人民银行作为主要的监管机构也有现实的基础,因为早在2003年9月,国务院就在中国人民银行成立了"征信管理局",从而推动了社会信用体系的建立。

鉴于我国信用评级监管存在的问题,我们认为应从以下几个方面来完善:

第一,完善信用评级机构的准入制度。(1)监管部门应当明确评级机构的准入条件,包括分析师的数量和资格、最低资本要求,并要求提交详细的证明材料;(2)应建立专门的程序对申请机构提交的证明材料进行评估;(3)可以实行准进入制度,对满足条件的机构设立一个观察期,在此期间,如果评级机构的行为被证明是可信的,那么在期满后可以使其获得官方的认可;(4)建立淘汰机制,被准入的机构一旦违反了公平公正的原则,监管部门可以取消其任职资格。

第二,完善信用评级的法律制度。(1)法律制度中应当明确信用评级机构客观、独立以及公正的义务;(2)法律制度中应当规定信用评级机构,建立有效规范的运作机制和内部控制程序,完善信用评级机构的激励制度和定价机制,并实施问责制;(3)法律制度必须防范信用评级业的不规范竞争;(4)法律制度应当规定监管部门要定期和不定期对信用评级机构进行检查和规范;(5)法律制度应当加强信用评级业的信息披露,规定信用评级业根据"及时披露和公正透明的原则"有义务地披露其在评级过程所使用的评级方法和程序,同时也有义务对投资者无法掌握的风险进行披露。

(四)我国资产证券化信用评级的基本程序

在本次金融危机中,对资产证券化造成影响的不仅包括传统的违约风险(即信用风险)、再投资风险、现金流风险以及提前还款风险等,这些风险只停留在微观层面上,还包括各种宏观因素造成的影响,比如基础资产的价格波动、基准利率的波动、资产证券化运作中的委托—代理问题等。虽然我国资产证券化的推出还处于初级阶段,即使宏观经济产生波动也不至于对其产生影响,但我国目前已经有了加息的预期,并且住房市场的价格已经存在了一定程度的泡沫,所以我们必须防患于未然,在设计我国资产证券化的信用评级程序时,不仅要考虑各种微观因素造成的影响,还要考虑宏观经济波动,同时加强信用评级机构的跟踪评级以及对宏观经济波动的预警。因此,信用评级机构对资产证券化的信用评级程序如下:

第一步,信用评级机构要对基础资产的质量进行考察,具体来说,要对借款人的信用情况、贷款发放标准、贷款地理分布、贷款组合的整体分散化等因素进行判断。第二步,信用评级机构要对住房抵押贷款证券化的相关参与人进行分析和考察,这包括各种中介机构,如服务商、法律顾问、信用增级机构等中介。在分析的过程中也应该注重各个委托人和代理人之间的关系,杜绝委托—代理问题产生。第三步,信用评级机构对证券化存续期间的宏观经济状况进行分析和预测,如住房价格的波动、利率的波动等,从而对面临的宏观经济风险,即系统性风险进行揭示和分析。第四步,信用评级机构将上述分析结果输入相关模型,以检验这些结果是否会给投资者带来损失,同时也要对证券化交易在最坏情况下造成的损失进行预测。第五步，信用评级机构要针对微观因素和宏观因素进行跟踪评级，针对这些因素的变化及时调整证券化的信用评级结果，并对宏观经济的波动进行预警分析。资产证券化的信用评级程序如图 8.5 所示。

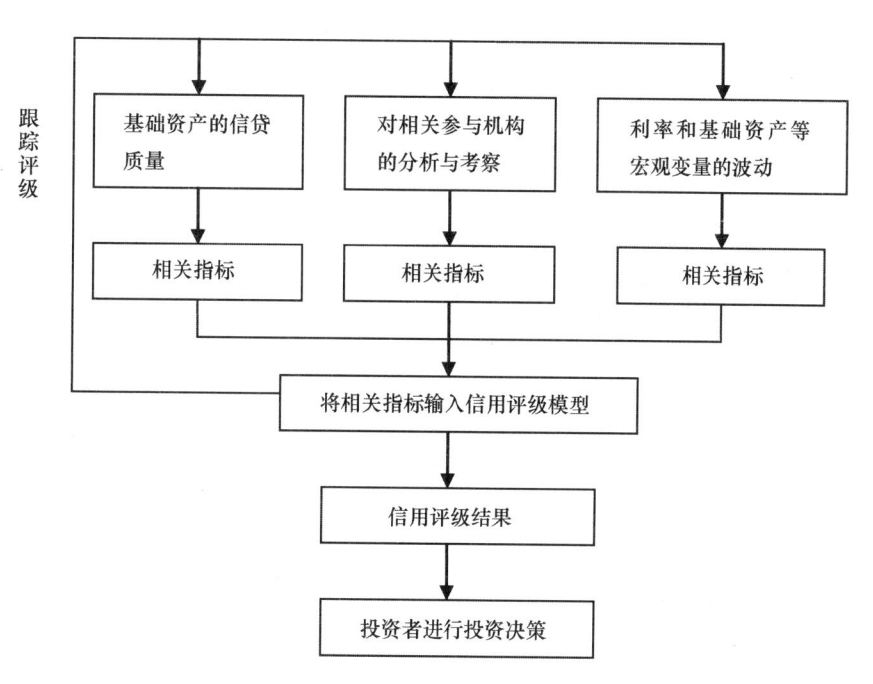

```
跟踪评级
├── 基础资产的信贷质量 → 相关指标
├── 对相关参与机构的分析与考察 → 相关指标
└── 利率和基础资产等宏观变量的波动 → 相关指标
                ↓
        将相关指标输入信用评级模型
                ↓
            信用评级结果
                ↓
          投资者进行投资决策
```

图 8.5　资产证券化的信用评级程序

（五）我国资产证券化信用评级指标体系的构建

对于信用评级指标体系的构建，我们要首先考虑信用评级的影响因素。

1. 资产证券化信用评级的各种影响因素

对资产证券化信用评级影响因素的分析主要集中在基础资产质量以及相关参与主体等微观因素，但在金融危机中，信用评级不仅要受到上述微观因素的影响，还要受到宏观经济波动的影响，因此我们在构建信用评级的指标体系时应从微观和宏观两个方面来考虑。

（1）信用评级的宏观影响因素。

①基准利率。基准利率的变动不仅对基础资产的价格波动产生影响，还会影响资产证券化的价格波动，价格的波动会对持有人的资产负债表产

生影响。

②基础资产价格的波动。在美国,基础资产价格波动目前已经成为影响经济波动的主要因素,比如房地产的价格。房价下跌将直接导致抵押贷款借款人抵押品价格下跌,这样信用评级机构很可能会调低证券化的信用评级。因此,基础资产的价格波动是影响信用评级的重要因素。

③道德风险的影响。在金融危机中,由委托—代理问题引起的道德风险导致金融不稳定,并促使了系统性风险的积累。随着我国资产证券化的不断发展,其市场参与主体也会越来越多,在利益链条的拉长过程中不可避免地会产生道德风险,因此道德风险应当是信用评级中需要考虑的因素。

④监管风险。资产证券化毕竟是一种新型的金融创新,在发展的初期,监管部门很可能采用放松监管的方式来促进发展,在这种情况下,特别是在某种新型金融创新工具的初始发展阶段,监管的放松很可能导致不规范运作的发生,因此我们在资产证券化运作的初期阶段也可能存在监管风险,这些风险均是信用评级中不得不考虑的因素。

(2) 信用评级的微观影响因素。

①信贷资产借款人的信用风险。

第一,贷款额和基础资产价格的比重。这是借款人信用风险的重要衡量因素。如果比重过高,说明借款人的负债过高,这样发生违约的可能性就越大。

第二,贷款的期限。如果贷款期限较长,说明借款人实施了贷款分摊计划,他能把借款额在很长的时期内进行分摊,其每期需要偿还的金额就很小,因此违约的可能性也就越小,这对信用评级来说是有利因素。

第三,贷款的类型。一般来讲,贷款的类型分为固定利率贷款和浮动利率贷款。如果是固定利率贷款,则借贷的双方都能了解偿还的情况。但如果是浮动利率贷款,则贷款每期的偿还额可能会随基准利率的变动而变化,这样抵押贷款机构就很难预测未来的偿还情况,并且许多浮动利率贷款属于累加类型,这导致借款人随着时间的推移被要求的支付额会越来越多,这加重了借款人的还款负担,对信用评级来讲不是一个有利因素。

第四,借款人的借款目的。如果借款人的借款目的是用于投机,那么借款人违约的可能性较高。

第五，交易的类型。如果借款人的目的是用于再融资，那么借款人的风险就比较高。因为借款人再融资是基于对基础资产上涨的预期，如果基础资产没有像预期那样上涨，借款人就无法通过对基础资产的交易来偿还贷款，其信用风险就会上升。

第六，基础资产的类型。比如以房地产而言，一般来讲，公寓业主的土地是租赁的，这种产权状况导致较高的信用风险，主要由于租赁到期时，公寓业主要进行续租，在续租的过程中不得不增加支出，由此引起房屋价格的波动。

第七，保险因素。保险因素是信用评级中需要考虑的重要因素。政府部门提供保险的信用风险是比较低的。但如果提供保险的部门是私人机构，其信用风险就会高于政府部门。如果借款人在申请贷款时没有任何保险，这时的信用风险是最高的，因为偿还情况完全取决于借款人的信用。

②基础资产池结构。

基础资产池的构建一般采取投资组合理论，主要是基于投资组合能够分散风险的原理。在考虑基础资产池时，主要是考虑规模和地理分布。一般来讲，如果基础资产的规模越大，其风险也就越小。而对于地理分布来讲，如果基础资产分布在不同的地区，其风险也就越小。因此，对于基础资产池，信用评级机构一般考虑规模和地理分布两个因素。

③抵押贷款的服务质量。

信贷资产在运作中的服务质量也是信用评级要考虑的重要因素。一般来讲，贷款的偿还服务是服务商提供的，并对抵押贷款提供担保。标准普尔从七个方面来评估服务商，即服务经验、服务能力、服务历史、发起的情况、财务情况和竞争能力，同时对服务商进行划分等级来判断服务商的服务水平。

④资产证券化的信用增级。

信用增级是信用评级过程中需要考虑的重要因素，我们从内部信用增级和外部信用增级这两个方面来考虑。

2. 资产证券化信用评级的指标体系设立

资产证券化信用评级的指标体系应该能综合反映其本身所处的复杂环境。在这个系统里的不同指标应该具有不同的隶属关系，同时这些指标体系也是按一定的层次结构形成的集合。我们建立三层结构的指标体系，以住房抵押贷款证券化为例，见图8.6。

3. 资产证券化信用评级指标体系权重的设定

在指标体系确定以后，就要确定指标体系的权重。我们采用运筹学中的层次分析法（AHP）来对指标体系的权重进行设定。层次分析法由美国运筹学专家 Satty 在 20 世纪 70 年代末提出，该方法对要研究的总目标按照相互关系划分为有序的层次结构，通过两两之间的比较来确定下级层次相对于上一层次某一因素的相对重要性，然后将因素的相对重要性做一个排序。我们确定权重的步骤如下：

第一步：把我们分析的问题按照元素的组合进行分解，并且这些元素按照属性进行分组，形成支配关系的分层。从图 8.6 可以看出，上层目标仅包含一个元素，是目标的焦点，下面的层次可以包含若干个元素，在同一层的元素中具有同等级别的数量值，如果差别太大，则它们应属于不同的层次。

第二步：构造两两之间进行比较的判断矩阵。判断矩阵是按照自上而下的方式生成的。我们以图 8.6 中的第三层为例，在第三层中，每一个目标 c_{ij} 均与上一层的目标 A_i 之间存在关联，我们的目的就是求出第三层的每一个目标相对于第二层目标的重要程度。在第三层中，对于每一个 A_i，有 c_{i1} 到 c_{ij} 个子目标，我们令 u_{ij} 表示 c_{ii} 相对于 c_{ij} 的相对重要性，也就是说，u_{ij} 表示了 c_{ii} 相对于 A_i 比 c_{ij} 相对重要程度。如果 $u_{ij} > 1$，c_{ii} 对于 A_i 的重要性要高于 c_{ij}，其值越高，重要性也就越大；如果 $u_{ij} < 1$，c_{ii} 对于 A_i 的重要性要低于 c_{ij}，其值越小，重要性也就越小。我们根据 Satty 提出的 1~9 标度法，认为判断矩阵应该取 1~9 之间的数值。这样就可以根据目标之间的相对重要性构造一个判断矩阵，即：

$$U = (u_{ij})_{ss}$$

$$= \begin{pmatrix} u_{11}, u_{12}, u_{13}, \cdots, u_{1s} \\ u_{21}, u_{22}, u_{23}, \cdots, u_{2s} \\ \cdots \\ u_{s1}, u_{s2}, u_{s3}, \cdots, u_{ss} \end{pmatrix}$$

在这个矩阵中，$u_{ij} = 1/u_{ji}$。

第三步：确定相对权重 W_j。

我们对判断矩阵 $(u_{ij})_{ss}$ 的每一行元素的乘积取 n 次方根，即：

$$P_i = \sqrt[n]{\prod_{j=1}^{s} u_{ij}}, \text{ 其中，} i = 1, 2, 3, \cdots。$$

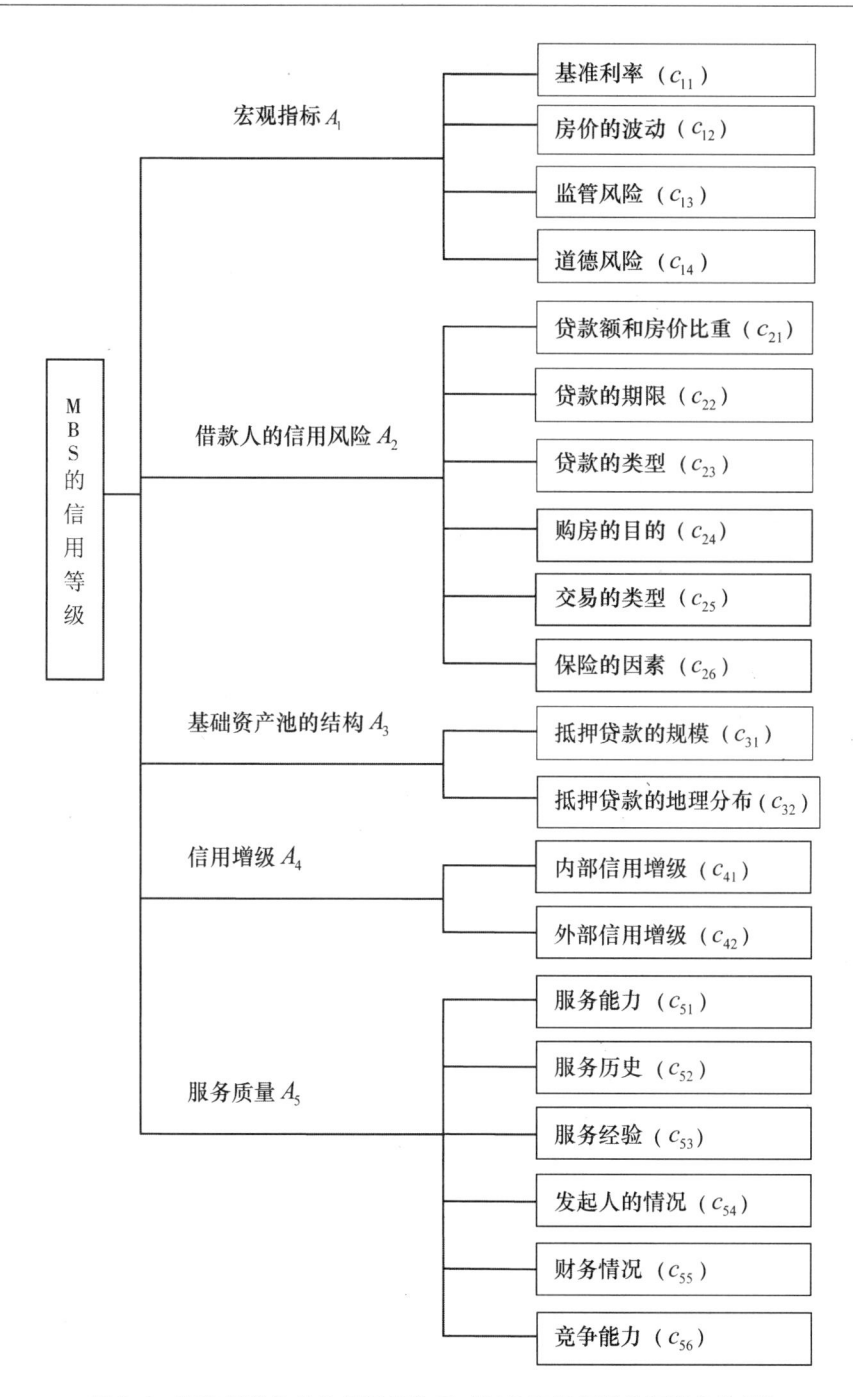

```
                                    ┌─ 基准利率（$c_{11}$）
                    ┌─ 宏观指标 $A_1$ ┤── 房价的波动（$c_{12}$）
                    │               ├─ 监管风险（$c_{13}$）
                    │               └─ 道德风险（$c_{14}$）
                    │
                    │                   ┌─ 贷款额和房价比重（$c_{21}$）
                    │                   ├─ 贷款的期限（$c_{22}$）
                    ├─ 借款人的信用风险 $A_2$ ┤── 贷款的类型（$c_{23}$）
  M                 │                   ├─ 购房的目的（$c_{24}$）
  B                 │                   ├─ 交易的类型（$c_{25}$）
  S 的              │                   └─ 保险的因素（$c_{26}$）
  信  ───────────────┤
  用                 │                    ┌─ 抵押贷款的规模（$c_{31}$）
  等                 ├─ 基础资产池的结构 $A_3$ ┤
  级                 │                    └─ 抵押贷款的地理分布（$c_{32}$）
                    │
                    │               ┌─ 内部信用增级（$c_{41}$）
                    ├─ 信用增级 $A_4$ ┤
                    │               └─ 外部信用增级（$c_{42}$）
                    │
                    │               ┌─ 服务能力（$c_{51}$）
                    │               ├─ 服务历史（$c_{52}$）
                    │               ├─ 服务经验（$c_{53}$）
                    └─ 服务质量 $A_5$ ┤
                                    ├─ 发起人的情况（$c_{54}$）
                                    ├─ 财务情况（$c_{55}$）
                                    └─ 竞争能力（$c_{56}$）
```

图 8.6 资产证券化的信用评级体系（以住房抵押贷款证券化为例）

对向量 $P = (P_1, P_2, P_3, \cdots, P_S)^T$ 进行规范化处理，即：

$$W_i = \frac{P_i}{\sum_{i=1}^{s} P_i}$$

其中，$0 \leq W_i \leq 1$，$\sum_{i=1}^{s} W_i = 1$。

这样所求出的 W_i 即为目标 c_{ii} 对于 A_i 来说的相对重要程度（权重）。

第四步：对判断矩阵进行一致性检验

层次分析法规定在计算权重的过程中，每一个判断矩阵的确定都要进行一致性检验。只有通过了一致性检验才能保证计算权重的合理性，即计算结果的可靠性。对矩阵进行一致性检验，首先要得出判断矩阵的最大特征值 λ_{max}，然后计算一致性指标 CI，CI 的计算方法为：

$$CI = \frac{\lambda_{max} - n}{n - 1}$$

通过查找相应的平均随机一致性指标 RI，对于 $1 \sim 9$，Satty 给出了 RI 的值，如表 8.1 所示。

表 8.1　　　　　　　　　平均随机一致性指标

判断矩阵维数 n	1	2	3	4	5	6	7	8	9
RI	0	0	0.58	0.96	1.12	1.24	1.32	1.41	1.45

然后计算一致性比例，即：

$$CR = \frac{CI}{RI}$$

一般来讲，如果 $CR < 0.1$ 时，则认为判断矩阵的一致性是可以接受的，也就是说通过判断矩阵计算出来的权重是可靠的，否则就需要对判断矩阵做出适当的调整。具体的调整方法如下：

$$U' = [W]_{s \times s} [\bar{W}]_{s \times s}^{-1}$$

其中，$[W]_{s \times s} = \begin{pmatrix} W_1, W_1, \cdots, W_1 \\ W_2, W_2, \cdots, W_2 \\ \cdots \\ W_S, W_S, \cdots, W_S \end{pmatrix}$，$[\bar{W}]_{s \times s}^{-1} = \begin{pmatrix} 1/W_1, 0, \cdots, 0 \\ 0, 1/W_2, \cdots, 0 \\ \cdots \\ 0, 0, \cdots, 1/W_S \end{pmatrix}$。

以矩阵 U' 为基础再次计算最大特征根,然后对矩阵进行一致性检验,直至矩阵满足一致性为止。

四 我国资产证券化信用增级体系的构建

(一) 完善资产证券化信用增级的基础制度

目前西方发达国家已经形成了一整套的个人信用体系,包括个人资信评估、信用风险管理机制、信用风险预警机制等,同时也具有完善的实名制和信用卡。我国已经建立了储蓄存款实名制,下一步应当是依法推进金融资产的实名制。此外,我国信用卡的功能还有待完善,我国的银行卡大多为借记卡,贷记卡覆盖面较窄。在西方国家,消费者愿意承担信用风险而举债,虽然西方国家的举债消费是金融危机的主要原因,但我们不能因为这而抑制我国银行贷记卡的发展,应该推进贷记卡的发展,这样才能形成对个人信用历史进行记录的制度。

(二) 完善资产证券化的担保制度的必要性分析

担保是信用增级的重要手段。政府担保机制的设立能够提高借款人的偿还能力并降低道德风险。图 8.7 显示,随着政府担保力度的加大,个人的偿还能力就会提高。图 8.8 显示政府担保对借款人道德风险的影响,随着政府担保力度的加大,借款人的道德风险会逐步降低。

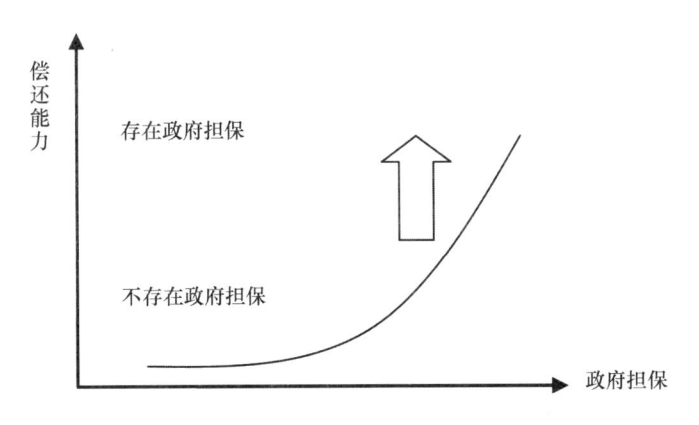

图 8.7 政府担保对个人偿还能力的影响

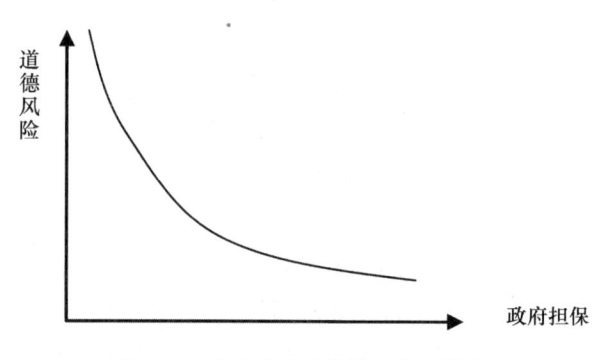

图 8.8　政府担保对道德风险的影响

（三）我国资产证券化外部信用增级体系的构建

资产证券化的外部信用增级主要是担保机构提供的。担保机构提供的担保可以使证券化的信用等级大幅度提升。从发达国家的经验来看，一般外部信用增级存在两种模式，即政府信用担保机构和非政府的担保机构。

在我国资产证券化发展初期，我们认为成立有政府背景的担保机构是可行的，但鉴于《担保法》对政府部门不能进行商业担保的法律限制，我国可以采取国家出资的方式建立国家控股的担保公司。但是，我们也可以通过对《担保法》的修改来建立具有政府背景的担保机构。随着政策性和商业性抵押贷款业务的分离，我们应分别建立政策性和商业性信贷担保机构，由于政策性住房贷款面向的是中低收入者，因此政策性担保机构由政府部门组建，为无法从银行获得保险的中低收入者提供担保，并不以盈利为目的，而商业性担保机构由社会资本组建，为申请商业性信贷的借款人提供担保，由于其担保风险较大，因此收取的担保费用可以高于政策性担保。

（四）我国资产证券化内部信用增级体系的构建

内部信用增级主要是利用证券化基础资产中所产生的现金流来实现，主要方式有建立优先—次级结构和超额抵押金额。我国资产证券化目前采取的内部增级方式是建立优先—次级结构，即中国建设银行在发行证券化时将次级证券全部购买作为内部增级，但是这种内部增级方式并不会减少投资者对风险的担忧，因此我们应该探讨新的内部增级方式。

1. 超额抵押金额

超额抵押金额是指资产证券化的发行额小于基础资产的本金，通过基础资产来为资产证券化提供信用增级。在我国资产证券化发展初期，我们可以采用这种增级方法。因为 SPV 通常是用证券化的发行金额来购买基础资产，在发行初期，被证券化的基础资产不会很多，这样 SPV 用来购买基础资产的成本也不是很高，因此在发行初期可以采取这种方法。但随着资产证券化的不断发展，其发行规模会越来越大，如果再采用这种增级方式就有可能导致经营成本提高。

2. 直接索取权

直接索取是指证券化的投资者保留向抵押贷款卖方索取的权利。如果借款人无法按时偿还抵押贷款的本息，投资者可以从贷款发放人处获得支付，但这必须要求抵押贷款的卖方保留一种备付账户。这种内部增级方式可以在住房抵押贷款证券化发展规模较大的时候采取，因为随着资产证券化不断发展，抵押贷款机构进行证券化的目的会从早期的增大流动性向转移风险转变，但风险在转移过程中可能会引起风险的放大和扩散，这又会导致资产的价格泡沫，这样借款人在基础资产上涨的过程中会再次贷款，发放机构在借款人申请再次贷款后又会通过证券化来转移风险，这又会引起风险的转移、扩散以及资产价格的泡沫。如果监管当局采取紧缩政策刺破泡沫，资产价格就会下跌，抵押贷款借款人的还款能力就会降低，这时证券化投资者就会向抵押贷款发放者申请支付，即使这时由于资产价格下跌导致抵押贷款发放者产生流动性危机，但其备付账户的设立可以确保证券化本息的偿还。

第五节　资产证券化的品种设计

我国资产证券化品种的选择不仅要考虑我国的市场现状，比如信贷资产市场的发展程度、市场的利率环境以及法律方面的限制等等，同时也要汲取美国等发达国家的经验。目前，世界上发达国家关于资产证券化的品种很多，但并非所有的市场品种均适合我国的现状，比如美国规模最大的过手证券目前就不符合我国的实际条件，因为我国目前证券化的运作并没有将政府信用引入进来。此外，我们在设计我国资产证券化的品种时，也要吸取美国金融危机的经验教训，深刻思考资产证券化基本功能的作用，防范风险的过度转移和扩散，尤其是在发展初期。

一　我国资产证券化发展初期的品种选择

在证券化发展初期，我们必须强调监管，否则证券化就会不规范操作。从目前的信贷资产市场来看，市场中的价格水平已经有了一定泡沫，这样银行发行资产证券化的目的可能不是增大流动性,而是转移信用风险。此外,在金融危机中,资产证券化的风险转移功能被滥用了,风险在转移的过程中造成了风险的扩散和放大,并促使了系统性风险的积累。当然,风险转移是资产证券化的基本功能,我们之所以要发展证券化,就是要利用这种基本功能,同时银行体系发行证券化的动力也是为了转移信贷资产价格泡沫造成的风险,并且从我国目前的现状来看,即使风险被转移了,也不会出现风险被放大和扩散的现象,因为在我国资产证券化衍生品市场几乎不存在,但是我们要做的就是防止基本功能被滥用,尤其是在我国这样一个市场体系不成熟和监管不健全的国家,因此在发展的初期,我们可以为使发行机构为投资者提供更多担保来防止基本功能被滥用。这样,在短期的设计我们可以采取抵押贷款支持债券(MBB)的形式,因为这种证券的本息偿付不仅依靠抵押贷款的现金流,其他资金来源也可以用来偿付,同时在 MBB 运作中,一般由发行机构提供证券总额 110%～120%的基础资产作为超额担保,并且这些担保品要交由独立的受托人保管。提供更多的担保品意味着减轻投资者承担的风险,这样既实现了银行体系风险的转移,也通过减轻投资者承担的风险来防止风险的扩散。此外,MBB 产品的设计和发行在技术上的要求也是非常简单的,这也非常适合我国目前市场发展初期时使用。

二 我国资产证券化品种的长期选择

上面的 MBB 产品虽然经过超额担保,但政府信用并没有被引入,这主要是因为我国目前政府信用存在法律限制。我们在前面已经讨论,我们不能将政府的运作停留在"仅仅存在政府监管"阶段,应该大力发挥政府部门的作用,不仅要赋予政府部门监管权,还要将政府信用纳入进来。从美国等发达国家的经验来看,政府部门在资产证券化运作中均发挥了重要作用,因此可以看出,只有政府部门的大力参与才能保证资产证券化的迅速发展。

随着政府部门的不断参与,我们可以推出抵押贷款传递债券(MPT),这在美国也是发展规模最大的品种,同时也得到了政府部门的大力支持。MPT 是指将住房抵押贷款按照年期进行重新组合,然后真实出售给 SPV,SPV 以这些资产组合产生的现金流为支撑将这些贷款组合成若干单位转售给投资者的债券。购买 MPT 的投资者其实也就购买了抵押贷款的权益,同时按月收取 SPV "传递"来的本息。MPT 产品所采用的金融创新技术是标准的资产证券化技术,这种产品的推出能为我国设计更为复杂的证券化及其衍生品打下坚实基础。对投资者而言,MPT 的推出能够使他们真正了解资产证券化的本质特征,这会使投资者加强对产品的基本分析和技术分析,对 MPT 产品的投资分析会加强对贷款违约率、提前还款率以及平均还款速度等原始指标的分析,这又会促使商业银行完善抵押贷款市场的数据整理。因此可以看出,MPT 的推出可以推动资产证券化市场的迅速发展。此外,在政府担保的情况下,这种产品的信用风险是非常小的,只要我国的 SPV 不采取高杠杆化运作,这种产品的还本付息都是没有问题的。

在此以后,随着资产证券化的不断发展、法律法规的不断完善,我们可以考虑设计比较复杂的证券化产品。比如推出抵押贷款担保债券(CMO)。CMO 是一种将现金流在不同期限的债券上进行分配的债券,目的是将抵押贷款借款人的风险在债券投资者之间进行分摊。CMO 可以分为按照次序支付的 CMO、按照利率浮动与否进行支付的 CMO、按照还款计划进行支付的 CMO,等等。这种设计安排可以将借款人的违约风险以及提前偿还风险进行分摊和重新分配,根据风险的不同划分为多等级的债券,等级越低,债券的风险越高,但收益也越高。CMO 的出现,可以满足市场中具有不同风险收益偏好的投资者。但是从本次金融危机可以看出,这种证券在风险的转移过程中极大地促使了风险的放大和扩散,因为它使风险主要集中在低等级证券的投资者手中,同时其极高的预期收益导致了部分金融机构的高杠杆化操作,因此我们对这项产品的推出一定要谨慎,一定要在我国的市场比较成熟,监管体系比较完善的时候推出,同时要先认真研究不同机构投资者的风险收益偏好再对 CMO 的支付规则进行设计,并对投资 CMO 产品投资者的杠杆率进行严格规定,防止他们进行高负债经营。当然,我们也要把握好金融创新和金融监管之间的协调,因为随着市场经济的不断发展,我国机构投资者也会不断发展,监管部门也会不断放松对他们投资上的限制,针对他们不同的风险收益偏好设计出的资产证券化及其衍生品会越来越多,如果我们一味地强调监管,必然会妨碍市场的发展,因此我们必须把握金融创新和金融监管之间的协调。

第六节 构建资产证券化的风险预警机制

资产证券化风险的产生是有原因的,同时风险的爆发和传导也要经历生成、积累、演化、产生和传导的过程，风险是可以发现和感知的，也是可以预测的。因此，如果要对证券化的风险进行有效的控制，就需要建立一个有效的预警机制，从而防患于未然，降低风险造成的损失。证券化风险预警系统是用来评估和检测证券化运作过程中的某种状态偏离风险预警线的程度，并根据偏离的程度发出预警信号，同时采取风险防范措施的系统。该预警系统可以使证券化的相关参与主体在风险产生之前就得到预警，从而为风险的产生做准备，缩小风险造成的损失（刘艳玲，2008）。主要操作过程是：通过将一组预警指标输入系统，经过预警系统处理后得出真实有效的结果从而对证券化未来的健康运行进行判断。

图 8.9 反映了资产证券化的风险预警过程。在初始阶段，也就是 T 期，根据经济中的实际情况将资产证券化可能面临的系统性风险（如利率风险、通货膨胀风险等）、非系统性风险以及各种经济变量的衡量因素输入系统，由系统对这些原始变量进行加工处理转化成系统中可识别的变量，然后由预警机制的处理系统对这些可识别的指标变量与预警指标体系进行比较和判断，从而检测证券化运行中的实际状态与标准状态的偏离程度，得出实际变量是否达到或超过了预警指标体系的临界值，进而判断证券化运行中的风险状况。

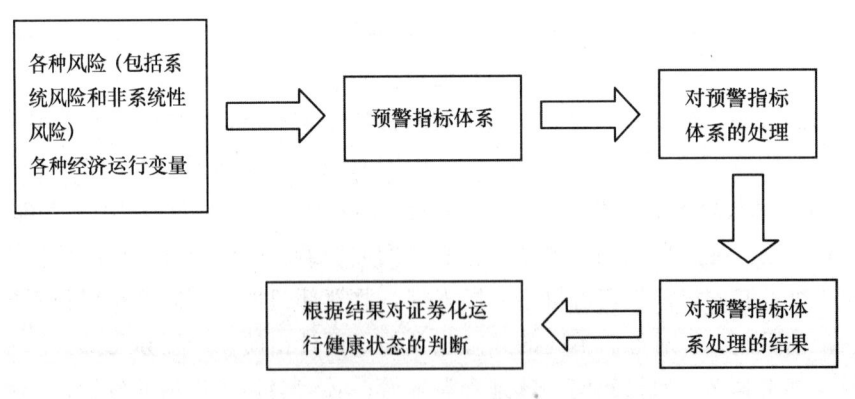

图 8.9 资产证券化的风险预警过程

预警机制的处理可以采用以下两种方法：一种是定性方法，通过详细分析来判断证券化未来风险的变动状况，这种分析方法的缺点在于主观性太强，没有足够的数量分析；另一种是定量方法，通过判断现实数据和预警指标之间的差异来预测未来风险的变动状况,这种方法克服了定性分析的缺点,但其运用的过程也有一定的局限性,因为变量的量化存在困难。

　　风险的预警处理过程主要分为三个阶段,即风险识别阶段、风险预警处理阶段以及风险对策阶段。首先要进行风险识别,确定风险的类别和来源,然后根据实际风险的变量数值与预警指标的差异进行对比。如果实际数值没有或者刚刚达到临界值,就不需要进行风险预警,同时也不需要采取风险对策,风险预警对这些风险因素的测试暂时结束,但是这些风险因素还要进行下一轮的风险预警处理;反之,如果实际数据超过临界值,就需要对风险进行预警,并采取相应的措施对风险进行处理,随后再进行下一轮的风险预警。在这一风险预警程序中,最重要的是要对最有可能出现的风险事件进行预警和防范,一方面要对资产证券化整个过程进行监视,从而准确地评估和判断证券化资产的发展动向;另一方面要对监视过程收集到的大量信息进行分类、整理和分析,对信息进行不同角度的比较,并准确判断信息下一阶段的动向。风险预警的处理过程如图 8.10 所示。

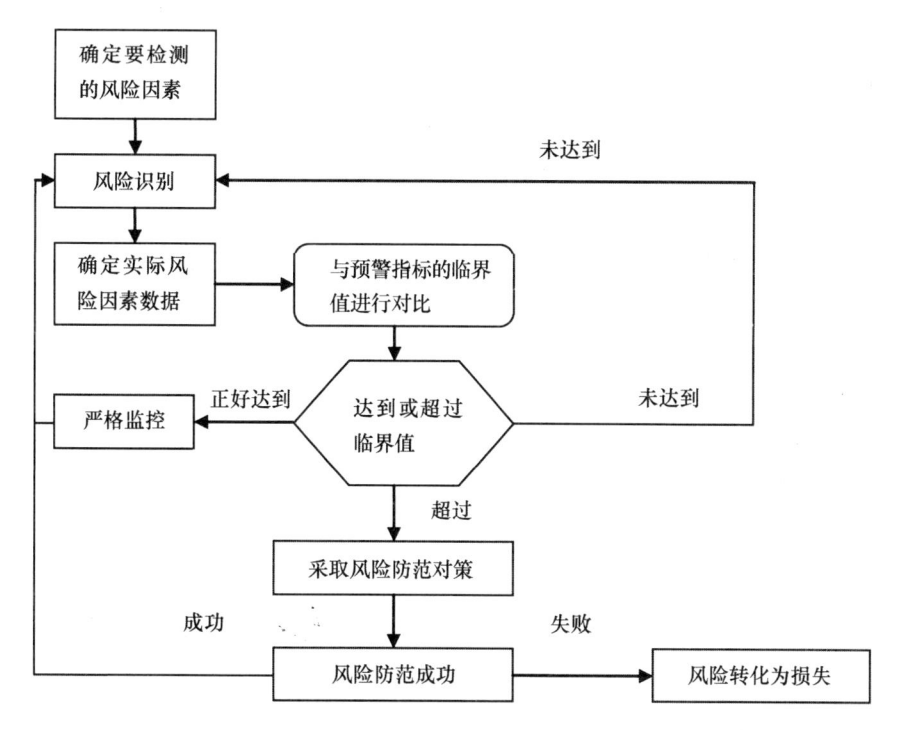

图 8.10　风险预警的处理过程

参考文献

外文参考文献

1. Adrian, Tobias and Hyun Song Shin, "The Changing Nature of Financial Intermediation and the Financial Crisis of 2007 – 2009", *Annual Review of Economics*, 2, 603 – 618, 2010.

2. Allen, F., Bartiloro, L. and Kowalewski, O., "Does Economic Structure Determine Financial Structure?", Working Paper, 2006.

3. Allen, F. and E. Carletti, "Credit Risk Transfer and Contagion", *Journal of Monetary Economics*, 53, 89 – 111, 2006.

4. Allen, F. and Douglas Gale, "Limited Market Participation and Volatility of Asset Prices", *American Economic Review*, 84, 933 – 955, 1994.

5. Allen, F., Gale D., "Optimal Financial Crisis", *Journal of Finance*, 53, 1245 – 1284, 1998.

6. Allen, F. and Gale D., "Financial Contagion", *Journal of Political Economy*, 108, 1 – 33, 2000.

7. Allen, F., Gale D., "Financial Fragility, Liquidity and Asset Prices", *Journal of The European Association*, 6, 1015 – 1048, 2004.

8. Anand K. Bhattaharya and Frank J. Fabozzi, "Asset-Backed Securities", Frank J. Fabozzi Associates, 1996.

9. Aninat, Eduardo, "Financial Innovation and Financial Stability: Striking a Balance", CEPALC International Conference, Towards Regional Currency Areas, Santiago, Chile, March 27, 2002.

10. Barrett, R. and John Ewan, "BBA Credit Derivatives Report 2006", British Bankers' Association, London, in http://www.bba.org.uk.

11. Benveniste, L. M. and Berger, A. N., "Securitization with Recourse", *Journal of Banking and Finance*, 11, 403 – 424, 1987.
12. Bervas A., "Financial Innovation and The Liquidity Frontier", Banque de France, Financial Stability Review-Special issue on liquidity, No. 11, February, 2008.
13. BIS, "Innovations in Credit Risk Transfer: Implications for Financial Stability", BIS Working Paper, No. 255, 2008.
14. BIS, "Financial System: Shock Absorber or Amplifier", BIS Working Paper, No. 257, 2008.
15. BIS, "Macroprudential Regulation and Policy", Proceedings of A Joint Conference Organised by the BIS and the Bank of Korea in Seoul on Jan, 17 – 18, 2011.
16. Borio, Claudio, "Towards a Macroprudental Framework for Financial Supervision and Regulation", BIS Working Papers, No. 128, 2003.
17. Brennan, M. J. and E. S. Schwartz, "Convertible Bonds: Valuation and Optimal Strategies for Call and Conversion", *The Journal of Finance*, 1699 – 1715, 1977.
18. Brennan, M. J. and E. S. Schwartz, "Determinants of GNNA Mortgage Prices", *Journal of AREUEA*, 13, 209 – 228, 1985.
19. Calomiris, Charles W. and Joseph R. Mason, "Credit Card Securitization and Regulatory Arbitrage", *Journal of Financial Services Research*, 26, 5 – 27, 2004.
20. Charles R. M., "The Trillion Dollar Meltdown: Easy Money, High Rollers, and the Great Credit Crash", New York: Public Affairs, March 3, 2008.
21. Citanna, A., Kajii, A. and A. Villanacci, "Constrained Suboptimality in Incomplete Markets: A General Approach and Two Applications", *Economic Theory*, 11, 495 – 521, 1998.
22. Crockett A., "The Theory and Practice of Financial Stability", *GEI Newsletter Issue* No. 6, July, 1997: 11.
23. Greenbaum, Stuart and Thakor, Anjan, "Bank Funding Models: Securitization versus Deposits", *Journal of Banking and Finance*, 11, 379 – 401, 1987.

24. Greenspan A., "Consumer Finance", Remarks at the Federal Reserve System's Fourth Annual Community Affairs Research Conference, Washington, 2005-04-08.
25. Dell'Ariccia et al., "Credit Booms and Lending Standards: Evidence from the Subprime Mortgage Market", IMF Working Paper 08/106, 2008.
26. Eugene H. Flegm, "The Need for Reliability in Accounting: Why Historical Cost is More Reliable than Fair Value", *Journal of Accountancy*, 5, 113-135, 2008.
27. European Commission, "Shadow Banking", Green Paper, 3, 2012.
28. Ferguson, Roger, "Should Financial Stability be an explicit central bank objective?", Federal Reserve Board, 2002.
29. Friedman, Milton, and Anna Jacobson Schwartz, "A Monetary History of the United States, 1867-1960", Princeton University Press, 1963.
30. Gai, P., Sujit Kapadia, Stephen Millard and Ander Perez, "Financial Innovation, Macroeconomic Stability and Systemic Crises", *The Economic Journal*, 118, 13-53, 2008.
31. Geithner, T. F., "Risk Management Challenges in the U.S. Financial System", Remarks at the Global Association of Risk Professionals 7th Annual Risk Management Convention and Exhibition, New York City, Vol.28, 135-145, 2006.
32. Gorton, G., "Securitized Banking and the Run on Repo", Yale and NBER Working Paper, 2010.
33. Holman W. J., "Mark to Meltdown", *Wall Street Journal*, 5, 115-137, 2008.
34. James A. Rosenthal and Juan M. Ocampo, "Securitization of Loan", 1998.
35. Kehoe, T. J. and D. K. Levine, "Debt-Constrained Asset Markets", *Review of Economic Studies*, 60, 865-888, 1993.
36. Keys et al., "Did Securitization Lead to Lax Screening? Evidence from Subprime Loans", SSRN Working Paper, 2008.
37. Kindleberger, Charlers P. Manias, "Panics and Crashes: A History of Financial Crises", 3rd John Wiley, 1996.
38. A. Krishnamurthy, "Collateral Constraints and the Amplification Mecha-

nism", *Journal of Economic Theory*, 111, 277 – 292, 2003.

39. Leland, Hayne, "Financial Synergies and the Optimal Scope of the Firm: Implications for Mergers, Spinoffs, and Structured Finance", *Journal of Finance*, *forthcoming*, 2006.

40. Leon T. Kendall and Michael J. Fabozzi, "Asset-Backed Securitization", Massachusetts: The MIT Press, 1996.

41. Levine, R., "Bank-Based or Market-Based Financial Systems: Which is Better?", *Journal of Financial Intermediation*, 11, 398 – 428, 2002.

42. G. Lorenzoni, "Inefficient Credit Booms", *Review of Economic Studies*, *forthcoming*, 2008.

43. Lown, C. and Don Morgan, "The Credit Cycle and the Business Cycle, New Findings Using the Loan Officer Opinion Survey", *Journal of Money, Credit, and Banking*, 38, 132 – 153, 2006.

44. McConnell, J., and Singh Manoj, "Rational Prepayment And the Valuation of Collateralized Mortgage Obligations", *Finance*, 49, 891 – 921, 1994.

45. Michael Foot, "What is Financial Stability and how do we get it?", The RoyBridge Memorial Lecture (United Kingdom: Financial Services Authority), 2003.

46. Michael Mah-Hui Lim, "Old Wine in a New Bottle: Subprime Mortgage Crisis-Causes and Consequences", The Levy Economics Institute of Bard College Working Paper, No. 532, 2008.

47. Minsky, H. P., "Financial Instability Hypothesis, The Jerome Levy Economics Institute", Working Paper, No. 74, 1992.

48. Mishkin, Frederick. "Global Financial instability: Framework, events, issues", *Journal of Economic Perspectives*, 13, 3 – 20. 1999.

49. Nathaniel Frank, Brenda Gonzalez-Hermosillo, Heiko Herse, "Transmission of Liquidity Shocks: Evidence Frome the 2007 Subprime Crisis", IMF, 2008: 4 – 15.

50. Nout Wellink, "Current. Issues in Central Banking", Speech at Central Bank of Aruba, 2002.

51. Obay, L., "Financial Innovation in the Banking Industry: The Case of Asset Securitization", Garland Publishing, New York, 2000.

52. Obstfeld, M., "Rational and Self-fufilling Balanee of Payments Crises", *American Eeonomies Review*, 5, 21 – 75, 1986.
53. Obstfeld, M., "The Logic of Currency Crises", *NBER working paper*, 1994.
54. Obstfeld, M., "Model of Currency Crises with Self-fulfilling Features", *European Economics Review*, 40, 1037 – 1047, 1996.
55. Padoa-Schioppa, T., "Central Banks and Financial Stability: Exploring a Land in Between", *The Transformation of the European Financial System*, ECB, Frankfurt, 2003.
56. Paul, B. W. Miller and Paul R. Bahnson., "The Spirit of Accounting: Don't Blame Mark-to-market for the Subprime Bubble", *The Journal of Accountancy*, 2008.
57. Paul, W. Feeney, "Securitization: Redefining the Bank", St. Martin's Press, 1995.
58. Pozsar, Zoltan, "Institutional Cash Pools and the Triffin Dilemma of the U. S. Banking System", IMF Working Paper, 2011, No. WP/11/190.
59. Rajan, R. and Zingales, L., "The Great Reversals: The Politics of Financial Development In The Twentieth Century", *Journal of Financial Economics*, 69, 5 – 50, 2003.
60. Rajan, R. and Zingales, L., "Saving Capitalism From The Capitalists. Princeton", NJ: Princeton University Press, 2004.
61. Reinhart, Calmen and Kenerth S. Rogoff, "Is the 2007 Subprime Financial Crisis So Different? An International Historical Comparison", Feb. Draft, 2008.
62. Robinson, J., "The Generalization of The General Theory, in the Rate of Interest, and Other Essays", London: Macmillan, 1952.
63. Schwartz, E. S., W. N. Torous, "Prepayment and the Valuation of Mortgage-Backed Securities", *The Journal of Finance*, 44, 375 – 392, 1989.
64. Stiglitz, J., "Houses of Cards", October 9, http://economistsview. typepad. com/economistsview/2007/10/joseph-stiglitz. html.
65. Stulz, R. and Willamson, R., "Culture, Openness, and Finance", *Journal of Financial Intermediation*, 11, 429 – 454, 2003.
66. Terry Hall, "Crisis Essentially Accounting Problem", in: http://

www.stuff.co.nz/4500248a1865.html.

67. Thomas, Hugh, "Effects of Asset Securitization on Seller Claimants", *Journal of Financial Intermediation*, 10, 306 – 330, 2001.
68. Tobias Adrian and Hyun Song Shin., "Liquidity, Monetary Policy and Financial Cycles", http://www.newyorkfed.org/research/current_ issue.
69. Tommaso Padoa-Schioppa, "Central Banks and Financial Stability: exploring a land in between", European Central Bank, Frankfurt, 269 – 310, 2003.
70. Yuliya Demyanyk, Otto Van Hemert, "Understanding the Subprime Mortgage Crisis", *SSRN Working Paper Series*, http://ssrn.com/abstract = 1020396.
71. Zapatero, "Effects of Financial Innovations On Market Volatility When Beliefs are Heterogeneous", *Journal of Economics Dynamics and Control*, 7, 321 – 334, 1998.

中文参考文献

1. 巴曙松：《加强对影子银行系统的监管》，《中国金融》2009 年第 14 期。
2. 包明友：《美国金融监管改革路线图解析》，《中国金融》2009 年第 13 期。
3. 毕吉耀：《重塑美国金融监管体系》，《中国金融》2009 年第 13 期。
4. 蔡义杰、周雨田等：《次贷危机下美国和全球股市之联动》，《国际金融研究》2009 年第 9 期。
5. 陈斌：《金融产品创新视角下的美国次级抵押贷款危机》，《证券市场导报》2008 年第 6 期。
6. 陈华、赵俊燕：《美国金融危机传导过程、机制与路径研究》，《经济与管理研究》2009 年第 2 期。
7. 陈雨露、马勇：《社会信用文化、金融体系结构与金融业组织形式》，《经济研究》2008 年第 3 期。
8. 次贷风波研究课题组：《次贷风波启示录》，中国金融出版社 2008 年版。

9. 次贷危机研究课题组：《次贷危机正在改变世界》，中国金融出版社 2009 年版。
10. 董裕平：《防范同质化加剧系统性金融风险》，《中国金融》2009 年第 14 期。
11. 范俏燕：《当前国际性金融危机的生成和传导》，《财经科学》2008 年第 7 期。
12. 高峦等：《资产证券化研究》，天津大学出版社 2008 年版。
13. 高铁梅：《计量经济分析方法与建模》，清华大学出版社 2006 年版。
14. 功勋洲、张明：《透视 CDS：功能、市场与危机》，《国际经济评论》2009 年第 1 期。
15. 管同伟：《美国资产证券化的最新进展及其演变趋势》，《国际金融研究》2007 年第 10 期。
16. 何昌：《发达国家金融结构演变的新趋势及其借鉴意义》，《金融论坛》2006 年第 4 期。
17. 何德旭、王卉彤：《金融创新效应的理论评述》，《财经问题研究》2008 年第 12 期。
18. 何小锋等：《资产证券化：中国的模式》，北京大学出版社 2002 年版。
19. 胡海峰、罗惠良、李晓峰：《市价调整与美国次贷危机：一个理论述评》，《经济理论与经济管理》2009 年第 9 期。
20. 黄运成：《全球金融危机背景下我国衍生品市场的发展战略》，《中国金融》2009 年第 15 期。
21. 李东辉、罗猛：《系统性风险及其监管：国际经验及启示》，《中国金融》2009 年第 24 期。
22. 李佳：《资产证券化在系统性风险形成和传导中的作用》，《金融理论与实践》2012 年第 4 期。
23. 李佳：《资产证券化与基础资产的价格反馈机制研究》，《浙江金融》2012 年第 4 期。
24. 李佳：《美国金融衍生工具市场的发展、运作及监管研究》，《国际金融研究》2012 年第 7 期。
25. 李佳：《银行风险偏好与银行表外业务》，《金融论坛》2012 年第 10 期。
26. 李佳：《金融衍生工具监管的缺陷、改进及框架构建》，《金融经济学研究》2013 年第 1 期。
27. 李佳：《资产证券化对流动性周期的影响机制研究》，《云南财经大学学报》2013 年第 4 期。
28. 李佳：《金融稳定向不稳定的演变路径——以资产证券化为分析视角》，《财经科学》2013 年第 5 期。
29. 李佳：《资产证券化的流动性扩张：理论基础、效应及缺陷》，《财经科学》2014 年第 4 期。
30. 李佳：《资产证券化的风险分担：从微观机制到宏观效应》，《东南学术》2015 年第 1 期。
31. 李佳：《资产证券化监管框架的构建：从微观审慎向宏观审慎》，《金融理论与实践》2015 年第 1 期。
32. 李佳：《资产证券化的发展与商业银行变革》，《当代经济研究》2015 年第 3 期。
33. 李佳：《资产证券化与商业银行之间的关系——基于"有限替代"的视角》，《社会科学》2015 年第 6 期。
34. 李佳、罗明铭：《金融创新背景下的商业银行变革——基于资产证券化创新的视角》，《财经科学》2015 年第 2 期。
35. 李佳、王晓：《资产证券化对金融稳定影响的研究评述》，《河南师范大学学报》（哲学社会科学版）2010 年第 1 期。
36. 黎晓静：《次贷危机同步解析》，中国金融出版社 2009 年版。
37. 李扬：《危机背景下的全球金融监管改革：分析评价及对中国的启示》，《中国金融》2009 年第 17 期。
38. 李曜：《资产证券化——基本理论与案例分析》，上海财经大学出版社 2001 年版。
39. 李云林：《美国金融体系的利率风险分析——以次贷危机的引发和扩散为例》，《国际金融研究》2009 年第 8 期。
40. 林春山、白龙：《美国次贷危机：关注焦点及其争论述评》，《财经科学》2009 年第 11 期。
41. 刘春彦、郭婷婷：《美国次贷危机对我国金融衍生品市场法律完善的启示》，《中国金融》2009 年第 15 期。
42. 陆晓明：《从金融产品异化角度解析次贷危机的特征、发展和前景》，《国际金融研究》2008 年第 11 期。

43. 陆晓明：《中美影子银行体系比较分析和启示》，《国际金融研究》2014 年第 1 期。
44. 马宇：《资本流动、金融结构变迁与金融风险转移——对美国次贷危机的解释》，《武汉大学学报》（哲学社会科学版）2009 年第 5 期。
45. 彭冰：《资产证券化的法律解释》，北京大学出版社 2001 年版。
46. 彭宇松：《美欧信用评级监管体制改革及启示》，《中国金融》2009 年第 14 期。
47. 全先银、闫晓娜：《美国的金融监管改革》，《中国金融》2009 年第 17 期。
48. 史龙祥、马宇：《经济全球化视角的金融结构变迁研究》，《世界经济研究》2007 年第 6 期。
49. 宋彤：《杠杆化与系统性风险的监管反思》，《新金融》2010 年第 5 期。
50. 孙立坚、彭述涛：《从"次级债风波"看现代金融风险的本质》，《世界经济研究》2007 年第 10 期。
51. 王刚、吴畏：《金融稳定视角下的对冲基金监管框架研究》，《国际金融研究》2009 年第 3 期。
52. 王晓、李佳：《从美国次贷危机看资产证券化的基本功能》，《金融论坛》2010 年第 1 期。
53. 王晓、李佳：《金融稳定目标下货币政策与宏观审慎监管之间的关系：一个文献综述》，《国际金融研究》2013 年第 4 期。
54. 王志峰：《次贷危机对中国银行业的影响及对策——从与 97 金融风暴对比的启示》，《国际金融研究》2009 年第 2 期。
55. 吴培新：《次贷危机的形成机理及其对货币政策框架的涵义》，《国际金融研究》2008 年第 10 期。
56. 吴晓求等：《金融危机启示录》，中国人民大学出版社 2009 年版。
57. 徐克恩等：《美国金融动荡的新发展：从次贷危机到世纪性金融危机》，《国际金融研究》2008 年第 10 期。
58. 宣昌能、王信：《金融创新与金融稳定：欧美资产证券化模式的比较分析》，《金融研究》2009 年第 5 期。
59. 颜永嘉：《影子银行体系的微观机理和宏观效应——一个文献综述》，《国际金融研究》2014 年第 7 期。

60. 姚长辉:《中国住房抵押贷款证券化创新研究》,北京大学出版社 2001 年版。
61. 易宪容:《美国次贷危机的信用扩展过度的金融分析》,《国际金融研究》2009 年第 12 期。
62. 应展宇:《中美金融市场结构比较:基于功能和演进的多维考察》,《国际金融研究》2010 年第 9 期。
63. 于凤坤:《资产证券化:理论与实务》,北京大学出版社 2002 年版。
64. 张超英:《金融体系中的资产证券化》,经济科学出版社 2013 年版。
65. 张超英、翟祥辉:《资产证券化:原理、实务、实例》,经济科学出版社 1998 年版。
66. 张金清、卢晔:《次贷衍生品与传统衍生品的比较研究——简析从次贷危机到金融海啸的成因》,《社会科学》2009 年第 8 期。
67. 张明:《透视 CDO:类型、构造、评级与市场》,《国际金融研究》2008 年第 6 期。
68. 张明:《美国新监管方案是否矫枉过正》,《中国金融》2009 年第 13 期。
69. 张明、付立春:《次贷危机的扩散传导机制研究》,《世界经济》2009 年第 8 期。
70. 张桥云、吴静:《美国住房抵押贷款市场:风险转移与回流、扩散与放大机制》,《经济学家》2009 年第 2 期。
71. 张晓蓉:《资产价格泡沫》,上海财经大学出版社 2007 年版。
72. 张宇、刘洪玉:《美国住房金融体系及其经验借鉴——兼谈美国次贷危机》,《国际金融危机》2008 年第 4 期。
73. 钟伟:《美国次级按揭市场的现状及其深远影响》,《国际金融研究》2007 年第 11 期。
74. 周好文、倪志凌:《金融创新影响金融稳定的微观机理分析》,《学术交流》2008 年第 10 期。
75. 周军、李泽广:《证券化金融创新与"次级债"危机的道德风险机制》,《现代财经》2008 年第 1 期。
76. 周莉萍:《论影子银行体系国际监管的进展、不足、出路》,《国际金融研究》2012 年第 1 期。
77. 周莉萍:《影子银行体系:自由银行业的回归?》,社会科学文献出版社 2013 年版。
78. 周小川:《金融政策对金融危机的响应——宏观审慎政策框架的形成背景、内在逻辑和主要内容》,《金融研究》2011 年第 1 期。

后　　记

值此，在本书成稿之际，中国信贷资产证券化创新在重启后正式进入快速发展通道，针对资产证券化创新的各项政策也不断出台，相信在"三期叠加"的新常态趋势下，资产证券化创新对我国金融体系的不断完善必将起到积极作用。作为本书作者，能够持续关注对我国而言资产证券化这项新型的金融创新模式，我感到十分幸运。但是，本书的完稿并没有使我感到丝毫轻松或解脱，我也深知仅依靠自身肤浅的学术功底很难这项新型的金融创新问题研究到位，本书的完稿其实也是新的开始，在今后的工作道路上，我将持续保持这种学术研究压力，继续对相关问题深入探讨，以期获得更多研究成果。

本书既借鉴了我博士论文的部分内容，又参考了近两年发表的若干学术论文成果，本次修订还对一些具体内容方面做了增补和扩充，对相关数据进行了重新整理，并结合我国具体情况进行了相应的专题探讨。

我的博士论文是在导师贺强教授的悉心指导下完成的。论文从最初的构思到最后的框架构建，以及整个写作过程中都无不凝聚着老师大量的心血和智慧。在 2007 年次贷风波崭露头角的时候，老师就高瞻远瞩的叮嘱我关注资产证券化创新、系统性风险及金融稳定问题的研究，并指导阅读相关书目及研究文献。时至在后危机时代，尤其是我国经济下行压力逐步增大，"供给侧改革"的推出赋予银行体系实践"金融服务于实体经济"的新要求，在此背景下，信贷资产证券化的重启对于银行体系盘活资金存量、增强风险管理能力提供了新动能，为此强化资产证券化创新与金融稳定关系的研究更具现实意义。与此同时，老师对我的学业要求也极其严格，经常鼓励我要持之以恒的对待研究工作，在 2010 年博士答辩顺利完成之后，老师再次要求我针对答辩中各位专家的意见，继续对相关问题进行跟踪，并深入相关问题的研究。这些鼓励与鞭策促使本书得以出版。感谢老师多年来对我的教诲，老师的学术品格、敬业精神和专业精神也使我终生受益。

感谢中国人民大学的张杰教授、沈伟基教授，中国社科院的何德旭教授，中央财经大学的李健教授、姚遂教授，他们认真审阅了我的博士论文，在我论文答辩时提出了许多宝贵的建议。在博士学习期间，感谢吴念鲁教授、吴晓灵研究员、张礼卿教授、李健教授、李建军教授等老师对金融前沿理论及热点问题进行的讲解，对我研究思维的开阔以及论文习作提供了极大帮助。在本书即将出版之际，我还要感谢我的博士后合作导师、中国人民大学财政金融学院的张杰教授，张老师理论功底深厚、学识渊博、治学严谨，从本书研究框架的设计及相应问题的写作方面均给我提出了中肯建议，使我受益匪浅。此外，还要衷心感谢清华大学五道口金融学院吴念鲁教授，吴老师年岁已高，是金融学界的专家泰斗，在百忙之中专门为我亲笔写序。

本书在写作过程中得到了不少朋友、同学的帮助。感谢博士学习期间班主任张鹏博士，正是张老师默默无闻的帮助与服务，使我顺利完成博士期间的学习；感谢中国建设银行博士后工作站的孙永红处长，为我博士后在站期间创造了良好的研究工作环境；感谢山东师范大学经济学院给予的研究平台，感谢学院张军书记、张宗斌院长、乔翠霞副院长、赵文静副院长、梁开敏主任等领导和同事长期以来给予的鼓励与支持！

感谢家人给予我的一切！感谢妻子王晓博士，妻子多年来的照顾与鼓励，是我持续前行的动力；感谢生我养我的父母，父母多年里对我无微不至的支持与关怀，使我顺利取得博士学位，并完成博士后研究工作；感谢长期以来帮忙照顾儿子的岳父母，是他们的倾力支持，让我有更多精力投入至研究工作。

本书得以出版，还要真诚感谢中国社会科学出版社的刘艳老师，在本书多次修改过程中，刘老师一丝不苟的态度使本书质量得以进一步提升，刘老师严谨的专业精神也让我敬佩。需要说明的是，由于本人能力有限，本书尚存在一定不足与瑕疵，恳请各位专家与学者批评指正。

李　佳

二零一六年三月二十四日